老年服务礼仪与沟通技巧

主　编　雷　雨　陶　娟
副主编　唐东霞　汪　琼　郭海燕　聂麟懿

北京理工大学出版社
BEIJING INSTITUTE OF TECHNOLOGY PRESS

版权专有　侵权必究

图书在版编目（CIP）数据

老年服务礼仪与沟通技巧 / 雷雨，陶娟主编．－－北京：北京理工大学出版社，2023.7 重印
　ISBN 978-7-5763-0048-2

Ⅰ．①老…　Ⅱ．①雷…　②陶…　Ⅲ．①老年人－社会服务－礼仪－中国－高等职业教育－教材②老年人－心理交往－高等职业教育－教材　Ⅳ．① D669.6 ② C912.11

中国版本图书馆 CIP 数据核字 (2021) 第 137344 号

出版发行 / 北京理工大学出版社有限责任公司	
社　　　址 / 北京市海淀区中关村南大街 5 号	
邮　　　编 / 100081	
电　　　话 /（010）68914775（总编室）	
（010）82562903（教材售后服务热线）	
（010）68944723（其他图书服务热线）	
网　　　址 / http: //www.bitpress.com.cn	
经　　　销 / 全国各地新华书店	
印　　　刷 / 定州启航印刷有限公司	
开　　　本 / 787 毫米 ×1092 毫米　1/16	
印　　　张 / 17	责任编辑 / 梁铜华
字　　　数 / 403 千字	文案编辑 / 杜　枝
版　　　次 / 2023 年 7 月第 1 版第 2 次印刷	责任校对 / 刘亚男
定　　　价 / 55.00 元	责任印制 / 边心超

图书出现印装质量问题，请拨打售后服务热线，本社负责调换

前　言

"老年服务礼仪与沟通技巧"属于老年服务与管理专业的基础课，其目的是让学生掌握老年服务工作中礼仪和沟通的基础知识，熟悉不同情境下的沟通技巧，能够与老年人及其家属、领导和同事进行正确的沟通。同时，培养养老服务从业人员良好的礼仪风貌。

一、本书的主要内容

本书在内容上包括两个密切相连的模块：老年服务礼仪与老年服务沟通技巧。前者侧重于解决老年服务从业人员所应具有的礼仪规范和言行方式问题，后者主要是解决老年服务从业人员在为老服务工作中的沟通技巧和沟通方式问题。

本书以项目的形式进行教学内容的划分发，共十个项目，三十四个任务。项目一介绍了老年服务礼仪与沟通原理，包括认知老年服务礼仪、认知沟通原理两个学习任务；项目二是老年服务从业人员个人形象塑造，包括仪容礼仪、着装礼仪、仪态礼仪三个学习任务；项目三是老年服务从业人员人际交往礼仪，包括称呼礼仪、介绍礼仪、名片礼仪、握手礼仪、电话礼仪五个学习任务；项目四是老年生活服务礼仪，包括居家生活照护礼仪、社区服务照护礼仪、养老机构照护礼仪三个学习任务；项目五为老年商业服务礼仪，包括老年服务拜访与接待礼仪、老年产品推广营销礼仪、老年寿庆服务礼仪、老年婚恋服务礼仪四个学习任务；项目六是老年服务的沟通原则，包括尊重、接纳、共情三个学习任务；项目七是老年服务中的语言沟通技巧，包括语言修养、倾听与表达、赞美与批评、拒绝与说服四个学习任务；项目八是老年服务中的非语言沟通技巧，包括认识非语言沟通、肢体语言、环境语言、副语言四个学习任务；项目九是老年人照护沟通，包含老年人的治疗性沟通、与失智老年人的沟通、与临终老年人的沟通、与老年人家属的沟通四个学习任务；项目十是老年服务工作团队的沟通，包括老年服务从业人员间的沟通、跨专业团队的沟通两个学习任务。

二、本书结构体系和栏目设计

本书立足教学改革前沿，力求做到理论性和实用性的统一，以丰富的形式、新颖的体例展现内容，激发兴趣。采用项目教学、任务驱动的"项目任务式"编写体例，每个项目下均有知识目标、能力目标和素质目标。任务下根据情况设有知识拓展、知识链接等栏目，传授核心知识，增强互动效果，拓展学生视野，锻炼学生能力。

三、与相邻课程的衔接情况

本书的前接课程有老年服务伦理、老年服务与管理概论，续接课程有老年照护服务、老年活动策划、老年社会工作、老年心理咨询等。

四、教学条件要求

本书注重理论性和实践性的统一，在教学条件上需要有一定的场景化校内实训场所，如形体礼仪实训室、社区居家养老实训室、机构养老实训室。

五、重要特色

本书以服务为宗旨，以就业为导向，突出"理论够用、重在实践、强化应用"的职业教育特色，引入项目任务式教学理念。

六、编写团队

本书由重庆城市管理职业学院雷雨和安徽城市管理职业学院陶娟任主编。雷雨主要编写项目一中的任务二，陶娟编写项目一中的任务一。江苏经贸职业技术学院的唐东霞编写项目二。重庆城市管理职业学院的汪琼、聂麟懿和王朝霞分别编写项目三、项目五和项目九。安徽城市管理职业学院的郭海燕、张玲、程林和王海恋分别编写了项目四、项目六、项目八和项目十。合肥幼儿师范高等专科学校的闻雯编写项目七。重庆市第一社会福利院，重庆市养老服务协会等行业企业单位对本书的编写提出了诸多建设性意见，并提供了许多来自一线的案例和数据。

本书既可作为高职高专老年服务类的课程教材，也可以作为老年服务行业的社会培训教材，还可供相关爱好者学习参考。

本书在编写过程中参阅了大量的网络资料，作者已尽可能在书中相应位置和参考文献中列出，在此对它们的作者表示感谢。因疏漏没有列出或因网络引用出处不详者，在此表示深深的歉意。由于时间仓促和编写者水平有限，书中疏漏之处在所难免，恳请各位读者批评指正。针对全书内容选取编排和活页式教材使用等方面有好的建议请发邮件至 56045722@qq.com。

编　者

2021 年 5 月

目 录

项目一　老年服务礼仪与沟通原理 ·· 1
　　任务一　认知老年服务礼仪 ·· 2
　　任务二　认知沟通原理 ·· 12
项目二　老年服务从业人员个人形象塑造 ·· 19
　　任务一　仪容礼仪 ·· 20
　　任务二　着装礼仪 ·· 26
　　任务三　仪态礼仪 ·· 35
项目三　老年服务从业人员人际交往礼仪 ·· 47
　　任务一　称呼礼仪 ·· 48
　　任务二　介绍礼仪 ·· 53
　　任务三　名片礼仪 ·· 59
　　任务四　握手礼仪 ·· 63
　　任务五　电话礼仪 ·· 66
项目四　老年生活服务礼仪 ·· 72
　　任务一　居家生活照护礼仪 ··· 73
　　任务二　社区服务照护礼仪 ··· 80
　　任务三　养老机构照护礼仪 ··· 88
项目五　老年商业服务礼仪 ·· 100
　　任务一　老年服务拜访与接待礼仪 ··· 101
　　任务二　老年产品推广营销礼仪 ··· 111
　　任务三　老年寿庆服务礼仪 ··· 119
　　任务四　老年婚恋服务礼仪 ··· 125
项目六　老年服务的沟通原则 ··· 134
　　任务一　尊重 ·· 135
　　任务二　接纳 ·· 142

任务三 共情	149
项目七 老年服务中的语言沟通技巧	**157**
任务一 语言修养	158
任务二 倾听与表达	169
任务三 赞美与批评	177
任务四 说服与拒绝	184
项目八 老年服务中的非语言沟通技巧	**193**
任务一 认识非语言沟通	193
任务二 肢体语言	197
任务三 环境语言	203
任务四 副语言	210
项目九 老年人照护沟通	**216**
任务一 老年人的治疗性沟通	217
任务二 与失智老年人的沟通	226
任务三 与临终老年人的沟通	235
任务四 与老年人家属的沟通	244
项目十 老年服务工作团队的沟通	**249**
任务一 老年服务从业人员间的沟通	250
任务二 跨专业团队的沟通	259
参考文献	**266**

项目一　老年服务礼仪与沟通原理

【知识目标】

◇ 了解老年服务礼仪和沟通的基本含义。
◇ 理解老年服务礼仪的特点，沟通的作用和意义。
◇ 掌握老年服务礼仪的原则，沟通的类型及区别。

【能力目标】

◇ 熟练掌握老年服务礼仪的学习方法，并能学以致用。
◇ 能够运用老年服务礼仪和沟通技巧与老年人顺畅有效地进行沟通。

【素质目标】

◇ 反思与老年人沟通的实际经历，有意识地学习礼仪与沟通知识的重点部分。
◇ 与小组成员分享学习经验，以团队协作的形式巩固老年服务礼仪与沟通的相关知识和技能。

老年服务礼仪与沟通技巧

任务一 认知老年服务礼仪

一、什么是礼仪

（一）礼仪的基本内涵

中国是世界四大文明古国之一，素来就有"礼仪之邦"的美誉。"习礼仪，知诗书，达事理"是我们引以为豪的传统美德。源远流长的礼仪文化更是祖先留给我们的一笔宝贵的精神财富，对中国社会历史的发展产生了广泛而深远的影响。很多先贤哲人都对礼仪的重要性做过论述。最能代表中国儒家传统文化的《论语》中说过："不学礼，无以立。"荀子说过："人无礼则不生，事无礼则不成，国家无礼则不宁。"《左传》中说："经国家，定社稷，序民人，利后嗣。"类似的论述还有很多，无一不说明了礼仪的重要性。

1. "礼"的含义

在吉林大学出版社出版的《辞海》中，"礼"被解释为"某种约定俗成的礼仪、仪式，表示某种尊敬的言行"。在《中国礼仪大辞典》中，"礼"被定义为"特定的民族、人群或国家基于客观历史传统而形成的价值观念、道德规范，以及与之相适应的典章制度和行为方式"。"礼"是儒家思想的核心概念之一，并且存在一整套以维护宗法等级制度为目的的礼制系统。

"礼"在中国最古老的文字甲骨文中写作"丰"，后写为"豊"。字形下部的"豆"不是今天的豆类，而是一种器皿。《说文解字》豆部云："豆，古食肉器也。从口，象形。"战国以后，豆从盛肉的器具逐渐转变成为祭祀的器具。"豊"的上半部分用两串玉表示祭祀时器皿里所盛放的物品。因古人认为玉具有纯净、温润、坚硬的特性，可以通灵，所以用玉来礼神祭祀，玉也随之成为古代重要的礼器。国学大师王国维先生认为，"豊，此诸字皆象二玉在器之形，古者行礼以玉"，后来演变为用酒祭祀神灵，这正好印证了经学大师郑玄提出的"禮"与"醴"相通的观点。其实，不管是以玉祭祀还是以酒祭祀，"礼"的本意都是敬神，后来引申为敬人，代表着尊敬他人礼仪的核心原则。

2. "仪"的含义

"仪"在东汉许慎《说文解字》中的写法是"儀"，意为"度也，从人義声"。"仪"最初是一种度量衡的工具，又通"宜"，引申为法度和得体的行为，在现代语言中也指人的外表或举止、仪态、仪表，同时也代表按程序进行的仪式、仪仗。实质上，仪是礼的外在表现形式，通过外在的可遵照执行的法度、可看得见的仪表、有规范程序的仪式等来体现对他人的尊敬。

古典中表示法度、礼法的有徐锴的《说文解字传》："仪，法度也。"《墨子》中有："置此以为法，立此以为仪，将以量度天下之王公大人、卿大夫之仁与不仁，譬之犹分黑白也。"《国语》中亦有："所以宣布哲人之令德，示民轨仪也。"表示仪表的有《诗·大雅》中的："令仪令色，小心翼翼。"郑玄笺："善威仪，善颜色。"《人物志》中的："心志平理，其仪安闲"。古典文学作品中"仪"表示礼仪、仪式的有《小雅·楚茨》："礼仪卒度。"《周礼·春官宗伯·小宗伯》中的："肆仪为位。"《玉台新咏·古诗为焦仲卿妻作》中亦云："十六知礼仪。"

3. "礼"与"仪"的关系

作为"礼仪"的两面，"礼"和"仪"既有区别，又有联系。

礼是内在的，是人们对自己、对他人的尊重敬意的态度。仪是外在的，是通过一定的形式、程序、动作等表现出来的礼。

"礼"和"仪"是密不可分的，内在的"礼"只有以外在美的形式表现出来时，才是真正的"礼"，因此只有"礼"和"仪"完美地结合，才能成为完整的礼仪。

"礼"是"仪"的前提和目的。在生活中，有人对礼仪有误解，认为礼仪只是客套和一些无意义的繁文缛节，甚至很多人认为不需要学习礼仪，更没有必要去实践。在校园里，很多学生遇到老师和同学不打招呼，穿着拖鞋背心进出教室，迟到、早退，不遵守课堂秩序。其实，大家理解的只是"仪"的部分，也就是行为规范的部分，却没有真正地理解"礼"。行为的目的是什么？行为的目的是表达。行为承载着意志。遇到老师和同学，打招呼并非是无意义的，而是为了表达对对方的尊重与友好。穿着得体进出公众场合，这是对场合的准确认知和对他人的尊重。不迟到、不早退，体现出自己守时守信的良好品质和对老师同学的尊重。在礼仪教育中，培养对他人的尊重意识是最重要的，行为应该是在尊重意识驱动下的自然结果。因此，作为行为规范的"仪"承载着人们对他人的尊重，人们必须怀着对他人的尊重去践行礼仪，才能实现礼仪真正的价值。

仪是礼的载体和结果。道德修养在我国的教育中占据核心位置，然而道德是非常抽象的概念，如果只是空泛地宣讲道德，那么道德也就失去了它的意义。大家都知道要孝敬父母，但是怎样做是孝敬父母呢？中国古代对"孝"做出了很多规定，比如"不孝有三，无后为大"，把家族血缘的延续作为孝的重要表达形式。比如"父母在，不远游。游必有方"。古代交通和通信不发达，远行确实会造成诸多不便。孝顺父母，需要表达，但由于时代的变迁，在不同的情境下，每个人的表达方式应该是不一样的。因此，选择什么样的形式，需要建立在相互了解的基础上，用双方都能理解的方式得体地表达对对方的尊敬，这才是真正的礼仪。

4. 礼仪及礼仪的相关概念

（1）礼仪。

通过以上的分析，可以把礼仪概括为：人们在社会交往中由于受社会道德、历史传统、风俗习惯、宗教信仰、时代潮流等因素的影响而形成的，以表示尊敬、建立和谐关系为目标的行为规范、准则和仪式的总和，是人们约定俗成的并共同遵守的行为准则和道德规范，包括仪容、仪表、仪态、举止等外在形象，以及学识、沟通、情操、交往等内在修养。

礼仪是人类文明的结晶，是现代文明的重要组成部分。它体现的宗旨是尊重，既是对他人的，也是对自己的尊重，这种尊重总是同人们的生活方式有机、自然、和谐地融合在一起，成为人们日常生活、工作中的行为规范。礼仪是一个人思想水平、文化修养和交际能力的外在表现。这种行为规范包含着个人的文明素养，也体现出人们的品行修养。

（2）礼貌。

礼貌出自《孟子·告子下》："虽未行其言也，迎之致敬以有礼，则就之；礼貌衰，则去之。"《辞海》中解释为"言语动作谦虚恭敬的表现"。礼貌实质上是指一个人在待人处世时，为了表示对他人的友好和尊重，在仪表、仪态以及语言和行动上谦虚恭敬的表现。礼貌是对一个人文明行为的基本要求，体现了一个人的文化层次和文明程度，体现了一个人的品质和素养。在不同的时代、不同的国家、不同的民族以及不同的环境中，虽然礼貌表现出来的形式和要求有所不同，但其基本要求是一致的，就是诚恳、谦恭、和善。

（3）礼节。

礼节通常是指人们在日常生活（特别是在交际过程）中，表示相互尊重、友好、祝颂、问候、致意、哀悼、慰问等的一种惯用形式。古典著作中关于礼节的记载有《史记·货殖列传》中的"仓廪实而知礼节"。礼节是礼貌的具体表现，如我国古代的跪拜礼，西方国家见面的拥抱亲吻礼，现在各国通行的握手礼等，都是礼节的表现形式。

礼是一种社会道德规范，是人们社会交际中的行为准则。礼仪、礼貌、礼节都属于礼的范畴，在大多数情况下，它们被视为一体，是混合使用的。其实，三者不能混为一谈，它们之间既有联系，又有区别。礼貌是表示尊重的言行规范，礼节是表示尊重的惯用形式和具体要求，礼仪是由一系列具体表示礼貌的礼节所构成的完整过程。礼貌、礼节、礼仪三者尽管名称不同，但都是人们在相互交往中表示尊敬、友好的行为，其本质都是尊重人、关心人。三者相辅相成，密不可分。有礼貌而不懂礼节，往往容易失礼；谙熟礼节却流于形式，充其量只能算客套。礼貌是礼仪的基础，礼节是礼仪的基本组成部分。礼仪在层次上要高于礼貌、礼节，其内涵更深、更广，是由一系列具体的礼貌、礼节所组成的，礼节只是一种具体的做法，而礼仪则是一个表示礼貌的系统、完整的过程。

二、什么是老年服务礼仪

（一）服务礼仪的含义

服务礼仪是属于职业礼仪的一种，它是指在各种服务工作中形成的，并得到共同认可的礼节和仪式，是服务人员在对客服务过程中恰当地表示对客人的尊重以及与客人进行良好沟通的技巧和方法。

（二）老年服务礼仪的含义

老年服务礼仪是指老年服务从业人员在为老年人进行服务的过程中，以表示尊敬、关心，建立和谐关系为目标的行为规范、准则和仪式的总和，是老年服务行业约定俗成的并共同遵守的行为准则和道德规范，包括仪容、仪表、仪态、举止等外在形象和学识、沟通、情操、交往等内在修养。老年服务礼仪是老年服务从业人员在长期的为老年人服务过程中总结和提炼出来的，对老年服务从业人员具有重要的指导意义。它要求老年服务从业人员在工作中不仅要遵循通用礼仪的普遍规律，而且要遵从老年服务行业特有的准则和规范。

老年服务礼仪可以分为个体服务礼仪和群体服务礼仪。个体服务礼仪主要包括两个方面。一是外在表现形式，即个人的仪表、仪态、举止、谈吐、着装等；二是内核修养，即个人的职业道德、学识水平、人文素养等。作为老年服务从业人员的个人礼仪，重点则应放在职业道德、工作态度、礼貌修养、心理素质等层面上，将人文关怀体现在整个老年服务工作过程中。群体服务礼仪是指老年服务从业人员，在这一特定的团队中，自觉遵守群体礼仪中的行为规范和准则，即尊重老年人，尽量让其在被服务的过程中体会到宽松、和谐的氛围。

（三）老年服务礼仪的特点

1. 规范性

所谓规范性，主要是指老年服务从业人员待人接物的标准，它对具体的交流沟通行为具有规范性和制约性。这种规范性不仅约束着老年服务从业人员的言谈话语、行为举止，使之合乎礼仪；而且是老年服务行业必须采用的一种"通用语言"，是衡量他人、判断自己是否达到自律标准的一种尺度。总之，老年服务礼仪是老年服务行业约定俗成的一种自尊、敬人的惯用形式。任何老年服务从业人员要想在交际场合表现得合乎礼仪、彬彬有礼，都必须无条件地加以遵守。另起炉灶、自成一套，或是只遵守个人适应的部分，而不遵守自己不适应的部分，都难以为交往对象所接受、所理解。这种规范性本质上是一种被老年服务行业广泛认同的社会价值取向和对他人的态度。

2. 操作性

老年服务礼仪来自老年服务从业实践，又直接为工作实践服务。规则简明、实用可行、易学易会、便于操作、切实有效是老年服务礼仪的一大特点。作为老年服务从业人员，要在工作中始终展示自己的职业素养、专业精神，就应当着装庄重规范，举止大方得体。老年服务礼仪既有总体的礼仪原则、礼仪规范，又在具体细节上有一系列的方式、方法和技巧。每次与服务对象的沟通和交流都是对礼仪原则、礼仪规范的贯彻和落实，具有很强的操作性。

3. 限定性

限定性是指礼仪的适用范围，即看对象讲规矩。老年服务礼仪的限定性是指其适用范围仅限于老年服务领域。若老年服务从业人员脱离了老年服务领域，则需要遵循的就是其他领域的礼仪规范，而不是老年服务礼仪了。

（四）老年服务礼仪的原则

1. 尊重原则

尊重是做好老年服务的前提和基础，也是老年服务礼仪内在的要求。我国已开始进入人口老龄化阶段，切实保障老年人合法权益，让他们度过幸福、美满、安详、健康的晚年，共享人类社会发展的成果，这是社会文明进步的重要标志。尊重老年人就是尊重人生和社会发展规律，就是尊重历史。同时，老年人是长辈，他们辛勤劳动了一辈子，为社会做出了一定的贡献，并在长期的实践中积累了丰富的知识和经验，应该得到全社会，尤其是老年服务从业人员的尊重。所以在老年服务工作过程中，要将尊重老年人放在首位，这是老年服务礼仪的核心与重点。掌握了这一点就等于掌握了老年服务礼仪的核心。这要求老年服务从业人员在服务过程中，要关心、关注、关爱老年人，学会站在老年人的角度思考问题，尊重他们的人格、个人爱好、性格特质和风俗习惯，尊重他们的人身自由及其他各种权利，不能把自己的意志强加于老年人，不因他们的身份、地位、经济情况不同而区别对待，更不能做出虐待老年人的行为。

尊重原则的另一面是自尊，即自己尊重自己，既不向别人卑躬屈膝，也不允许别人歧视侮辱，更不因自己是服务人员而觉得低人一等。老年服务从业人员的自尊表现在言谈举止、待人接物上的自尊自爱，也表现在对自己所从事的老年服务行业的热爱，还表现在自觉维护工作单位的尊严和形象上。

2. 真诚原则

在老年服务工作过程中，除了对老年人表示尊重，还要体现真诚原则。真诚是立身之本、为人之道，老年服务工作人员在与服务对象打交道的过程中，务必待人真诚、言行一致、表里如一。只有如此，才能够更好地被服务对象理解和接受。

老年服务工作是一个长期过程，老年服务礼仪主要是为了与服务对象建立和谐、稳定的关系，树立良好的个人和组织形象，所以老年服务礼仪不仅仅是形式和手段上的意义。只有恪守真诚原则，将"真心尊重老年人，真诚服务老年人"作为开展老年服务活动的落脚点和出发点，通过长期潜移默化的影响，最终才能为个人和工作单位带来良好的声誉。

3. 宽容原则

中国传统文化历来重视并提倡宽容的道德原则，并把宽以待人视为为人处世的一种基本美德。宽容是指心胸坦荡、豁达大度，能设身处地为他人着想，谅解他人的过失，不计较个人的得失。

随着年龄的增长，老年人的身体生理机能会逐渐衰退，感官敏锐度降低，行动变得迟缓，慢性疾病增加，而生理机能的衰退又会导致心理上的变化，负性情绪增多。因此，老年服务从业人员在老年服务工作过程中要更多理解、容忍、体谅老年人，能够站在老年人的角度考虑问题，不求全责备、斤斤计较、咄咄逼人。宽容也是对老年人尊重的另一种表现。

4. 自律原则

"自律"是老年服务礼仪的重要原则之一，简言之就是宽以待人，严于律己。按照这一原则，老年服务从业人员应该把学习和运用礼仪当作自己的自觉要求。通过学习，在心中树立起礼仪信念和行为准则，并以此约束自己在老年服务工作过程中的行为，并做到"吾日三省吾身"，不断用老年服务礼仪规范对照检查自己的行为，以形成良好的礼仪习惯。可以说，老年服务从业人员培养和提高礼仪修养的过程，就是在高度自觉的意识支配下提高个人整体素质的过程。

5. 从俗原则

"十里不同风，百里不同俗。"礼源于俗，礼和俗之间有着密不可分的关系。由于民族、地域、年龄、文化背景的不同，在交往时的礼俗差别就很大。老年服务从业人员对这一客观现实要有正确的认识。

同时，随着年龄的增长，老年人对自己家乡的情感越来越浓。家乡的风俗习惯、礼仪文化、宗教禁忌等，在其情感中占有重要的位置。只有这种风俗习惯被尊重了，老年人才会有被尊重感，才能感受到愉悦和幸福。因此，在与老年人打交道的过程中，老年服务从业人员首先要了解并充分尊重老年人家乡的风俗习惯，在日常工作及节假日活动中与其习惯性做法保持一致，切勿否定老年人的习惯性做法。

6. 适度原则

在老年服务礼仪的具体运用中，还要遵循适度原则。适度原则的含义是把握尺度，做到恰如其分。

古人云："君子之交淡如水，小人之交甘若醴。"此话不无道理。在老年服务工作过程中，待人接物时，表达自律和敬人之意应得体到位，掌握好分寸，做到热情适度、谈吐适度、举止适度。只有这样，老年服务从业人员才能真正赢得老年人的认可，达到沟通的目的，而过分地热情只会让老年人心生反感。

三、老年服务礼仪有何作用

（一）提高修养

服务礼仪是修养的体现，反之，也有利于行为主体提高自身的修养。礼仪修养是指人们为了达到一定的目的，按照礼仪规范的要求，结合自身的实际情况，在礼仪品质、意识理念等方面进行的自我修炼和自我改造。在老年服务礼仪的学习和运用过程中，老年服务从业人员通过自己的努力，把良好的礼仪规范内化为个人自觉自愿的行为，这是一个不断提高自身修养的过程。在这个过程中，老年服务从业人员会自觉克服自身不良的行为习惯，不断提高个人修养，体现自身价值。

（二）沟通情感

礼仪是一种信息，通过这种信息可以表达尊敬、友善、真诚等感情，使交往对象感到温暖。在老年服务工作过程中，热情的问候、友善的目光、亲切的微笑、文雅的谈吐、得体的举止等恰当的礼仪，不仅可以获得老年人的好感、信任，而且可以促进沟通和交流的进展，有助于工作的开展。

（三）协调关系

老年服务从业人员在老年服务工作过程中，少不了要与老年人进行沟通交流。在沟通过程中，礼仪承担着十分重要的"润滑剂"作用。作为一种润滑剂，老年服务礼仪除了可以使老年服务工作人员个人在沟通交流中充满自信、胸有成竹、处变不惊，还能使其艺术性地处理各种复杂关系，以利于更好地向服务对象表达自己的尊重和敬佩、友好和善意，增进彼此的了解和信任，达到升华感情的目的。

（四）塑造形象

良好的个人形象不仅是促进个人发展的基础，也是建设社会主义精神文明、构建社会主义和谐社会的重要内容。老年服务礼仪是老年服务从业人员塑造个人形象的重要手段。比如，交谈讲究礼仪，可以让语言变得文明；举止讲究礼仪，可以让行为变得美好；穿着讲究礼仪，可以让形象变得大方……总之，老年服务从业人员只要讲究礼仪，就容易把事情做得恰到好处，个人就可以变得充满魅力，更容易受到服务对象的欢迎。

同时，在人际交往与沟通的过程中，一个老年服务从业人员的个人形象，有时代表的就是企业形象。从团体的角度来看，老年服务礼仪是老年服务企业文化、精神的重要内容，是企业形象的主要附着点。成熟的老年服务企业都会对员工的礼仪规范提出高标准、严要求，都会把礼仪培训作为建设企业文化的重要举措，因为它是企业获得社会认可的重要标志之一。

（五）规范行为

礼仪具有规范与约束思想和行为的作用。孔子所说的："非礼勿视，非礼勿听，非礼勿言，非礼勿动"，即强调礼仪对行为的约束性。老年服务礼仪作为一种明确的行为规范，不断地支配和规范着老年服务从业人员的行为。在一切老年服务工作中，高素质的老年服务从业人员都能够自觉自愿地用它来规范、约束自己的言行，从而赢得服务对象的好感和尊重。

四、如何学习老年服务礼仪

（一）提高认识，用心学习

改变首先要从内心开始，内心的改变才是真正的改变。要想培养良好的老年服务礼仪规范，老年服务从业人员要从内心真正认识到老年服务礼仪的重要性，任何时候与老年人沟通交流，都能抱以认真、投入的态度。因此，老年服务从业人员要不断对自己强调、暗示："为老年人服务是我人生中最重要的事情，我要与老年人保持良好的沟通与人际关系，我必须培养良好的礼仪风范。"有了这种意识，技术上的学习就有了坚实的基础。

老年服务礼仪本质上是一种规范，这种规范有大家知道的，如要尊重老年人，遇到老年人要主动打招呼；但更多的是大家不知道，或知之不详的，如老年人过生日时，如何为其挑选一个合心意的礼物；再如，给老年人打电话做入户调查时，什么时间段打电话合适，每次通话以多长时间为宜，由谁先挂电话等。这些看似简单的问题，如果处理不好，就会影响服务效果。所以，一定要用心学习老年服务礼仪。

（二）锤炼技能，勤于实践

老年服务礼仪的学习是一种不同寻常的学习，它与学习语文、数学不同，需要在学习过程中做到学以致用、学用结合，将书本知识与个人行为培养、个人礼仪实践及社会实践很好地联系起来，做到知行合一。即一边学习礼仪知识，一边将所学的知识运用于实践之中。只有边学边用，学用结合，才能更好地理解老年服务礼仪的思想、要领和价值。

（三）小处入手，强化细节

老年服务礼仪规范是从细节上来规范言行举止的，只有每处细节都考虑到位，不断坚持，积小善而成大事，才能体现出良好的礼仪精神与礼仪风范。那种大大咧咧、马马虎虎的行为习惯是学习老年服务礼仪的天敌。若凡事满足于差不多，不愿从个人卫生、生活起居等具体事情上做起，是不利于提高礼仪修养的。

知识链接

礼仪的起源与发展

1. 礼仪的起源

在人类发展初期，人们对火山、地震、电闪雷鸣等自然现象无法理解，于是认为天地间有神、鬼的存在。出于对天地神鬼的惧怕和敬畏，人们就会举行一些仪式，用物品来祭拜。北京的天坛、地坛就是古代国君用来祭天祭地的建筑。这样就有了礼的萌芽。

礼仪具体何时何故而起，从古至今，人们做过种种探讨。归纳起来，大体有五种起源说：天神生礼仪、礼为天地人的统一体、礼产生于人的自然本性、礼为人性和环境矛盾的产物，以及礼生于理、起于俗。

2. 发展与形成

礼仪的发展史大致分为萌芽时期、草创时期、形成时期、发展和变革时期、强化时期、衰落时期、现代礼仪启蒙时期和当代礼仪时期。礼仪的形成和发展经历了一个从无到有、从低级到高级、从零散到完整的渐进过程。

（1）萌芽时期（公元前5万年—公元前1万年）。

礼仪起源于原始社会，在原始社会中、晚期（约旧石器时代）出现了早期礼仪的萌芽。在长达100多万年的原始社会历史中，人类逐渐开化。例如，原始社会时期，周口店山顶洞人曾用骨作为装饰，往死人身上撒。

（2）草创时期（公元前1万年—公元前22世纪）。

公元前1万年，人类进入新石器时代，不仅能制作精细的磨光石器，并且开始从事农耕和畜牧。在其后数千年岁月里，原始礼仪渐具雏形。此时的礼仪较为简单和虔诚，还不具有阶级性。其内容包括：制定了明确血缘关系的婚嫁礼仪；

区别了部族内部尊卑等级的礼制；为祭天敬神确定了一些祭典仪式；制定了一些在人们的相互交往中表示礼节和表示恭敬的动作。例如在距今 5 600~6 700 年黄河流域一处典型的新石器时代仰韶文化母系氏族聚落的半坡遗址，其中有一座女孩土坑墓中随葬品精致丰富，有木板葬具，表明当时全家对女孩的喜爱与重视。

（3）形成时期（公元前 21 世纪—公元前 771 年）。

人类进入奴隶社会后，统治阶级为了巩固自己的统治地位把原始的宗教礼仪发展成符合奴隶社会政治需要的礼制，礼被打上了阶级的烙印。在这个阶段，中国第一次形成了比较完整的国家礼仪与制度。如"五礼"就是一整套涉及社会生活各方面的礼仪规范和行为标准。古代的礼制典籍亦多撰修于这一时期，如周代的《周礼》《仪礼》《礼记》就是我国最早的礼仪学专著。汉代以后 2 000 多年的时间里，它们一直是国家制定礼仪制度的经典著作，因此被称为礼经。

但在西周末期，出现了所谓的"礼崩乐坏"的局面。"礼崩乐坏"是对东周时期典章制度逐渐被废弃的一种形象描述。在春秋中后期，由于生产力的发展，经济基础、上层建筑领域出现了与周礼要求不相融的局面，具体表现在势力强大的诸侯开始变王田为私田，变分封制为郡县制，政权不断下移，并纷纷制定自己的法律。这些都反映了周代封建社会逐渐走向解体。

（4）发展和变革时期：春秋战国时期（公元前 771—公元前 221 年）。

春秋战国时期，礼渐渐被转为礼制，成了统治阶级用来维护自身利益和地位的工具。相继涌现孔子、孟子、荀子等思想圣人，对礼教给予了研究和发展。

孔子对礼仪非常重视，把"礼"视为治国、安邦、平定天下的基础。在孔子的思想体系中"礼"是同"仁"分不开的。孔子说："人而不仁，如礼何？"他主张"道之以德，齐之以礼"的德治，打破了"礼不下庶人"的限制。他认为"不学礼，无以立""质胜文则野，文胜质则史。文质彬彬，然后君子"。他要求人们用礼的规范来约束自己的行为，要做到"非礼勿视，非礼勿听，非礼勿言，非礼勿动"。另外，孔子还倡导"仁者爱人"，强调人与人之间要有同情心，要相互关心，彼此尊重。在他的《论语》里有 74 处谈到礼仪，要求人们首先规范、约束自己的行为，所以他是主张以礼治国的最有代表性的人物。古之礼的内涵分为两个方面：一方面是典章制度，如各朝代的典章制度；另一方面是社会一切人的行为和举止规范，这是典章在具体实施过程中的具体形成，系统地阐述了礼仪的本质与功能，第一次在理论上全面而深刻地论述了社会等级秩序的划分及其意义。

孟子把仁、义、礼、智作为基本的道德规范，礼为辞让之心，成为人的德行之一。把礼解释为对尊长和宾客严肃而有礼貌，即"恭敬之心，礼也"，并把"礼"视为人的善性的发端之一。

（5）强化时期：秦汉到清末（公元前 221—公元 1911 年）。

秦始皇吞并六国统一中国，建立了第一个中国历史上的封建王朝，是后来延续 2 000 多年的封建体制的基础。尽管在不同的朝代，礼仪文化具有不同的社会政治、经济、文化特征，但也有一个共同点，就是一直为统治阶级所利用，礼仪是维护封建社会的等级秩序的工具。汉代、唐代、宋代的礼仪研究硕果累累。例如，叔孙通为汉朝开国皇帝刘邦定下的"朝仪制礼"。另外，还有董仲舒的三纲五常：三纲指君为臣纲，父为子纲，夫为妻纲；五常指仁、义、礼、智、信。宋代时，礼仪与封建伦理道德说教相融合，即礼仪与礼教相杂，成为实施礼教的得力工具之一。

（6）衰落时期。

清代后期，清王朝政权腐败，民不聊生，古代礼仪盛极而衰，一些西方礼仪传入，北洋新军的陆军开始用西方军队的举手礼代替不合时宜的打千礼。这一时期礼仪的重要特点是尊君抑臣、尊夫抑妇、尊父抑子、尊神抑人。在漫长的历史演变过程中，它逐渐成为妨碍人类个性自由发展，阻挠人类平等交往，约束思想自由的精神枷锁。纵观封建社会的礼仪，内容大致可分为涉及国家政治的礼制和家庭伦理两类。这一时期的礼仪构成了中国传统礼仪的主体。

（7）现代礼仪启蒙时期。

辛亥革命以后，西方的"自由、平等、民主、博爱"等思想，对中国传统的礼仪规范、制度进行了强烈冲击。民国时期，孙中山先生提出了"四维八纲"，四维指礼、义、廉、耻，八纲指忠、孝、仁、爱、信、义、和、平。五四运动对腐朽、落后的礼教进行了清算，符合时代要求的礼仪被继承、完善、流传，繁文缛节逐渐被抛弃，同时也允许国际上一些通用的礼仪形式存在。新的礼仪标准、价值观念得到推广和传播。

（8）当代礼仪时期。

中华人民共和国成立后，中国共青团在中国共产党的指引下，在新的历史时期首创的群众性活动"五讲四美三热爱"具有丰富的内容。五讲是指讲文明、讲礼貌、讲卫生、讲秩序、讲道德；四美是指心灵美、语言美、行为美、环境美；三热爱是指热爱祖国、热爱社会主义、热爱中国共产党。它有很强的思想性，是建设社会主义精神文明的一项重要工作。"五讲四美三热爱"为20世纪80年代最数字化的经典口号。与此同时，中国逐渐确立了以平等相处、友好往来、相互帮助、团结友爱为主要原则的具有中国特色的新型社会关系和人际关系准则。

改革开放以来，随着中国与世界的交往日趋频繁，西方一些先进的礼仪、礼节陆续传入中国，同中国的传统礼仪一起融入社会生活的各个方面，构成了社会主义礼仪的基本框架。许多礼仪从内容到形式都在不断变革，现代礼仪进入全新的发展时期。大量的礼仪书籍相继出版，各行各业的礼仪规范纷纷出台，礼仪讲座、礼仪培训日趋红火。人们学习礼仪知识的热情空前高涨。讲文明、讲礼貌蔚然成风。今后，随着社会的进步、科技的发展和国际交往的增多，礼仪必将得到新的完善和发展。

——选自《商务礼仪》，张楠楠主编，东北师范大学出版社，2014年

任务二 认知沟通原理

一、什么是沟通

（一）沟通的概念

沟通是不同的行为主体，通过各种载体实现信息的双向流动，形成行为主体的感知，以达到特定目标的行为过程。

1. 行为主体

行为主体多指人与人、人与人群、人群与人群。随着科技和社会的发展，沟通的主体会逐渐打破人的范畴，动物、超级计算机、机器人很可能被纳入其中。行为主体中通常包括信息的发送者和接收者，在一个完整的沟通过程中，同一个主体扮演信息发送者和接收者的双重角色。

2. 信息载体

对于人来说，包括本有载体和外有载体两大类。本有载体是指人不需要借助外物的沟通媒介，包括语言、肢体动作、表情、眼神等；外有载体是指需要借助外物的沟通媒介，包括文字、书信、电话、电子邮件以及新媒体等。通常在一次沟通过程中，有几种信息载体同时存在的情况。

3. 特定目标

对于人来说，至少包括意识、行为和组织三个层面。意识层面通常包括情感、知识、思想等；行为层面通常包括动作、活动、习惯等；组织层面通常包括绩效目标、行动计划、团队氛围等。通常情况下，沟通是为了实现积极的目标。

在沟通过程中，行为主体、信息载体和沟通环境都会影响沟通目标的达成。通常情况下，行为主体的状态、知识和经验结构、准备的充分性等因素会影响沟通的效果，信息载体的稳定性、识别度等因素会影响沟通的效果；沟通环境的噪声、氛围等因素也会影响沟通效果。需要特别强调的是，沟通是信息双向流动的过程，需要由信息的传递和反馈共同组成。如果只有信息的发送者和接收者的传递，而没有反馈，那么通常意义上意味着沟通的失败或无效。

（二）沟通的组成

人与人之间的沟通构成包括发送者、接收者、信息和沟通渠道等部分，各部分之间的关联度高是有效沟通中必备的元素。

1. 发送者

信息的发送者就是信息的来源，其必须充分了解接收者的情况，选择合适的沟通渠道，以利于接收者的理解。要顺利地完成信息的输出，必须对编码和解码两个概念有基本的了解。编码是指将想法、认识及感觉转化成信息的过程。解码是指信息的接收者将信息转换为自己的想法或感觉。

在编码的过程中，注意以下几个方面有利于提高编码的正确性。

（1）相关性。信息必须与接收者所知道的范围相关联，如此才可能使信息为接收者所了解。所有信息必须以一种对接收者有意义或有价值的方式传送出去。

（2）简明性。尽量将信息转变为最简明的形式，因为越是简明的方式，越可能为接收者所了解。

（3）组织性。将信息组织成有条理的若干重点，可以方便接收者了解及避免接收者承担过多的负担。

（4）重复性。主要是在口语的沟通中，重复强调重点有利于接收者的了解和记忆。

（5）集中性。将焦点集中在信息的几个重要层次上，以避免接收者迷失在一堆杂乱无章的信息中。在口语沟通中，可凭借特别的语调、举止、手势或面部表情来表达这些重点。若以文字沟通方式，则可采用画线或强调语气突出内容的重要性。

2. 接收者

接收者是指获得信息的人。接收者必须从事信息解码的工作，即将信息转化为他所能了解的想法和感受。这一过程要受到接收者的经验、知识、才能、个人素质以及对信息发送者的期望等因素的影响。

3. 信息

信息是指在沟通过程中传给接收者（包括口语和非口语）的消息。同样的信息，发送者和接收者可能有着不同的理解，这可能是由发送者和接收者的差异造成的，也可能是由于发送者传送了过多的不必要信息。

4. 沟通渠道

沟通渠道是信息得以传送的载体，可分为正式沟通渠道、非正式沟通渠道、向下沟通渠道、向上沟通渠道、水平沟通渠道。

二、沟通的作用和意义

（一）沟通的作用

沟通是一种自然而然的、必需的、无所不在的活动。通过沟通，人们可以交流信息并获得感情与思想。在工作、娱乐、居家、买卖时，或者希望与一些人的关系更加稳固和持久时，人们都要通过交流、合作、达成协议来达到目的。在沟通过程中，人们分享、披露、接收信息。根据沟通信息的内容，信息可分为事实、情感、价值取向、意见观点。根据沟通的目的，信息可以分为交流、劝说、教授、谈判、命令等。

综上所述，沟通的主要作用有以下两方面。

1. 传递和获得信息

信息的采集、传送、整理、交换，无一不是沟通的过程。通过沟通来交换有意义、有价值的各种信息，生活中的大小事务才得以开展。

掌握低成本的沟通技巧、了解如何有效地传递信息能提高人们的办事效率，而积极获得信息更会提高人们的竞争优势。好的沟通者可以一直保持注意力，随时抓住内容重点，找出自己所需要的重要信息。他们能更透彻地了解信息的内容，拥有最高的工作效率，节省时间与精力，获得更高的生产力。

2. 改善人际关系

社会是由人们互相沟通所维持的关系组成的网络，人们相互交流是因为需要同周围的社会环境相联系。沟通与人际关系相互促进、相互影响。有效沟通可以使人们赢得和谐的人际关系，而和谐的人际关系又使沟通更加顺畅。相反，不良的人际关系会导致沟通难以开展，而不恰当的沟通又会使人际关系变得更糟糕。

（二）沟通的意义

沟通是人类组织的基本特征和活动之一。没有沟通，就不可能形成组织和人类社会。家庭、企业、国家，都是十分典型的人类组织形态。沟通是维系组织存在，保持和加强组织纽带，创造和维护组织文化，提高组织效率、效益，支持、促进组织不断进步发展的主要途径。有效沟通可以让我们高效率地把一件事情办好，让我们享受更美好的生活。善于沟通的人懂得如何维持和改善相互关系，更好地展示自我需要、发现他人需要，最终赢得更好的人际关系和成功的事业。

沟通的意义可以总结为以下几点。

（1）满足人们彼此交流的需要。

（2）使人们达成共识和更好的合作。

（3）降低工作的代理成本，提高办事效率。

（4）获得有价值的信息，提高个人办事的条理性。

（5）使人清晰地思考，有效把握所做的事。

三、沟通的类型和区别

（一）不同的沟通方式类型

（1）根据沟通符号的种类，可以分为语言沟通和非语言沟通，语言沟通又包括书面沟通与口头沟通。

（2）根据沟通是否为结构性和系统性的，可分为正式沟通和非正式沟通。

（3）根据在群体或组织中沟通传递的方向分为自上而下沟通、自下而上沟通和平行沟通。

（4）根据沟通中的互动性分为单向沟通与双向沟通。
（5）从发送者和接收者的角度而言，包括自我沟通、人际沟通与群体沟通。

（二）不同沟通方式的对比

不同沟通方式的对比如表1所示。

表1　不同沟通方式的对比

沟通方式	举例	优点	缺点
口头	交谈、讲座、讨论会、电话	快速传递、快速反馈、信息量很大	传递中经过层次越多，信息失真越严重，核实越困难
书面	报告、备忘录、信件、内部期刊、布告	持久、有形、可以核实	效率低、缺乏反馈
非语言	声、光信号、体态、语调	信息意义十分明确，内涵丰富，含义隐含灵活	传递距离有限，界限模糊，只能意会不能言传

四、沟通的技巧

（一）倾听技巧

倾听能鼓励他人倾吐他们的状况与问题，而这种方法能协助他们找出解决问题的方法。倾听技巧是有效影响力的关键，需要倾听者相当的耐心与全神贯注。

倾听技巧由四个个体技巧所组成，分别是鼓励、询问、反应与复述。

1. 鼓励

促进对方表达的意愿。

2. 询问

以探索方式获得更多对方的信息资料。

3. 反应

告诉对方你在听，同时确定你完全了解对方的意思。

4. 复述

用于讨论结束时，确定没有误解对方的意思。

（二）气氛控制技巧

安全而和谐的气氛，能使对方更愿意沟通，如果沟通双方彼此猜忌、批评或恶意中伤，将使气氛紧张、冲突，加速彼此心理设防，使沟通中断或无效。

气氛控制技巧由四个个体技巧所组成，分别是联合、参与、依赖与觉察。

1. 联合

以兴趣、价值、需求和目标等强调双方所共有的事务，造成和谐的气氛而达到沟通的效果。

2. 参与

激发对方的投入态度，创造一种热忱，使目标更快完成，并为随后进行的推动创造积极气氛。

3. 依赖

创造安全的情境，提高对方的安全感，并接纳对方的感受、态度与价值等。

4. 觉察

将潜在"爆炸性"或高度冲突状况予以化解，避免讨论演变为负面或破坏性。

（三）推动技巧

推动技巧是用来影响他人的行为，使之逐渐符合我们的议题。有效运用推动技巧的关键在于以明白具体的积极态度，让对方在毫无怀疑的情况下接受你的意见，并觉得受到了激励，想完成工作。

推动技巧由四个个体技巧所组成，分别是回馈、提议、推论与增强。

1. 回馈

让对方了解你对其行为的感受，这些回馈对人们改变行为或维持适当行为是相当重要的，尤其是提供回馈时，要用清晰、具体而非侵犯的态度。

2. 提议

将自己的意见具体明确地表达出来，让对方能了解自己的行动方向与目的。

3. 推论

使讨论具有进展性，整理谈话内容，并以它为基础，为讨论目的延伸而锁定目标。

4. 增强

利用增强对方出现的正向行为（符合沟通意图的行为）来影响他人，也就是利用增强来激励他人做你想要他们做的事。

五、有效沟通

有效沟通是指通过听、说、读、写等载体，演讲、会见、对话、讨论、信件等方式将思维准确、恰当地表达出来，以促使对方更好地接受。

（一）有效沟通的重要性

人们在工作和生活中每时每刻都进行着沟通，以至于大家对于沟通这个概念已经非常熟悉了。但什么是沟通？可能很少有人进行过认真、深入的思考。向几个大公司的中层管理人员提出这个问题时，多数人都不能予以全面的回答。据此可以推测，善于运用沟通技巧，并能够进行有效沟通的人可能更少。事实正如我们所推测的一样，在实际工作中许多很有才能的人，由于沟通环节存在问题而无法充分发挥作用；一件本来很好的事情由于沟通环节出现问题导致结果适得其反……因此，找到进行有效沟通的方法，对于提高工作效率非常重要。

沟通就是信息（情感、观点、事件等）的流通和传递。沟通的途径多种多样，最常用的方法是语言沟通。美国斯隆学院的行为科学家们对语言沟通过程中的说话、聆听、思考三个活动的速度进行了多次试验，得出了这样的结论：思考速度 > 聆听速度 > 说话速度。另外，行为科学家还通过不同的信息传递手段，对获取信息的有效性进行了多组比对试验，得出的结论是：信息经提炼后再传递给聆听者，其记忆的效果远远好于不加整理且没有重点的叙述和图片展示。这两组试验的结论对如何进行有效沟通产生了很大的影响，使人们能够运用科学的试验结论，对比自己的沟通行为，认真思考在日常沟通过程中是否存在不适当的行为：认为提供的信息越多越好；不停地灌输自己的观点，不管聆听者的反应；信息长篇累牍，没有重点……事实证明，这样的沟通往往效果不好，我们需要从信息沟通的流转过程入手，分析这些问题存在的原因并提出解决措施。

（二）有效沟通的条件

达成有效沟通应具备两个必要条件：首先，信息发送者清晰地表达信息的内涵，以便信息接收者能确切理解；其次，信息发送者重视信息接收者的反应，并根据其反应及时修正信息的传递，以免除不必要的误解。两者缺一不可。有效沟通主要指组织内人员的沟通，尤其是管理者与被管理者之间的沟通。有效沟通能否成立关键在于信息是否有效。信息有效程度的高低决定了沟通有效程度的强弱。信息有效程度又主要取决于以下几个方面。

1. 信息的透明程度

信息必须是公开的。公开的信息并不意味着简单的信息传递，而要确保信息接收者能理解信息的内涵。如果以一种模棱两可、含糊不清的文字语言传递一种不清晰的、使人难以理解的信息，对于信息接收者而言没有任何意义。另外，信息接收者也有权获得与自身利益相关的信息内涵，否则有可能导致信息接收者对信息发送者的行为动机产生怀疑。

2. 信息的反馈程度

有效沟通是一种动态的双向行为，而双向的沟通对信息发送者来说应得到充分的反馈。只有沟通的主体、客体双方都充分表达了对某一问题的看法，有效沟通才真正有意义。

（三）有效沟通的三个原则

1. 有效果沟通，强调沟通的目标明确性

通过交流，沟通双方就某个问题可以达到共同认识的目的。

2. 有效率沟通，强调沟通的时间概念

沟通的时间要短，频率要增加，在尽量短的时间内完成沟通的目标。

3. 有笑声沟通，强调人性化作用

沟通要使参与沟通的人员认识到自身的价值。只有愉快沟通才能实现双赢的思想。

（四）有效沟通过程的障碍

1. 以自我为中心，认知模式刚性

思维是沟通的基础。任何一个有目的的沟通皆始于自我。因此，自身的思维是影响有效沟通的重要因素。过于迷信自身思维方法的管理者既主观又武断，缺乏客观、公正、公平之心，既不能正视自我也不愿正视他人，更谈不上设身处地站在对方的角度考虑问题。因此，管理者注重的仅仅是把信息传递出去，忽视了信息接收者的感受，同时对信息接收者是否理解这一信息也不置一顾，显然有效沟通不成立。

一方面，以自我为中心，过于迷信自身思维方法的管理者的认知模式往往具有刚性化特征，以静态的思维面对时代的发展和社会的进步，久而久之，管理者非但不了解别人，甚至都不了解自己，不了解自身与现实的差距有多大。另一方面，面对具有较强等级观念的权威性管理者，下属出于自身前途的利弊考虑，发送的信息可能更倾向于附和管理者的愿望以回避风险。管理者接收此类信息后，在一定程度上更强化了其认知模式的刚性。如此沟通只能陷入一种恶性循环：管理者更固守于传统的思维，被管理者更热衷于传递失实的信息，最终结局只能是组织内部人心涣散，更可悲的是管理者自身甚至还未意识到到底哪个环节出了问题。

2. 静态特征

有效沟通是一种动态的双向行为，而双向沟通应得到充分的反馈，只有沟通的主体、客体双方都充分表达了对某一问题的看法，才具备有效沟通的意义。因为在复杂的社会环境下，组织内部多样化程度越来越高，相互之间的依赖也越来越强，对目标、职责、利害关系等认识的分歧也越来越大。与此同时，只有在增强主体、客体上下交流的过程中，人们才能从不同的角度看问题，消除一些误解和偏见。只有这样，才能使组织成为一个相互依赖的合作整体，从而顺利达到组织追求的目标。

3. 缺乏真诚

真诚是理解他人的感情桥梁。缺乏诚意的交流难免带有偏见和误解，从而导致交流的信息被扭曲。在管理关系比较简单的传统管理模式下，管理者和被管理者彼此缺乏相互之间的渗透，也缺乏情感的互动效应。实际上，沟通中信息发送者的目的能否达到完全取决于信息接收者。因此管理者只有在转变观念，弱化自己的权力，把对方看成合作伙伴的前提下才能与被管理者进行心理沟通。

4. 渠道闭塞

自由开放的多种沟通渠道是使有效沟通得以顺利进行的重要保证。从管理的角度考虑，沟通是一个长期积累和不懈努力的过程，因此，沟通不仅是管理中的技巧和方法，更是一种组织制度。在中国，开会可能是传递、发送信息的一种最常见的形式。一次具有实质内容的、安排妥当的会议是同时完成意见沟通和管理目的的有效工具。

项目二　老年服务从业人员个人形象塑造

【知识目标】

◇ 了解仪表、仪容、着装、仪态的概念。
◇ 理解仪容、着装、仪态的基本知识和理论依据。
◇ 正确认识仪容、着装、仪态的基本内容。

【能力目标】

◇ 运用仪容、着装、仪态的理论知识，把握仪容、着装、仪态三者之间的相互关系。
◇ 掌握区分和选择个人仪容、着装、仪态的能力。

【素质目标】

◇ 做有礼仪风度的老年服务从业人员，达到自身形象的和谐统一。

个人仪表包括人的形体、容貌、姿态、着装、举止、风度等方面。《弟子规》中提到，"冠必正，纽必结，袜与履，俱紧切"。仪表是一个人精神面貌的外观体现。在人际交往的最初阶段，一个人的仪容仪表既是个人精神面貌的外在表现，也能反映出他的道德修养、文化水平、审美情趣。"第一印象"多半来自人的仪表。不仅如此，良好的仪表礼仪还体现着对别人的尊重，有利于维护自身形象和工作单位的形象。

老年服务从业人员是直接服务于老年人的群体，每天跟老年人接触得最多，老年服务从业人员的职业形象直接影响老年服务工作的质量。因此，老年服务从业人员需要不断提高自身素质，学习仪容礼仪、着装礼仪、仪态礼仪等方面的知识，具有选择适合自己特性的仪容、着装、仪态的能力，塑造和谐统一的职业形象。

老年服务礼仪与沟通技巧

任务一 仪容礼仪

仪容即容貌，通常认为，它由面容、发式以及身体所有未被服饰遮掩的肌肤所构成，是一个人最吸引别人视线的地方。

仪容美包括自然美、修饰美、内在美三个方面。首先，要求自然美。它是指仪容的先天条件好，天生丽质。尽管以相貌取人不合情理，但先天美好的仪容相貌，无疑会令人赏心悦目。其次，要求修饰美。它是指依照规范与个人条件，对仪容施行必要的修饰，扬其长，避其短，设计、塑造出美好的个人形象，在人际交往中尽量令自己显得有备而来，自尊自爱。最后，要求内在美。它是指通过努力学习，不断提高个人的文化、艺术素养和思想、道德水准，培养高雅的气质，使自己秀外慧中、表里如一。

一、仪容礼仪的基本要求

围绕仪容礼仪的自然美、修饰美和内在美三个方面，人们在整理和修饰自己的仪容时，应当卫生、端正、健康、简约。

（一）卫生

卫生是仪容美最基本的要求。不管长相多好，服饰多华贵，若满脸污垢、浑身异味，必然破坏一个人的美感。因此，每个人都应该养成良好的卫生习惯，做到脸部洁净，眼睛无分泌物、无充血，耳朵内外干净，鼻孔干净，早晚、饭后勤刷牙，牙齿整齐无异物，口中无异味，嘴角无泡沫，胡子刮干净或修整齐，经常洗头和洗澡，讲究梳理勤更衣。

不要在人前"打扫个人卫生"。比如剔牙齿、掏鼻孔、挖耳屎、修指甲、搓泥垢等，这些行为都应该避开他人进行，否则不仅不雅观，也不尊重他人。与人谈话时应保持一定距离，声音不要太大，不要对人口沫四溅。礼貌处理无法控制的行为，如打哈欠、打饱嗝、擤鼻涕、咳嗽等应尽量避免，如不得已产生，用纸巾捂住口鼻，面向旁边，然后和身边的人打招呼说"对不起"。

（二）端正

正所谓"内正其心，外正其容"，端正即五官端正、容貌端正、品行端正。工作单位在选聘、任用老年服务从业人员时，特别是在选择直接面对服务对象、代表本单位形象的窗口部门的老年服务从业人员时，一定要将其容貌的端正与否列为主要条件之一。从一个人的仪容可以看出其内心，如果一个人蓬头垢面、邋里邋遢，就要对其内心是否端正产生疑问。

（三）健康

要注意健康，防止疾病，善待和爱护自己的仪容，保持面容、手部等裸露在外的部位没有明显创伤。如果服务岗位上的老年服务从业人员患了传染性的面部疾病，如面癣、沙眼等，一定要遵医嘱治疗，一般不宜直接与服务对象进行正面接触，而需要暂时休息，或者暂做其他工作。

（四）简约

应该对自己的仪容进行扬长避短的修饰，但是整理和修饰时忌过度雕琢。化妆是一种仪容修饰方法，也是自尊、尊人的礼貌体现，工作场合修饰面容以简约、淡雅、保守的总体风格为宜，不得浓妆艳抹，不染彩色头发，不留长指甲和彩绘指甲等，不得尝试标新立异、追求前卫的修饰风格。

二、仪容礼仪的主要内容

一般来说，仪容礼仪包括脸部、五官、头发、四肢和化妆五方面的规范。

（一）脸部

脸部是体现仪容礼仪最直接而又最重要的一个部位。

1. 皮肤类型

脸部皮肤类型可分为中性皮肤、油性皮肤、干性皮肤、混合性皮肤和过敏性皮肤五种。中性皮肤表面光滑润泽，是较理想的皮肤；油性皮肤表面油亮，毛孔粗大，易生粉刺；干性皮肤皮脂分泌少，毛孔细小，皮肤缺少弹性，易生皱纹；混合性皮肤的额、鼻、下巴等部位为油性皮肤，其他部分为干性皮肤；过敏性皮肤对某种物质较为敏感，一经接触就会出现红肿、斑疹、痒痛等症状。

2. 清洗方法

要养成勤于洗脸的良好习惯。在洗脸时要耐心细致，彻底清洁。每日早晚应洗脸，清除附在面部的污垢、汗渍等不洁之物。正确的洗脸方法有助于保持皮肤弹性，保持血液的良好循环和正常的新陈代谢，因此要注意洗脸的方法。首先，用温水润湿脸部。其次，用适当的清洁剂（如洗面奶、香皂、洁面膏等），用手由下向上揉搓、打圈。手经过鼻翼两侧至眼眶周围正反打圈，从上额到颧骨再到下颌部位反复打圈，由颈部至左、右耳根反复打圈多次，这是借助光滑的清洁剂对皮肤起到按摩作用。然后用温水冲净面部的清洁剂。最后冲洗干净。

3. 面容保养

为了养护面容，平日应多吃水果蔬菜，多喝水，以保持足够的水分，防止皮肤粗糙干燥。要保证足够的睡眠，使面部看上去红润。夏季要及时擦去脸上的汗水，不要让其淌在脸上。冬季在外出前要擦好润肤产品，保护肌肤。男士要经常修面，剃净胡须、刮齐鬓角、剪短鼻毛，不留小胡子和大鬓角，老年服务从业人员不提倡蓄胡须。特别要指出的是，不可以当众剃胡须。

（二）五官

1. 眉毛

老年服务从业人员应养成每天上班前在进行面部修饰时审视自己眉毛的习惯，要防止出现如灰尘、死皮或掉下来的眉毛等异物，令眉毛整齐有序。

2. 眼睛

"眼睛是心灵的窗户。"人们在交流时需保持眼神的交流，所以要注意眼部的清洁，及时除去眼角的分泌物；还要注意眼病的预防和治疗，以免传染给对方。

3. 鼻子

保持鼻腔的清洁，跟人谈话时不要下意识地捏鼻子、揉鼻子，不要用手去抠鼻孔或乱抹鼻垢，更不要用力将其吸入腹中。尤其是在人前，这样既不文雅，又不卫生，可在无人时以手帕或纸巾擦拭。要注意检查自己的鼻毛，如果鼻毛过长，应遵守"修饰避人原则"，在私密的地方用小剪刀剪短，但不要用手拔。

4. 口腔

平时应保护自己的唇部，使其不开裂、不爆皮；避免嘴角、牙缝内残留异物。要保持牙齿清洁，坚持早晚刷牙。常规的牙齿保洁应做到"三个三"，即三顿饭后都要刷牙；每次刷牙应在饭后三分钟内完成；每次刷牙的持续时间不少于三分钟。口腔异味影响交际，所以在工作岗位上，应当暂时避免食用气味过于刺鼻的食物，如葱、蒜、韭菜、腐乳、虾酱等，也不要饮烈酒。必要时可以用口香糖来减少口腔异味，但在正式场合嚼口香糖是不礼貌的，与人交谈时也应避免。

5. 耳朵

务必经常对耳部除垢，如有耳毛，应及时对其进行修剪，但这些动作均不宜在工作岗位上进行。

（三）头发

1. 护发

健康的头发应保持健康、秀美、干净、清爽、卫生、整齐的状态。健康的头发有很好的弹性、韧性和光泽；柔顺，易于梳理，不分叉，不打结；用手轻抚时有润滑的感觉；梳头时无静电；不容易折断。要真正达到以上要求，就必须注意头发的洗涤、梳理、养护等几个方面。应该养成周期性洗发的习惯，一般每周洗2~3次即可。易出油的头发应该2天洗1次；干性的头发洗头间隔时间可稍长一些。洗前要将头发梳顺，湿润后用洗发用品轻揉，最后冲洗干净。初秋，人们往往会出现头皮屑增多、脱发、断发的现象，所以在入秋前应对头发进行精心保养，可使用护发素等。如发现发尖分叉，就必须及时修剪。在洗发时，洗发水不宜在头发上停留太长时间，因其性质属碱性，对头发会产生损害。平时梳头时，一定要留意，上衣和肩背上不能落有头皮屑和脱落的头发。

2. 发型

所谓发型修饰，就是在头发保养、护理的基础上，剪一个适合自己的发型。

（1）根据脸型选择发型。

恰当的发型设计能起到修饰脸型的作用。圆脸型的人应将头顶部的头发梳高，两侧鬓角向下拉长，并设法遮住两颊，使脸部看起来显长不显宽，如垂直向下的发型能使脸型显长。长脸型的人，应将刘海向下梳，遮住额头，如果下颌骨窄长，耳区两侧的头发要蓬松，使脸看上去更饱满，不宜选择披肩长发。方脸可采用不对称的发缝、翻翘的发帘来增加发式变化，并尽量增多脖子周边的头发。不要剪成寸头，耳旁头发不宜变化过大，额头不宜暴露。三角型脸双耳上方的头发可令其宽厚，双耳下部的头发应限制发量。倒三角型脸宜选短发或不对称式的发型，此外，双耳以下发量宜适当增多，但切勿过于丰隆或垂直。

（2）根据身材选择发型。

根据自己的体型选择发型也是很重要的。个子高的人以中长发或长发为宜，如果身体瘦高，则头发轮廓以圆形为宜，如大波浪卷发；如果身材高且胖，则头发轮廓以保持椭圆形为宜。个子矮小，发型以秀气、精致为主，或将头发高盘于头顶，这样有增高身材的错觉；个子矮且胖的人不要留披肩长发，应尽量露出脖子，头发避免过于蓬松或过宽。

（3）根据职业和场合选择发型。

一般来说，职业女性的发型应文雅庄重；老年服务从业人员的发型应该简洁大方。对于男性老年服务从业人员来说，头发长度要适中，前不及眉，旁不遮耳，后不及领，不留长发和大鬓角。女性老年服务从业人员的长发应盘于脑后，避免使用色泽太鲜艳的发饰；短发应拢于耳后，不得遮面，前面刘海不要过低；工作场合禁止烫染夸张的发型及颜色。有些养老机构要求老年服务从业人员戴帽子，这样不仅看起来美观，还有收束头发的功能，整体形象清爽干净。

（4）根据年龄选择发型。

青年人发型可以多种多样，各种新颖别致而又健康大方的发型都可以；中年人宜选整洁简单、大方文雅的发型；老年人则应选择庄重简洁、易打理的发型。

（5）根据发质选择发型。

不同的人有不同的发质，有的又细又软，有的又粗又卷。所以发型也要"量体裁衣"。柔软服帖的发质比较容易整理，只要进行巧妙地修剪，就能使发根的线条以极美的形态表现出来。直硬的发质打理起来比较困难，但很容易修剪得整齐，所以在设计发型时应侧重以修剪技巧为主，避免繁复的花样，也可考虑用油性烫发剂将头发微烫一下，使头发略带波浪，显得蓬松自然。女士如果发质细软，可留长发，或将头发梳成发髻。

（四）四肢

1. 手部

在交际活动中，手部占有重要的位置。接待客人时，人们通常以握手的礼节来表示欢迎，然后再伸出手递送名片等，对方总是先接触到我们的手，形成第一印象。观察手部可以判断一个人的修养与卫生习惯，甚至对生活的态度。

手部的清洁与一个人的整体形象密切相关，应当引起足够的重视。在工作岗位上，每位老年服务从业人员都要谨记自己的双手务必要认真做到"六洗"：一是上岗之前要洗手，二是手脏之后要洗手，三是接触精密物品之前要洗手，四是接触入口之物前要洗手，五是上过厕所之后要洗手，六是下班之前要洗手。有时，洗手时还须按规定进行消毒或除菌。

不要留长指甲，要养成"三天一修剪、每天一检查"的良好习惯，并且要做到坚持不懈。但在任何公众场合修剪指甲，都是不文明、不雅观的举止。不允许在指甲上涂抹彩色指甲油，或在手臂上刺字、刻画。

当女性必须穿着肩部外露的服装上岗时，最好提前剃去腋毛。对其他部位较为浓密的汗毛，也应当采取行之有效的方法将其去除。如果有"狐臭"，应及时治疗，避免在交往中引起服务对象的反感。有些人喜欢使用香水，走到哪里香到哪里，浓郁的香味是不礼貌的，对于老年服务从业人员来说，工作中不要喷涂香水。

2. 腿部

对于腿毛比较重的女性，应及时去除腿毛或是选择色深而不透明的袜子。一线老年服务从业人员切记，经常检查并认真修剪脚指甲，不宜在工作时光脚或在脚指甲上涂指甲油。

（五）化妆

在现代社会，适当化妆是有必要的。化妆，是修饰仪容的一种高级方法。选择适当的化妆品，学习与自己气质、脸型、年龄等特点相符的化妆方法，能增添自己的魅力。这既是自尊的表现，也意味着对服务对象的重视。化妆通常分为晚妆、通勤妆、社交妆、舞会妆等，化妆的浓淡要视时间、场合而定。

老年服务从业人员在工作时应采用工作妆，即自然、清丽、素雅，具有鲜明的立体感。它既要给人深刻的印象，又不允许显得脂粉气十足。男士在某些特定场合可以化淡妆，调整面部肤色，但不可以太露痕迹。

1. 工作妆的基本技巧

（1）清洁。

对于面部的清洁，可选用清洁类化妆品去除面部油污，然后再用清水洗净。化底妆前，应在清洁的面部上涂上护肤品，保持面部皮肤水分充足。

（2）底妆。

底妆又名打粉底，目的是调整皮肤状态，使皮肤平滑，遮盖皮肤瑕疵，使肤色均匀。化妆者可根据自己的皮肤特质选择合适的粉底，长期待在有空调和暖气的室内，尽量选择有保湿效果的粉底。根据面部区域的不同，分别打上深浅不同的底色，偏白的象牙色最好作为提亮色使用，以增强脸部的立体效果。

（3）眉毛。

整饰眉毛时，应根据个人的脸型特点，确定眉毛的造型。一般先修眉，把杂乱的眉毛拔掉；然后用眉笔勾画出轮廓，再顺着眉毛的方向一根根地画出眉型，填满稀稀疏疏的眉毛根部，切勿画得太重。老年服务从业人员要打造整洁自然的眉型，如果眉毛画得过细，颜色过深，眉尾过长，眉峰过于突兀，容易给人不可亲近的印象。

（4）眼妆。

眼影的质地有膏状与粉质之分，颜色有亮色和暗色之别。亮色的使用效果是突出、宽阔；暗色的使用效果是凹陷、窄小。老年服务从业人员可以在眼部浅浅地打上一层大地色系的眼影，在睫毛根部涂重一些，两个眼角的部位也应涂重一些，这样可突出眼睛的立体感。

（5）腮红。

涂腮红的部位以颧骨为中心，根据每个人的脸型而定。长脸型要横着涂，圆脸型要竖着涂，但都要求腮红向脸部原有肤色自然过渡。选用的颜色要根据肤色、年龄、着装和场合而定。工作妆要求不张扬、不浮夸，因此腮红颜色不可浓于口红，看上去精神自信即可。

（6）口红。

涂口红时，要先选择口红的颜色，再根据嘴唇的大小、形状、薄厚等用唇线笔勾出理想的唇线，然后再涂上口红。唇线颜色要略深于口红颜色，口红不得涂于唇线外，唇线要干净、清晰，轮廓要明显。老年服务从业人员建议使用有透明效果的唇膏或唇彩，可以不勾勒唇线，选择与自己唇色相近或略深的口红；口红的颜色与穿衣整体上要协调，与腮红、眼妆的颜色也要协调。

2. 化妆的礼仪规范

不以残妆示人，不能在公共场合化妆或补妆，不能在异性面前化妆，不能议论他人化妆，不能用他人化妆品，男女化妆品不能混用，男士不要过度化妆，保持化妆工具清洁整齐。

知识链接

工作妆容——大地色系眼妆

大地色系是最淳朴、最本质的颜色，自然的色彩带来心理上的轻松和幸福感，不如一起画上眼影，做个优雅的大地女人。

大地色眼影画法如下。

第一步：选用一款浅米色眼影清扫眼窝部分，使眼睛看起来不浮肿，也可以为接下来的眼妆打底，使眼妆不容易拖妆。

第二步：用咖啡色眼影扫在双眼皮位置，营造具层次感的深邃效果。

第三步：用咖啡色的眼线笔勾勒眼线，眼尾处往上提拉，并用咖啡色眼影仔细填补眼头位置。

第四步：用咖啡色眼影扫下眼睑部分，使下眼睑看起来不浮肿，注意应与上眼线自然衔接。然后用提亮的眼影涂抹眼头位置，使眼睛看起来更加有神。

第五步：用黑色眼线液笔紧贴睫毛根部勾勒一条细细的眼线，眼尾处呈向上提拉的弧度，并涂抹睫毛膏。

这样，眼妆部分就完成了。大地色系眼妆很百搭，非常适合职业场合与日常生活使用。

任务二 着装礼仪

着装包括服装和饰品。古今中外，服饰一直体现着一种社会文化，体现着一个人的文化修养和审美情趣，是一个人的身份、气质、内在素质的外在表现。在社交场合，得体的着装是一种礼貌，是留给他人的第一印象，一定程度上影响着人际关系的和谐。影响服饰效果的因素，除了要有文化修养、审美能力和健美的形体，还要掌握着装的常识、着装原则和服饰礼仪的知识，这是使人达到内外和谐统一不可或缺的条件。

一、着装原则

（一）TPO原则

TPO原则是世界通行的着装打扮的最基本原则，由T（Time，时间）、P（Place，地点）、O（Object，目的）组成。

1. T

T是指着装应考虑时代的变化、四季的变化和一天各时段的变化，以及年龄阶段等。

显而易见，在不同的时间，着装的类别、式样、造型应有所变化。比如，冬天要穿保暖、御寒的冬装，夏天要穿透气、凉爽的夏装。白天穿的衣服需要面对他人，应当合身、严谨；晚上穿的衣服不为外人所见，应当宽大、随意。一天内，着装也可随时间而变换。如工作时女士应穿着正式套装，以体现专业性；出席酒会时，就需多加一些修饰，要穿得华丽一些，如换一双高跟鞋，戴上有光泽的饰品，围一条漂亮的丝巾等。

2. P

P是指着装要与场所、地点、环境相适应。

在公务场合，着装的基本要求为庄重保守，宜穿套装、套裙或制服。除此之外，还可以考虑选择长裤、长裙和长袖衬衫，不宜穿时装、便装。必须注意在非常重要的场合，短袖衬衫不适合作为正装穿着。

社交场合着装的基本要求为时尚个性，宜穿着礼服、时装、民族服装。必须强调的是，在这种社交场合一般不适合选择过分庄重保守的服装，比如穿着制服去参加舞会、宴会、音乐会，就和周边环境不大协调了。

休闲场合着装的基本要求为舒适自然。换言之，只要不触犯法律，不违背伦理道德，不妨碍他人的安全，那么穿着打扮完全可以根据个人所好选择。一般而言，在休闲场合，人们适合选择的服装有运动装、牛仔装、沙滩装以及各种非正式的便装，如T恤、短裤、凉鞋、拖鞋等。在休闲场合，如果身穿套装、套裙，则十分不合适。

3. O

O 是指着装与目的一致。

与客户会谈、参加正式会议等，衣着应庄重考究；听音乐会或看芭蕾舞时，则应按惯例着正装；出席正式宴会时，则应穿旗袍、中山装、晚礼服、西装；而与朋友聚会、郊游时，着装应轻便、舒适。总之，着装要适应自己扮演的社会角色，要考虑此行的目的。

（二）协调原则

1. 着装要和年龄相协调

青年人的穿着可以色彩丰富、造型时尚；中年人在装扮上应体现成熟的韵味；老年人的穿着应侧重舒适干净、大方稳重。

2. 着装要和形体相协调

大多数人的形体都不是十全十美的，穿着应尽量掩盖自己的缺点。比如，身材偏胖的人应多选择冷色调、暗色调、直条的服装；身材偏瘦的人应多选择亮色调、横条、格子、花哨的服装。

3. 着装要和职业、岗位、身份相协调

即"干什么，像什么"，如此这般，才会使着装恰到好处地展现自身的素质，展现企业的形象。

二、着装的分类及礼仪规范

着装可分为工作服、西装和便装三类。

（一）工作服

工作服又名工装、制服、职业服，是为工作需要而特制的服装。工作服是工作单位的形象，统一的工作服更加体现单位的专业度、规范度。一些正规的生产或服务企业以及一些行政执法部门要求员工必须穿工作服，比如公安、监察、工商、法院等部门，特殊的制服代表了某种权力。许多服务性单位为全体员工定做工作服，规定本单位的全体从业人员一律穿着制服上班，打造有内涵、有品位的单位整体形象，展现全体员工良好的凝聚力和合作性，方便单位更为有效地对全体员工提出要求和进行管理。工作服的主要礼仪规范如下。

1. 制作精良

为体现企业形象，工作服应当优先选择优良的不易起皱的面料，款式简洁大方，线条自然流畅。大小合身，便于进行岗位接待服务。所以工作服应量身定做。注意四长（袖至手腕、衣至虎口、裤至脚面、裙至膝盖）和四围（领围以插入一指大小为宜，胸围、腰围、臀围以能穿进一件羊毛衫为宜）。

2. 规范整洁

工作服需按照单位要求在规定时间内穿着，要保证工作服的外观整洁，无特殊味道，常洗常换，随脏随换，不得懈怠。搭配衬衣时应将衬衣下摆收进裤子里，应统一穿黑色皮鞋或布鞋。佩戴工作牌和标志时，一般佩戴在左胸显眼处，挂绳式工作牌应正面向上挂在胸前，保持清洁端正。有的岗位还要戴好帽子与手套。穿着要文明，不可擅自改变工作服的穿着形式、私自增减饰物。不敞开外衣，不卷起裤脚、衣袖，不漏扣，不掉扣。制服外不得显露个人物品，衣裤口袋平整，勿显鼓起。企业应该健全必要的规章制度予以约束，任命专人负责检查制服的穿着情况，凡不合要求者，不仅要提出批评，而且要予以一定的处罚。

如果工作单位没有统一制作工作服，则应按照有关规定，穿着与本人所承担的服务角色相称的工作服。这不仅是对服务对象的尊重，而且使着装者有一种职业的自豪感、责任感，是敬业、乐业在服饰上的具体表现。

老年服务从业人员的着装礼仪需注意以下几个方面。

（1）干净整齐。

老年服务从业人员的工作服要便于工作，干净平整，朴素大方，领口、袖口简单利落，扣子整齐不缺，裤脚在鞋跟以上平脚面处。有些机构要求老年服务从业人员戴燕尾帽，这样不但看起来美观，而且可以收束头发，使人的整体形象干净整齐。

（2）色彩淡雅。

老年服务从业人员着装整体色彩要淡雅，上衣裤子搭配要合理，忌大红大紫以避免刺激，忌黑色以避免沉闷。

（3）协调得体。

老年服务从业人员工作装要合体，优雅，不能过小、过紧，也不能过大、过松。女士裙装要在膝盖以下，着装忌短、忌露、忌透，忌仅穿内衣、睡衣和短裤工作。

（4）鞋袜轻便。

老年服务从业人员鞋子要求软底轻便，配上和肤色接近的袜子，不宜穿高跟鞋或靴子，更不宜光脚或穿拖鞋。

（5）饰物点缀。

严禁在工作时间佩戴戒指、手镯、手链、耳环等首饰，女性老年服务从业人员可以佩戴耳钉或点缀一些不会对人造成伤害的布艺饰品。

（二）西装

在商务交流、政务活动、参观访问、重大会议等场合，为了维护企业形象或个人形象，对交往对象表示尊重和友好的礼仪规范，需要人们着正装参加。

1. 男士西装

西装源于欧洲，被视为男士的脸面，目前是全世界最流行的一种服装，也是商务男士在正式场合着装的首选。若要使自己穿的西装真正合适，就要在西装的选择、穿法等方面多费心思。

（1）面料。

使用好的面料来制作西装，会使西装挺括、有质感。一般情况下，毛料应为西装首选的面料，纯毛、纯羊绒的面料以及含毛比例较高的毛涤混纺面料，皆可用作西装的面料。

（2）颜色。

男士正装的颜色必须显得庄重正统。套装颜色首推藏青色、灰色；衬衫的颜色最佳为白色；皮鞋、袜子、公文包的颜色宜为深色，并以黑色为常见。三色原则是选择正装颜色的基本原则。它的含义是要求正装的颜色在总体上应当以少为宜，最好控制在三种颜色以内。这样有助于保持正装庄重、保守的总体风格，并使正装在色彩上显得规范、简洁、和谐。若超出三种颜色，一般会给人繁杂、低俗之感。男士的西装一般以无图案为佳，若选择有花纹的，则以细密的条纹西装为佳。

（3）上衣。

西装套装有两件套与三件套之分，一般来说，三件套西装比两件套西装显得更正规一些。西装常见的款式有美式西装、意大利式西装和英式西装。美式西装的款式特征是肩型自然，较为宽松，领型略大，扣位偏低，以单排两粒扣居多，略有掐腰，后摆单开衩。其穿着起来十分舒适自然，是西服中最容易与休闲装搭配的款式，是显得最有男人气质的西装。意大利式西装也称为欧式西装，垫肩常常比较夸张，不强调腰部，上衣偏长，没有开衩，双排扣样式居多，西裤多为卷边裤型。英式西装的裁剪包身合体，肩部垫肩明显，领型比例适度简单，腰部收缩，身侧双开衩，以低位三粒扣和高位三粒扣居多。

西装纽扣的扣法很讲究。单排扣有一粒扣、双粒扣、三粒扣之别。在非正式场合，单排扣一般不扣。在正式和半正式场合，要把单粒扣、双粒扣的第一粒、第三粒扣的中间一粒扣上。双排扣有四粒扣和六粒扣之别，上面的两粒或四粒都是样扣，不必扣上。

西装一定要合身，肥瘦有型，身长过虎口，袖长达手腕。要使西装保持平整而挺括、线条笔直，除了定期干洗，在每次穿之前还要烫平。第一次穿之前应拆除袖口的商标。西装的胸袋和两侧口袋为装饰袋，内侧两袋为实用袋，忌鼓鼓囊囊。

（4）西裤。

男士在正式的商务活动中所穿的西装，必须是西装套装，其上衣和西裤面料、色彩、款式一致，风格上相互呼应。西裤合体有型，裤脚达脚背，盖过鞋后沿，腰间以能插入一手为宜。西裤侧袋为装饰袋，后袋为实用袋。

（5）衬衫。

衬衫的面料以纯棉平纹高支纱及棉涤混纺高支纱为首选。纯棉斜纹织物、牛津布、粗纹理面料、绒质织物属于休闲衬衫的面料，应避免在正式的场合穿着。一般来说，浅色的条子或方格面料的衬衫适合搭配西装。

衬衫的款式有标准领型、敞领型、底扣型、领针型等。标准领子的张开角度为75度左右，普通西装衬衫多采用这种领型，它不受流行的影响，不受年龄限制，与脸型无关，适合办公及正式场合穿着，也可与礼服搭配。敞领型领子张开角度约为120度，适宜与美式西装搭配，打领带时适宜打大结，适合宽肩的人。底扣型领尖系有小纽扣，系上小领带，着上底扣，适合非正式社交场合，年轻人喜欢穿，但这种领型有时看上去不太正规。领针型是最正式的衬衫领型之一，适合搭配细领带，领口由领针固定后压在领带下，显得非常严谨，一般搭配三件套西装穿着。

无论是哪种领型，衬衫的领子一定要硬挺平整，要高出西装领口1～2厘米，白领露出部分与袖口露出部分呼应。衬衫袖子应比西服袖长1厘米，俗称"两露白"。长袖衬衫的下摆必须塞进裤子里，袖口扣上，不可卷起。衬衫不宜过薄过透，特别是穿浅色衬衫时，里面不要穿深色的或加厚的保暖内衣。

（6）领带。

凡穿硬领衬衣参加正式活动必须系好领带，不系领带不扣领口，不扣衬衫扣不能佩戴领带。领带的标准长度是132～142厘米，打好的领带长度以大箭头下垂到皮带扣处为宜，因此男性根据个人身高状况以及打领带的不同方法来选择领带。穿羊毛衫时，领带应放在羊毛衫内。领带夹应佩戴在衬衫的第三粒和第四粒纽扣之间。西装上衣系上扣子以后，领带夹不应被看到。领带以丝质的为上乘。领带的图案和颜色有很多种，最常见、最实用的是没有花色的单色领带，能够与任何款式的西装或衬衫搭配。穿着单色的西装时，搭配斜条图案的领带也要协调，应避免出现过于绚丽的大花图案。

（7）腰带。

腰带有两种风格，一种是搭扣式，另一种是插扣式。搭扣式的皮带应和西装、衬衫搭配，插口式则和休闲服搭配。腰带扣的图案尽量简单庄重，奢侈品牌的腰带扣不宜在政务场合显露。腰带颜色最好与手表、腕带、皮鞋的颜色一致。腰带要求长短适中，余下部分为12厘米左右，介于第一和第二个裤扣之间。腰间不能挂钥匙扣等细小物品，否则会显得没有品位。

（8）袜子。

袜子具有衔接裤子和鞋子的作用，应与裤子、鞋子协调，黑鞋配深色袜。切忌白色运动袜、彩色袜子、有花纹的袜子配黑色皮鞋。注意袜子的质地和透气性应良好，务必做到每日换洗，防止产生异味。

（9）鞋子。

男士着西装配皮鞋，颜色以黑、棕、白为主，颜色与裤子搭配。款式为前包后包式样，鞋头尖、版型正，鞋跟的高度适中，最为经典的正装皮鞋是系带样式的。磨砂皮鞋、翻毛皮鞋属于休闲皮鞋，不适合与西装配套。穿皮鞋时，必须做到鞋内无味、鞋面无尘、鞋底无泥、尺码恰当。

（10）配饰。

男士着正装时的配饰包括戒指、项链、手表、怀表、胸针、领针、胸口的手帕等。要求饰物少而内藏，有一两件精致的饰物凸显身份，对西装而言是点睛之笔，太多的首饰则显得俗气。

（11）公文包。

男士在选择公文包时，式样、大小应和整体着装、身材相配。可以将手机、笔记本、笔、名片夹、手帕等常用物品放在公文包中。公文包颜色宜为深色，并以黑色为最常见。讲究的男士，通常公文包、腰带和皮鞋的颜色是一致的。

（12）围巾和帽子。

围巾和帽子在冬季可用于点缀。如果衣服颜色较暗淡，则围巾与帽子的颜色可鲜艳一些。若衣服颜色较鲜艳，佩戴的围巾与帽子就要素雅一些。

2. 女士西装

女士可以选择西装套裙，也可以选择西服长裤，但前者最为经典。

（1）面料。

服装质地尽可能考究，一般选择天然质地的面料，亚麻、真丝、纯毛、纯羊绒的面料以及含毛比例较高的毛涤混纺面料等。讲究匀称平整、柔软丰厚、悬垂挺括，而且不起皱、不起毛、不起球。真皮或仿皮的西装套裙不宜在正式场合穿着。

（2）颜色。

职业套裙的最佳颜色就是黑色、灰色。另外，还有藏青色、暗红色、灰褐色等。一般来讲，身体较胖的人适宜穿深色的衣服，这样会在视觉上给人以苗条的感觉。身体较瘦的人适宜穿浅色的衣服，这样会给人以丰满的感觉。谨慎购买红色、黄色、淡紫色的职业套裙，因为亮色在职场中显得很抢眼。与此同时，套裙的颜色不要太多，不然会显得杂乱无章。有的上衣、裙子采用同色系同种布料，有的上衣、裙子采用不同的布料和颜色，穿着单色的套裙会让身材显得更瘦、更高。套裙的花纹可以选择方格的、印花的、条纹的等，以体现着装者端庄典雅的气质，大花型的面料和花的面料会使着装者在职业场合中显得不够稳重。

（3）套裙。

套裙不可过于肥大或包身，上衣不宜过长，下裙不宜过短。通常，上衣最短齐腰，上衣的袖长以恰恰盖住着装者手腕为好；裙子以窄裙为主，年轻女性的裙子下摆可在膝盖以上3.33厘米左右，但不可短到大腿全长的1/2处以上（中式旗袍的开口处）；中老年女性的裙子应选择下摆在膝盖以下3.33厘米或小腿肚子以上。

在正式场合穿套裙时，上衣的扣子必须全部系上。不要将其部分或全部解开，更不要当着别人的面随便将上衣脱下。领子要完全翻好，有袋的盖子要拉出来盖住衣袋。不要将上衣披在身上或者搭在身上。裙子要穿得端端正正，上下对齐。应将衬衫下摆塞入衬裙裙腰与套裙裙腰之间，切不可将其塞入衬裙裙腰之内。

女士西装中的单排扣上衣可以不用系扣，双排扣要一直系着扣子。

（4）衬衫。

丝绸是职业套装衬衫首选的面料，但是不容易清洗；其次就是纯棉的，但是需要经常熨烫，使其平整；职场环境内应避免穿蕾丝或能看到内衣和皮肤的薄透面料。女性衬衫的颜色可以多种多样，只要与套装搭配起来和谐即可。白色、米黄色、米色、奶白色与大多数套装都能搭配。

（5）内衣。

内衣要合身，不能外露，更不能外穿。内裤的轮廓不能明显地透出来，内衣的肩带不能露在衣服外面。

（6）丝巾。

丝巾能够充分体现女性文雅、飘逸的魅力。如果在使用时，能注意材质、尺寸、色彩、系法的正确搭配，就能起到画龙点睛的作用。丝巾首选丝绸质地，因为光泽度和柔软度更佳。单色服装宜搭配花色丝巾，花色服装宜搭配单色丝巾，但要注意花色丝巾（或服装）的数种颜色中，有一种颜色要与套裙（或丝巾）的颜色一致。不同尺寸的丝巾还能有丰富多变的打结法，是非常神奇的配饰。

（7）袜子。

穿西装套裙时应当配连裤袜、长筒袜，颜色以肉色、黑色为常见。肉色长筒丝袜配长裙、旗袍最为得体。如果是长筒袜，大小要适合，绝对不能穿随时都可能往下掉的袜子。尤其要注意，女士不能在公众场合整理自己的长筒袜，而且袜口不能露在裙摆外边。穿半截袜子要慎重，谨防出现"三截腿"。不要穿带图案的袜子或网袜。应随身携带一双备用的透明丝袜，以防袜子拉丝或跳丝。

（8）鞋子。

搭配职业套装的鞋子以棕色或黑色牛皮鞋为上品。应选择3～4厘米的鞋跟高度，不仅穿着舒适，而且美观大方。正式的场合不能穿凉鞋或是露脚趾的鞋。鞋子颜色要跟衣服颜色一致或深一些，这样看起来显得更高。推荐黑色、藏青色、灰色、灰褐色等，慎穿红色、粉色、黄色的鞋子。

（9）首饰。

女士的首饰包括耳环、手镯、项链、戒指、胸针等，在合适的首饰点缀下，服装色彩可显得丰富、活跃。佩戴首饰应当以适度为原则。同时佩戴多种首饰时，在总量上不超过三种，以少而精为佳；同时，应使其色彩一致，质地一致。这样做的好处是能令女士在总体形象上协调一致。

佩戴首饰还要与场合、身材、脸型、服装、身份相协调。比如，戒指一般只戴在左手，而且最好仅戴一枚，至多戴两枚。戴两枚戒指时，可戴在一只手的两个相连的手指上，也可戴在两只手对应的手指上。戒指的佩戴可以说是一种沉默的语言，往往暗示佩戴者的婚姻和择偶状况。戒指戴在中指上，表示已有了意中人，正处在恋爱中；戴在无名指上，表示已订婚或结婚；戴在小手指上，则暗示自己是一位独身者；如果把戒指戴在食指上，表示无偶或求婚。佩戴耳环时应根据脸型特点来选配耳环：圆形脸不宜佩戴圆形耳环，因为耳环的小圆形与脸的大圆形组合在一起，会强化"圆"的信号；方形脸也不宜佩戴圆形和方形耳环，因为圆形和方形并置，对比之下，方形更方，圆形更圆。在工作场合，耳环优先选择固定在耳上的耳钉。身着柔软、飘逸的丝绸服装时，宜佩戴精致、细巧的项链，显得妩媚动人；穿单色或素色服装时，宜佩戴色泽鲜明的项链。如果饰品在工作时可能发出声音，为了不影响别人的工作情绪，应该立即取下。

（10）手提包。

既可以选择容量够大、品质较好的手提包，也可以选择优雅的公文手提包，两者选其一即可。如果个子较矮，手提包则不宜过大。手提包颜色与衣着相配能形成整体美。

（11）眼镜。

眼镜可以修饰脸型，尽量选择适合自己的镜框，并且保持镜片和镜框干净。另外，还可以选择隐形眼镜。不可戴墨镜参加正式活动。

（三）便装

便装是相对于工作场合的职业装和正装来说的。穿便装没有严格的限制和规定，只要使人感到轻松、随便就可以了。便装主要有夹克、牛仔服、运动装、T恤、卫衣几种。选择便装时主要应考虑适用场合、是否适合自己以及如何正确搭配等。

1. 便装的适用场合

一般在非正式场合和休闲场合才可以穿便装。休闲场合是人们在工作之余的个人自由活动的时间。比如居家休养、外出度假、运动健身、旅游观光、逛街、散步等，都是休闲活动，着便装是合适的。当本单位没有制服，又规定上班必须着正装上班时，不要自作主张穿便装。

2. 便装的选择方法

（1）身材协调。

每个人的身材都不同，选择便装时要力求和自己的身材相协调，扬长避短。

A型：这种款式上衣为紧身式，裙子为宽松式，属于上紧下松。这种适合上半身有优势，下半身没有优势的人，腿型不好看的人适合这种款式的服装。

Y型：这种款式的服装的裙子多为紧身式，以筒式为主，属于上松下紧。适合上半身没有优势，下半身有优势的人。

X型：这种款式的上衣多为宽松式，裙子多为喇叭式，有意识地突出腰部的纤细。它属于上下宽松卡腰的服装，适合上下半身都没有优势，但腰细的人。

H型：这种款式的上衣较为宽松，裙子多为筒式，这样的上衣与裙子给人直上直下一体感，适合上下身比较匀称或身材苗条的人。

（2）风格一致。

尽管便装在搭配方面的讲究比正装少很多，但是在风格上应协调一致。牛仔装的奔放，运动装的矫健等，都是自成一体的主要特征。穿着便装时不要让身上的多件衣服风格相差太多，要注意搭配惯例。比如穿牛仔裤一般配运动鞋或休闲皮鞋，而不是穿凉鞋；穿短裤配凉鞋时不必穿袜子；穿短袖T恤时，里面不用再穿衬衣。

（3）色彩搭配。

不同的色彩有着不同的象征意义，不同颜色的服装穿在不同的人身上会产生不同的效果。穿便装时，人们可以充分发挥个性，通过色彩搭配来展现个人气质。

同色搭配法被称为最保险的配色法。它既包括上下装同色，如男士西装、女士职业套装等；也包括把同一种颜色按照色系中深浅明暗度不同进行搭配，如墨绿色配浅绿色，以形成统一、和谐的审美效果。

相似搭配法是指两个比较相似的颜色进行搭配的方法，如橙配黄、黄配草绿、白配灰、红配橙红。相似搭配由于富于变化，色彩有差异，服装更显活泼与动感。

主辅搭配法就是以一种色彩为整体的基调，再适当辅之以其他色彩的搭配，各种颜色不失各自特点，相映生辉，但在搭配时要注意对比效果，既鲜明，又不能太刺眼。

对比色搭配法，专业术语叫撞色搭配，这种搭配法色彩对比强烈，在舞台上视觉冲击力强。

着装配色上必须考虑个人的肤色、年龄、体形等条件。如肤色黑，不宜穿颜色过深或过浅的服装，而应穿与肤色对比不明显的粉红色、蓝绿色的服装，忌穿色泽明亮的黄橙色或色调极暗的褐色、黑紫色等的服装。皮肤发黄的人，不宜穿半黄色、土黄色、灰色的服装，否则会显得精神不振和无精打采。脸色苍白的人不宜着绿色服装，否则会使脸色更显病态。肤色红润或粉白的人，穿绿色服装效果会很好。白色衣服任何肤色的人穿效果都不错，因为白色的反光会使人显得神采奕奕。

体形瘦小的人适合穿色彩明亮度高的浅色服装，这样显得比较丰满。体形肥胖的人适合穿明亮度低的深颜色。大多数人体形、肤色属中间混合型，所以颜色搭配没有绝对性的原则，重要的是在着装实践中找到最适合自己的颜色。

综上所述，从礼仪的角度看，服饰不能简单地等同于穿衣。它是着装者基于自身的阅历修养、审美情趣、身材特点，根据不同的时间、场合、目的，力所能及地对所穿的服装进行精心选择、搭配和组合。

知识链接

燕尾帽又叫护士帽，是护士的工作帽，也是护理行业的象征。它洁白、坚挺，两翼如飞燕状，所以称之为燕尾帽，它像一道圣洁的光环，衬托着白衣天使崇高的使命。一些养老机构为女性养老护理员定做的制服中包括燕尾帽。

燕尾帽的戴法如下。

戴正、戴稳，距发际4~5厘米，用白色发卡固定于帽后，不得显露于帽的正面。扣眼固定法：取缝衣针、白线、剪刀、尺子、发卡，将燕尾帽展开铺平，反面向上。在距离燕尾帽中线两侧约6厘米、距离帽冠底边约1厘米处各剪一个长约1厘米的横行扣眼并用缝衣针锁好扣眼。戴燕尾帽时只需翻开帽檐，露出扣眼，用发卡别在头上即可。其优点在于隐藏发卡，固定牢固，发卡卡在距帽冠底边1厘米的内层，从任何角度都看不到发卡，且不会因护理员头发的改变而移位，更不会发生脱落。适用于各种发型，尤其是留短发者，用常规固定法几乎无法卡住短发，人们在低头工作时，燕尾帽极易脱落。这种方法只需在头顶部较长头发处固定即可。

任务三 仪态礼仪

仪态即人的举止姿态，包括站姿、走姿、坐姿、蹲姿、手势、表情等。仪态语言虽然是一种无声语言，但它同有声语言一样也具有明确的含义和表达功能，有时，其效果超出有声语言，即所谓的"此时无声胜有声"。

一、站姿自然

古人云"站如松"，得体的站姿会给人以挺、直、高以及健康向上的感觉。不良的站姿如低头含胸、双肩歪斜、倚靠墙壁、腿脚抖动等则会给人萎靡不振的感觉。

（一）基本站姿

男士要求稳健、刚毅、洒脱，体现阳刚之美；女士要求优美、庄重、大方，体现柔和之美。基本站姿要求如下。

头正：两眼平视前方，下颌稍内收，表情自然，面带微笑。
肩平：两肩平正，微微放松，稍向后向下沉。
躯挺：胸部挺起，腹部内收，腰部立直，臀部向内向上收紧。
臂垂：两肩平整，双臂自然下垂，中指对准裤缝。
腿并：两腿立直，贴紧脚跟靠拢，两脚尖朝外。开口幅度为女士30～35度，男士45～60度。

（二）站姿手位

站立时，根据情境的需要，手位有不同的要求。

1. 女士站姿手位

（1）交流手位。
手势标准：右手在上，与左手交叉相握，掌心朝下，与手臂保持在同一条直线上，小臂与地面保持平行。
适用情景：与家属、客人沟通时使用。
（2）迎候手位。
手势标准：双臂自然垂放于身前，右手食指与左手指关节呈90度搭握。
适用情景：等候时使用。
（3）礼仪服务手位。

手势标准：双手交叉相握，右手食指与左手指关节垂直交叉，双手四指伸直，注意虎口处应将双手拇指藏于手心处。

适用情景：接待时使用。

2. 男士站姿手位

（1）基本手位。

手势标准：两肩平整，双臂自然下垂，中指对准裤缝。

适用情景：工作时常使用。

（2）交流手位。

手势标准：双手自然下垂，左手手掌搭放在右手手背上。

适用情景：称为腹前握指式站姿，与人交流时常使用。

（3）服务手位。

手势标准：左手握右手手腕，搭放在身后的腰部。

适用情景：称为后背握指式站姿，等候、服务时常使用。

（三）站姿脚位

男女均可使用"八字形"标准站姿，即双脚脚跟并拢，两脚尖之间相差一拳的距离并呈八字形分开。另外，男士还可采用分腿式站姿，即双脚分开与肩同宽的距离，多适用于交流时和服务时。女士站姿除了标准式站姿，还有丁字步脚位，即一只脚的脚跟与另一只脚的脚心呈90度站立。

（四）不良站姿

无精打采或东倒西歪地站立；双手叉在腰间或抱在胸前站立；身体倚靠在墙上，或倚靠其他物品作为支撑点站立；弓腰驼背，两肩一高一低站立；双臂乱摆，双腿乱抖；手插在裤袋里，站立时做小动作。

（五）站姿训练

进行站姿训练时最好配上轻松愉快的音乐，既可以减少训练的枯燥感，又可以减轻人的疲劳感。

1. 顶书训练

把书本放在头顶中心，为使书不掉下来，头、躯体自然会保持平衡。这种训练方法可以纠正低头、仰脸、头歪、头晃及左顾右盼的坏习惯。

2. 靠墙训练

九点靠墙，即后脑、双肩、双臂、小腿、脚跟的九个点紧靠墙面，保持在一个水平面上。

3. 背靠背训练

两人一组，背靠背站立，头部、肩部、臀部、小腿、脚跟紧靠，并在两人的肩部、小腿部相靠处各放一张卡片，不能让其滑动或掉下。这种训练方法可使两人的后脑、臀部、小腿、脚跟保持在一个水平面上，使站姿完美。

4. 对镜训练

面对镜面，检查自己的站姿及整体形象，看是否存在歪头、斜肩、含胸、驼背、弯腿等情况，发现问题及时调整。

二、走姿稳健

走姿是指一个人在行走过程中的姿势。对走姿的要求是"行如风"，良好的走姿应该是自如平稳、轻盈矫健、敏捷连贯的，给人以动态之美、节奏之美，表现出朝气蓬勃、积极向上的精神状态。

（一）基本走姿

1. 步位标准

步位是指脚落地时应放的位置。女士要求两脚内侧落地时在一条直线上，即行走时应以脚尖正对着前方，形成一条虚拟的直线，每行进一步，脚跟都应当落在这条直线上。男士要求平行前行，两脚内侧着地的轨迹不在一条直线上，而是在两条直线上。

2. 步幅适当

步幅又称为步度，是指跨步时两脚间的距离。标准步幅为一脚至一脚半，即前脚脚跟与后脚脚尖之间的距离为本人脚长度的1~1.5倍。男士步幅略大，应稳健、有力、洒脱，以展示阳刚之美；女士步幅略小，应轻盈、优雅、飘逸，以体现阴柔之美。

3. 步频均匀

步频是指行走时的速度。在正式场合步频应当保持均匀、平衡，如遇有急事，可加快步频，但不可奔跑。在养老机构内，不能快走，更不能跟在老年人身后疾行，不能擦肩赶超老年人，以免使老年人受到惊吓。

4. 步高合适

行走时脚不要抬得过高，那样看上去缺乏稳健感；也不能抬得过低，脚跟在地上拖着走，给人缺乏朝气的感觉，显得步履蹒跚、老态龙钟。

5. 重心放准

起步时，身体须向前微倾，身体的重量要落在反复交替移动的前面那只脚的脚掌上，切勿让身体的重心停留在自己的后脚上。当前脚落地、后脚离地时，膝盖一定要伸直，落下脚时再稍微松弛，并即刻使重心前移，形成良好的步态。

6. 摆臂自然

行走时，双肩平衡以防止左右摇晃；双臂则应自然放松，以肩关节为轴，大臂带动小臂，手掌朝向体内，前后自然摆动，摆幅以30度左右为宜。

7. 造型优美

走路时，脚掌应先落地，然后脚后跟触地。从美学的角度讲，前脚掌先触地，能减少全身的摆动与颠簸，给人一种轻巧感；行走时要有节奏感，膝盖和脚腕都要富有弹性，伸放自如；双臂自然、轻松地摆动，不要左右式摇摆；走在一定的韵律中，才会显得自然优美、风度潇洒。

8. 礼貌行走

两人相对而行时，应主动让道，尽量走右边；并肩而行时，不抢道；穿行时，不能直接从中间穿行，应先道一声："对不起，请让一下。"

（二）不良走姿

不良走姿包括含胸驼背、垂头走路、摇肩晃膀、脚底擦地、拖泥带水、内八字步、外八字步、扭臀摆胯、上下颠动。平时应掌握正确步姿的要领，克服自身的不良习惯，有意识地走直线，可以沿着马路沿或砖缝练习行走。

三、坐姿端庄

俗话说"坐如钟"，这是形容人们的坐姿像钟一样沉稳、端庄。优雅的坐姿传递着自信、友好、热情的信息，同时也显示出高雅庄重的良好风范。

（一）基本坐姿

坐姿要求挺胸、提臀、立腰。

1. 头部端正

不要在别人面前就座时出现仰头、歪头、扭头等情况。整个头部应如同一条直线，和地面相垂直。

2. 躯干直立

一般坐满椅面的 2/3。在工作中需要就座时，通常不应将上身完全倚靠在座椅的背部。如果可能，最好一点都不倚靠。在跟客人交谈时，为表示重视，不仅应面向对方，而且要把整个上身朝向对方。

3. 手的摆放

通常，可以把手放在腿上。既可以双手各自放在一条腿上，也可以双手叠放或相握后放在腿上。

4. 腿的摆放

双膝自然并拢，双腿适度并紧，双脚尖朝正前方或交叠。男士双脚可平行打开，注意应小于肩宽。

5. 欠身致意

坐着的时候，如果有人为你介绍他人或遇到熟人和朋友时，可以欠身致意，上半身稍向前倾，不一定低头，要面带微笑注视对方；欠身时，只需稍微起立，不必站立。

（二）女士坐姿

入座时动作要轻缓，坐满椅子的2/3，身体保持立腰、挺胸，双膝自然并拢，两手叠放于双腿上。如长时间端坐可将双腿交叉重叠，但要注意上面的腿向回收，脚尖向下；也可两脚同时向左放或向右放，两手相叠后放在左腿或右腿上。着裙装时要先轻拢裙摆，然后再坐下。

1. 标准式

小腿垂直于地面，两脚并拢。

2. 侧点式

两小腿向左斜出，双膝并拢，两脚前脚掌着地。

3. 前交叉式

左脚置于右脚上，在两踝关节处交叉，两脚脚尖着地。

4. 重叠式

在标准式坐姿的基础上，一条腿提起，腿窝落在另一条腿的膝关节之上，上面的腿应向里收，贴住另一条腿的小腿处，脚尖向下。

5. 侧挂式

在侧点式基础上，左小腿后屈，脚绷直。脚掌内侧着地，右脚提起，用脚面贴住左脚踝，膝盖与小腿并拢。

（三）男士坐姿

轻稳走到座位前，缓慢转身后，右脚向后退半步，轻稳坐下。后背轻靠椅背，双腿分开略向前伸、不超肩宽，两脚平行，两手分别放在双膝上。若身体稍向前倾，则表示尊重和谦虚。

1. 标准式

双腿自然弯曲，小腿垂直于地面，两腿分开与肩宽，两脚平行朝前，双手分别放在双膝上。

2. 前伸式

左脚向前伸半脚，脚尖不要翘起。

3. 前交叉式

两小腿前伸，双腿在踝关节处交叉。

4. 重叠式

一条腿垂直于地面，另一条腿提起并向里收，脚尖不能对着说话的人。

（四）坐姿禁忌

坐时不可前倾后仰，或歪歪扭扭；双腿不可过于叉开，或长长地伸出；不可高架"二郎腿"或"4"字形腿；不可将大腿并拢，小腿分开，或双手放于臀部下面；坐下后不可随意挪动椅子；腿、脚不可抖动；与人谈话时不要用手支着下巴；双手不要放在两腿中间或抱腿；脚尖不要指向他人，脚不要蹬踏他物；不要把脚架在茶几或椅子扶手上。

（五）其他要求

1. 入座

首先，入座要注意顺序，分清尊次，请长者、尊者等先入座；面对服务对象时，一定要请对方先入座，这是待人以礼的表现。其次，入座应合"礼"，即与他人同时就座时，应当注意座位的尊卑，并且主动将上座相让于人。

入座时还应讲究"左入左出"，从座位左侧入座，从左侧离座。这样做，代表了一种礼貌，是"以右为尊"的一种具体体现，而且也容易就座。入座时动作应轻而缓，轻松自然，尽量不要坐得座椅乱响，让噪声扰人，不可随意拖拉椅凳。就座时，若附近坐着熟人，应主动与其打招呼。若不认识身边的人，亦应向其先点头。

2. 离座

离座时应先有表示，如离开座椅时，身旁如有人在座，须以语言或动作先向其示意，然后方可站起身来。与他人同时离座，须注意起身的先后次序。地位低于对方时，应稍后离座；地位高于对方时，则可首先离座；双方身份相似时，可同时起身离座。起身离座时，最好动作轻缓，不要弄响座椅或将椅垫、椅罩掉在地上。

四、蹲姿得体

在老年服务行业，当老年人坐着的时候，老年服务从业人员常常会蹲在身边，眼神平视或仰视着说话。因此对于老年服务从业人员来说，蹲姿是一种特殊体位。如果两腿叉开，臀部向后撅起，是不雅观的。

（一）正确蹲姿

下蹲之时，左脚在前，右脚稍后。左脚应完全着地，小腿基本垂直于地面；右脚则应脚掌着地，脚跟提起。此刻右膝须低于左膝，右膝内侧可靠于小腿的内侧，形成左膝高右膝低之态。女士应靠紧两腿，如果穿着短裙，要用手放在裙前遮挡一下；男士则可适当地将两腿分开。

蹲姿类型可分为高低式、交叉式蹲姿。

1. 高低式蹲姿

它的基本特征是下蹲后双膝一高一低。要求蹲下之后，左脚在前，右脚完全着地，小腿基本垂直于地面，右脚脚尖着地，脚跟提起。右膝低于左膝。臀部向下，用右腿支撑身体。女士要两腿并拢，男士可适当分开。

2. 交叉式蹲姿

这种姿势适用于女性。它的基本特征是蹲下后双腿交叉在一起。具体要求是：下蹲时右脚在前，左脚在后；右小腿垂直于地面，全脚着地。右腿在上，左腿在下，两者交叉重叠。左膝从后下方伸向右膝，左脚跟抬起，以脚尖着地。两腿前后靠近，合力支撑身体。上身微微前倾，臀部向下。

（二）蹲姿禁忌

不要翘着臀部，不要突然下蹲，不要距人过近，不要方位失当，不要毫无遮掩，不要蹲在椅子上，不要蹲着休息。

五、手势优雅

手势是指人们在运用手臂时所采用的具体动作与姿势。古罗马政治学家西塞罗曾说："一切心理活动都伴有指手画脚等动作。手势恰如人体的一种语言，这种语言甚至连野蛮人都能理解。"在人际交流和服务工作中，若恰当运用手势，可以增强感情的表达，起到良好的沟通作用，可以提升个人形象。

（一）常用手势

1. "横摆式"手势

"横摆式"手势常用来表示"请进"，即五指伸直并拢，然后以肘关节为轴，手从腹前抬起向右摆动至身体右前方，不要将手臂摆至体侧或身后。目视对方，面带微笑。

2. "直臂式"手势

"直臂式"手势常表示"请往前走"，即五指伸直并拢，屈肘由腹前抬起，手臂的高度与肩同高，肘关节伸直，再向要行进的方向伸出前臂。在指引方向时，身体要侧向客人，眼睛要兼顾所指方向和客人，直到客人表示已清楚了方向时，再把手臂放下，向后退一步，施礼并说"请您走好"等礼貌用语。切忌用一个手指对客人指指点点。

3. "曲臂式"手势

"曲臂式"手势常表示"里边请"，即当左手拿着物品，或推扶房门、电梯门，而又需引领客人时，即以右手五指伸直并拢，从身体的侧前方，由下向上抬起，上臂抬至离开身体45度，然后以肘关节为轴，手臂由体侧向体前左侧摆动成曲臂状，请客人进去。

4. "斜摆式"手势

"斜摆式"手势常表示"请坐"，即当请客人入座时，要用双手扶椅背将椅子拉出，然后一只手屈臂由前抬起，再以肘关节为轴，前臂由上向下摆动，使手臂向下成一斜线，表示请客人入座。

5. 鼓掌的手势

两臂抬起，张开左掌，用合拢的右手四指（拇指除外）轻拍左掌中部，节奏要平稳，频率要一致。鼓掌时，姿态要端正，并伴以微笑。

6. 致意的手势

手臂举起，掌心朝向对方，面带微笑，目视对方。

7. 告别的手势

告别最常见的是举起右手向客人摆手，此时应注意身体站立、目视对方、手臂伸前、掌心向外、左右挥动。也有些场合，相见和告别时需要使用合十礼。行合十礼时，双手合掌置于胸前，手指向天，稍微鞠躬，以示尊敬。

8. 递送的手势

递送物品时要轻拿轻放，并用双手送上，不要随便扔过去；接物时应点头示意或道声谢谢。递上剪刀、刀子或尖利的物品，应用手拿着尖头部位递给对方，让对方便接取。递书、资料、文件、名片等，字体应正对接收者，要让对方容易看清楚。如需客户签名，要注意递笔时笔尖不可指向对方。应先把笔套打开，用左手的拇指、食指和中指轻握笔杆，笔尖朝向自己，递至客户的手中。

（二）注意事项

在人际交往中，人们都会借助各种手势表达自己的思想，但是运用手势时应注意以下四个方面，否则手势有时也可能给人们带来误解和麻烦。

1. 使用规范性手势

使用手势要符合国际规范、国情规范、大众规范和服务规范，这样才不至于引起他人误解。应极力避免使用过于复杂的手势，以免造成沟通障碍或引起他人误解。

2. 注意区域的差异

不同国家、地区、民族由于文化习俗的不同，手势的含义也有很多差别，甚至同一个手势的含义也不同。在不同的国家，由于历史传统及文化背景等不同，手势的含义也有所不同，甚至意义相反。如大家熟知的"O形手势"，在英语国家是"OK"的意思，有着"高兴""佩服""顺利"等意思，但在法语国家代表"零"或"没有"，到了日本、东南亚一些国家则代表"金钱"的意思，而在巴西竟然代表"肛门"的意思。又如，有些地方"交叉两指"表示祝朋友好运，可是另一些地方，这个手势表示绝交。所以，在面对不同人群时，应做到入乡随俗，看人依地使用手势，以免引起麻烦，最大限度地赢得人脉资源。

3. 手势宜少不宜多

手势宜少不宜多，多余的手势会给人留下装腔作势、缺乏涵养的感觉，如边讲话边打响指，勾动手指招呼他人，一边说话一边抓耳挠腮，对他人指指点点等，不仅会被视为没有素质、没有礼貌，而且极易招致他人反感，甚至引起不必要的麻烦。

4. 注意手势的力度和幅度

使用手势时应注意手势的力度大小适中，动作幅度不宜过大，更不可手舞足蹈，手势幅度应服从内容和对象以及场合的需要。

六、表情达意

表情是指人的面部情态，是眼、眉毛、嘴巴、面部肌肉以及它们的综合反映出的心理活动和情感信息。人的表情是复杂的，能够传达非常丰富的信息。美国心理学家艾伯特·梅拉比安把人的感情表达效果总结成了一个公式：

$$情感的表达 = 语言（7\%）+ 声音（38\%）+ 表情（55\%）$$

可见，表情是内心世界的直接流露，是人们内心世界变化的外在体现。

（一）基本要求

1. 表现谦恭

与人交往时，待人谦恭与否，人们可以从表情神态方面很直观地看出来，同时会得到交往对象的重视。因此，人们在工作和生活中务必使自己的表情神态对人恭敬，对己谦和。

2. 表现友好

在生活和工作中，对待任何交往对象皆应友好相待。这一态度，自然而然就在表情神态上表现出来。

3. 表现真诚

人们在相互交往时，既要使个人的神态谦恭、友好，更要使之出自真心，发乎诚意。这样做才会给人表里如一、名副其实的感觉，才会取得别人的信任。

4. 表现适时

从大的方面看，人的表情神态可以是庄重、随和的，也可以是活泼、俏皮、兴奋、高兴的，还可以是不满、气愤和悲伤的。不论采用何种表情，都要注意使之与现场的氛围和实际需要相符合。比如，当看望一个病人时，万万不能表现出高兴之情，否则就会让人觉得你是在幸灾乐祸；当采访一个令人悲痛的新闻事件时，不能面色愉悦，而应凝重且严肃。

（二）微笑

笑容通常包括含笑、微笑、轻笑、大笑、狂笑等。其中微笑是最有吸引力、最有价值的面部表情，它表现着人际关系友善、诚信、谦恭、和蔼、融洽的感情性因素。微笑是人们对某种事物给予肯定后的内在心路历程，也是人们表达对美好事物愉快情感的心灵外露和积极情绪的展现。对老年服务从业人员而言，在岗位上保持微笑，说明热爱本职工作，乐于恪尽职守。微笑可以感染对方，创造一种和谐融洽的气氛，让服务对象倍感愉快和温暖。微笑激发热情,同时传递出这样的信息:"我很高兴见到您,我愿意为您服务。"微笑可以增加创造力,使人因为轻松愉悦而思维活跃,从而能够创造性地解决服务对象的问题。

1. 基本要求

(1)适度得体。

笑容的基本形态就是肌肉放松,嘴角两端向上略微提起。大脑生理学的研究证明:嘴角向上,大脑就会感到愉快,而且会真的高兴起来。这说明了表情和心情的相互关系,所以越是压力大和紧张的时候,越要嘴角向上,这样心情就会变得积极、乐观,笑容就会很自然。

露出牙齿,是传递微笑的感情,是打开心扉的信号。紧闭嘴唇的脸,任何人都会感到生硬。但是如果微笑着露出六颗或八颗牙齿,表情一下就开朗了起来,给人一种好感。另外,微笑是不发声的,面含笑意,亲切自然,使人如沐春风;不要故意掩饰笑意,也不能哈哈大笑。

(2)发自内心。

真正富有感染力的微笑应发自内心,渗透着自己的情感,表里如一,毫无包装或矫饰之感。因此,微笑时要做到以下四结合。

①笑口和笑眼的结合。

当你在微笑的时候,你的眼睛也要"微笑",否则,给人的感觉是"皮笑肉不笑"。眼睛的笑容有两种:一种是"眼形笑",另一种是"眼神笑"。学会用眼神与人交流,这样,你的微笑才会更传神、更亲切。

②笑口和神态、感情、气质的结合。

微笑时要笑出神态、神情、神色,做到情绪饱满,神采奕奕;笑出感情,笑得亲切、甜美,反映出美好的心灵;笑得"有气质",要体现出谦虚、稳重、大方和得体的良好气质。

③笑和语言的结合。

语言和微笑都是传播信息的重要符号,微笑着说"早上好""您好""欢迎光临"等礼貌用语,不要光笑不说,或光说不笑。只有将两者有机结合,声情并茂,相得益彰,微笑才能发挥出它的特殊功能。

④笑和仪表、举止的结合。

端庄的仪表、适度的举止,是每个人都追求的风度。以姿助笑,以笑促姿,就能形成完整、统一、和谐的美。

2. 训练方法

取一张厚纸遮住眼睛下方部位,对着镜子,心里想着最能使你高兴的情景,这样,你的整个面部就会露出自然的微笑。这时,你眼睛周围的肌肉也处于微笑的状态,这就是"眼形笑",然后放松面部肌肉,嘴唇也恢复原样,可目光中仍然含笑脉脉,这就是"眼神笑"的境界。注意,训练微笑时,要使双颊肌肉用力向上抬,嘴里发出"一"的声音,用力抬高嘴角两端。注意,下唇不要过分用力。

(三)目光

著名心理学家弗洛伊德说过:"即使你不说话,你的眼睛也会多嘴多舌。"眼睛是展现魅力表情的关键部位,最能准确表达人的感情和内心,眼神反映着人的性格和内心动向,具有反映深层心理的特殊功能。人们在交往中,适当的目光接触可以表达彼此的关注。可以说,目光是仪态的灵魂。

目光接触,是人际交往间最能传神的非语言交往。在交往中通过目光的交流可以促进双方的沟通,目光的方向、眼球的转动、眨眼的频率都可以表示特定的意思和流露情感。双目炯炯有神会使听者精神振奋,柔和、热诚的目光会流露出对别人的热情、赞许、鼓励和喜爱;目光东移西转会让人感到心不在焉。因此,在人际交往中,不能忽视目光的作用,平时应注意培养自己用眼睛传达信息、塑造专业形象的能力。

1. 时间原则

注视他人的时间长短不同,表示的态度不同。如果注视对方的时间占全部相处时间的1/3,表示友好;如果注视对方的时间占全部相处时间的2/3,表示重视;如果注视对方的时间不到相处时间的1/3,则说明你对对方的话题、谈话内容不感兴趣;如果说话时一直注视对方,反而会让人感到尴尬或怀有敌意。一般连续注视对方的时间以1~2秒为宜。

2. 角度原则

注视的角度不同,表示的态度不同。正视需要正面相向,表示重视对方;平视用在身体与被注视者处于相似的高度时,表示双方地位平等与注视者的不卑不亢;仰视用在注视者所处的位置低于被注视者,而需要抬头向上仰望,表示对被注视者的重视和信任;俯视是指注视者所处的位置高于被注视者,往往表示自高自大或对注视者不屑一顾。

3. 部位原则

注视的部位不同,不仅表示自己的态度不同,也表示双方关系有所不同。一般情况下,不宜注视他人头顶、大腿、脚部与手部或是"目中无人"。注视异性时,通常不应注视其肩部以下,尤其是不应注视其胸部、裆部、腿部。关系平常的人一般只注视对方的面部,关系密切的异性之间可以注视对方的眼部和颈部及以下部位。

4. 方式原则

注视的方式不同,表示的含义也不同。常见的方式有直视,即直接注视,表示认真、尊重,适用于各种情况。对视,即直视他人双眼,表明自己大方、坦诚或关注对方。凝视,即全神贯注地看,表示对交往对象的专注、恭敬。虚视,即目光游离、眼神飘忽,表示胆怯、疑虑、走神、疲乏,或失意、无聊。盯视,即盯着对方看,让人觉得不礼貌,会让对方产生压力,有侮辱甚至挑衅的感觉。扫视,即视线一来一去、左右上下,适用于同时与多人打交道,表示一视同仁。眯视,即眯着眼睛看人,表示近视或隐藏自己心理而窥视。斜视,即从眼角把目光投向别人,表示漠然、漠视和漫不经心甚至轻蔑的心理,显得十分不友好。

总之,恰当的表情能给人们留下深刻的印象,也是自身素质的最佳体现。我们应在训练中将良好的目光和微笑融为一体,使表情和谐、富于魅力,个人形象更具气质和风度。

知识链接

老年服务从业人员如何将仪态礼仪运用到服务工作中?

1. **面部表情**

   面部表情是与人沟通时判断其态度、情绪的主要线索。在与老年人沟通的过程中,老年服务从业人员合理运用自己的面部表情,使之与老年人的情绪体验相一致,达到共情,能有效促进彼此关系。

2. **目光接触**

   老年服务从业人员与老年人的目光接触,可以产生许多积极的效应。如镇静的目光,可以给恐慌的老年人带去安全感;热情的目光,可以使孤独的老年人得到温暖;鼓励的目光,可以使沮丧的老年人重建自信;专注的目光,可以给自卑的老年人带来尊重等。

3. **身体姿势**

   身体姿势包括手势、静止姿态和运动体态等。老年服务从业人员的身体姿势应给老年人一个充满热情、活力的健康形象。需要注意的是,在运用手势时要注意对方的习惯风俗,避免失礼的举止。

4. **沟通距离**

   与人沟通时保持的距离,应根据交往对象的特点而异。如对象是老年人,沟通距离可近一些,以示尊重或亲密。

5. **触摸**

   适宜的触摸行为是一种基本的沟通手段,是老年服务从业人员与老年人积极沟通的有效方式。触摸能满足老年人的需要,使其获得一种支持和被关注的感觉。一般来说,手是最易被接受的部位,可从单手握住老年人的手逐步发展到双手握住老年人的手。

项目三 老年服务从业人员人际交往礼仪

【知识目标】

◇ 了解人际交往礼仪的概念。
◇ 理解人际交往礼仪的重要性。
◇ 掌握人际交往礼仪的具体要求。

【能力目标】

◇ 能够在情景模拟训练中，熟练地运用人际交往礼仪。
◇ 能够在日常人际交往中，灵活地运用人际交往礼仪。
◇ 能够在老年服务工作中，得体地运用人际交往礼仪。

【素质目标】

◇ 能够充分认识并深刻领会人际交往礼仪对个人、集体和社会的重要意义。
◇ 能够在日常人际交往中，展现较高的个人素质与修养。
◇ 能够在老年服务工作中，展现并维护良好的集体形象和国家形象。

社会是人们交往作用的产物，没有人际交往就没有社会。人要生存发展，不能置身于人际交往之外，而要遵守人际交往礼仪。人际交往礼仪是人们在社会交往活动过程中形成的、应共同遵守的行为规范和准则。

中华民族有 5 000 多年的文明历史，创造了灿烂的中华文明，为人类做出了卓越贡献，成为世界上伟大的民族，并以"文明古国""礼仪之邦"著称于世。古人云："不学礼，无以立。""非礼勿视，非礼勿听，非礼勿言，非礼勿动。""人无礼则不生，事无礼则不成，国家无礼则不宁。"2017 年，中共中央、国务院印发的《关于实施中华优秀传统文化传承发展工程的意见》指出："我们要坚持道路自信、理论自信、制度自信，最根本的还有一个文化自信""研究提出承接传统习俗、符合现代文明要求的社会礼仪、服装服饰、文明用语规范，建立健全各类公共场所和网络公共空间的礼仪、礼节、礼貌规范，推动形成良好的言谈举止和礼让宽容的社会风尚。"党的十九大报告中指出："坚持全民行动、干部带头，从家庭做起，从娃娃抓起。深入挖掘中华优秀传统文化蕴含的思想观念、人文精神、道德规范，结合时代要求继承创新，让中华文化展现出永久魅力和时代风采。""要提高人民思想觉悟、道德水准、文明素养，提高全社会文明程度。"由此可见，文明礼仪是一个人内在修养和道德品质的外在表现，也是一个民族文明传统和文化自信的重要表现形式之一；学习并遵守人际交往礼仪，既是个人思想观念、人文精神、道德规范的体现，又是传承中华民族传统美德、实现中华民族文化自信和提高全社会文明程度的需要。

老年服务从业人员在工作中要和同事、服务对象、同行、合作者等有关人员交往，在生活中要和家人、亲戚、朋友、老师、同学等有关人员交往。因此，老年服务从业人员应学习必要的称呼礼仪、介绍礼仪、名片礼仪、握手礼仪、电话礼仪等人际交往礼仪，深刻领会人际交往礼仪对个人、集体和社会的重要意义，做到知礼懂礼、尊礼施礼，展现较高的个人素质与修养，展现并维护良好的集体形象，为传承中华民族传统美德、展现中华文化的时代风采、实现中华民族文化自信和提高全社会文明程度做出应有的贡献。

老年服务从业人员要能够得体地运用人际交往礼仪，关键是要做到"五懂"，即懂诚敬、懂尊卑、懂孝亲、懂敬长、懂雅言。

任务一 称呼礼仪

一、称呼概述

称呼是人与人在交往中彼此采用的称谓，用以指代某人或引起某人注意。称呼蕴含着一个国家历史文化的沉淀与变迁，中国人的称呼是宗法、习俗、等级、地位、声望等的综合反映。在社会交往中，称呼是人际交往的起点，是传递给对方的首要信息，交往双方见面如何称呼对方，直接反映出交往双方的角色身份、社会地位、亲疏程度、对对方是否尊重以及个人的素质与修养等。

称呼具有三个特征。一是简洁性。人们在使用称呼时，简洁的要求是音节较少，形式较为简单，叫起来方便，易引起对方的注意与兴趣。二是褒贬性。在称呼时，应明显地表现出褒贬之意。三是开启性。人们使用称呼语是为了引起对方注意，进而表达更多的内容。

二、称呼礼仪

称呼礼仪是人们在人际交往中称呼交往对象时所采用的一种规范性礼貌语，是一种律己和敬人的行为准则。得体的称呼令人如沐春风，失礼的称呼令人心生反感甚至厌恶。所以在人际交往中，懂得称呼礼仪并恰当地运用显得尤为重要。人际交往中的称呼礼仪，主要体现在称呼的原则、顺序、形式和注意事项等方面。下述称呼礼仪主要适用于中国，至于其他国家，由于文化背景和传统习俗等不同，称呼礼仪亦有不同，在国际交往中，应注意区分和把握。

（一）称呼的原则

称呼应遵循的原则有三个，即尊重、得体、真诚。

1. 尊重

称呼他人要体现尊重的原则。尊重，就是尊敬和重视。古人云："敬人者，人恒敬之。"尊重他人是一种涵养，是一种品德，是个人素质高的体现，是内心诚恳的证明。只有相互尊重，人与人之间的关系才会融洽和谐。在人际交往中，对长辈和领导不直呼其名、对朋友和同事不称绰号、对服务对象不称床位等代号、对身体有缺陷的人不称其缺陷、应该称"您"的时候不称"你"等，都是尊重他人的表现。

2. 得体

称呼他人要体现得体的原则。得体就是恰如其分之意。若称呼得体可以使对方心情愉悦，沟通顺畅，交往成功。若称呼不得体，往往会让对方别扭和反感，使双方陷入尴尬的境地，造成交往受阻甚至中断。所以，应根据交往对象、交往场合、双方关系、文化传统和风俗习惯等选择得体的称呼。在人际交往中，不在工作场合称兄道弟、不在外交场合故意巴结等都是称呼得体的表现。

3. 真诚

称呼他人要体现真诚的原则。真诚，就是真心实意，是尊重他人的真挚感情的自然流露。古人云："至念道臻，寂感真诚。""言为心声，行为心表。"苏格拉底说过："不要靠馈赠来获得一个朋友，你须贡献你诚挚的爱，学习怎样用正确的方法来赢得一个人的心。"可见，真诚在人际交往中是心与心相通的桥梁，是成功交往的关键和核心，是健康人格的重要组成部分。如果对他人的尊称不是真心实意的，那就失去了尊重的真正含义。

（二）称呼的顺序

称呼的顺序，是指交往双方见面时开口打招呼的先后次序，由交往场合和交往对象的职位、地位、身份、年龄、性别、关系等因素决定。在公务场合，称呼的先后顺序主要取决于人们的职位、地位、身份，而在社交、休闲场合，则主要取决于人们的年龄、性别、关系。一般情况下，称呼的顺序应遵循"先尊后卑""先女后男""先疏后亲""先近后远""统一称呼"等原则。

1. 先尊后卑

一般情况下，先称呼职位高者，后称呼职位低者；先称呼地位高者，后称呼地位低者；先称呼年长者，后称呼年轻者。

2. 先女后男

一般情况下，先称呼女士，后称呼男士，即"女士优先"原则。

3. 先疏后亲

一般情况下,先称呼与自己关系生疏者,后称呼与自己关系亲近者,例如,先称呼陌生人,后称呼熟人;先称呼熟人,后称呼朋友;先称呼朋友,后称呼家人等。

4. 先近后远

特殊情况下,如座谈、宴会时,若分不清多位交往对象的尊卑、亲疏关系,则先称呼距离自己近者,后称呼距离自己远者。

5. 统一称呼

特殊情况下,如演讲、报告、主持时,不必对多位交往对象一一称呼,当不便一一称呼时,则运用统一称呼,例如,"诸位""大家""各位来宾""女士们""先生们"等。

(三)称呼的形式

称呼的形式主要分为三种,即工作场合的称呼、生活场合的称呼、外交场合的称呼。

1. 工作场合的称呼

恰当运用称呼礼仪,有助于营造愉快和谐的工作氛围,从而提高工作效率和工作质量。在工作场合,应以正式、庄重、规范、得体为前提,应根据交往对象的职务、职称、身份、学历、年龄、性别等因素,综合决定如何称呼。

(1)对领导的称呼。

运用职务称呼,以示身份和级别。可以只称呼职务,如"书记""院长""处长""科长""主任""护士长"等,也可以在职务前面冠上姓氏,如"李书记""张院长""刘处长""陈科长""冉主任""罗护士长"等。

(2)对同事、同行、合作者的称呼。

①运用职称称呼或学历称呼,以示学术地位和权威性。称呼时,一般应在职务前面冠上姓氏,如"李教授""张工程师""刘博士"等,在某些正式的场合,可在职称前冠上全名,以免与同姓者混淆。

②运用姓名称呼。对熟悉的、同龄的或比自己年轻的同事、同行、合作者,可以直接称呼名字,如"李国强""张国富"等。

③运用职业称呼。对不太熟悉的同事、同行、合作者,称呼时一般在职业前面冠上姓氏,如"李老师""张医生""刘护士"等。

④运用其他尊称。对年长、资深、比自己先入单位的同事以及同行、合作者,应运用尊称,可以视情况在姓氏前面冠上"老师"等,如"李老师""陈老师"等。

(3)对下属的称呼。

为体现领导的亲和力,可按上述"对同事、同行、合作者的称呼"中的方式称呼,也可以运用姓名称呼,对比自己年龄小的,也可根据姓氏称呼"小张""小王"等。

(4)对服务对象的称呼。

①知道服务对象职务的,可运用职务称呼,如"张区长""李局长""刘主任"等。

②知道服务对象职称或学历的,可运用职称或学历称呼,如"李教授""张工程师""刘博士"等。

③知道服务对象职业的，可运用职业称呼，通常在职业前面冠上姓氏，如"李老师""张医生""刘护士"等。

④知道服务对象姓名的，可运用姓名称呼，如"张静怡""李刚强"等。

⑤知道服务对象年龄的，一般情况下，可给予亲切的称呼。年老的可称呼"爷爷""奶奶"，年长的可称呼"叔叔""阿姨"或"哥哥""姐姐"，年幼的可称呼"弟弟""妹妹""小朋友"等。

⑥不知道服务对象姓名、职务等信息的，运用通行尊称。如可根据性别和年龄称呼"先生""女士"等。

2. 生活场合的称呼

恰当运用称呼礼仪，有助于在生活中形成亲密和谐的人际关系，从而愉悦身心和增强自信。在生活场合的称呼，应以亲切、自然、得体为前提，应根据交往对象的辈分、关系和当地的风俗、习惯等，综合决定如何称呼。

（1）对亲属的称呼。

①运用关系称呼。通常情况下，应根据双方关系、地方风俗和习惯称呼，如"祖父""曾祖父""祖母""外婆""外公""爷爷""奶奶""爸爸""妈妈""伯伯""姑姑""舅舅""哥哥""弟弟""表兄""表弟""堂兄""堂弟""侄儿""侄女"等。

②运用姓名称呼。对比自己辈分低、年龄小的亲属，可称呼姓名或去姓称名，如"张静怡""静怡"等。

③运用亲密称呼。对比自己辈分低、年龄小的亲属，可使用爱称、小名，或在其名字之前冠上"小"字，如"笑笑""聪聪""小宝"等。

④运用谦称。对本人的亲属可采用谦称。对比自己辈分高或年龄大的亲属，可在称呼前冠上"家"字，如"家父""家叔""家姐"等。对比自己辈分低或年龄小的亲属，可在称呼前冠上"舍"字，如"舍弟""舍侄"等。对自己的子女，可在称呼前加"小"字，如"小儿""小婿"等。

⑤运用敬称。对他人的亲属可采用敬称。对他人的长辈，可在称呼之前冠上"尊"字，如"尊母""尊兄"等。对他人的平辈、晚辈，可在称呼之前冠上"贤"字，如"贤妹""贤侄"。在他人亲属的称呼前冠上"令"字，一般不分辈分、长幼，如"令堂""令尊""令爱""令郎"等。

（2）对朋友、熟人的称呼。

①运用敬称。对朋友、熟人，可称呼"你""您"。为表示自己的恭敬之意，对长辈、平辈，可称呼"您"，对晚辈称呼"你"。对有身份者、年龄大者，可以"先生"相称，也可以在"先生"前面冠上姓氏。对文艺界人士、教育界人士等可以"老师"相称，也可以在"老师"前面冠上姓氏。对德高望重的年长者、资深者，可称之为"公""老"，如"周公""李老"等。

②运用姓名称呼。平辈的朋友、熟人，彼此之间均可以姓名相称；为表示亲切，可以在被称呼者的姓氏前分别冠上"老""大""小"字相称；对同性的朋友、熟人，若关系极为亲密，可以不称其姓，直呼其名，但对于异性应慎用。

③运用亲近称呼。对于邻居、至交，可用"大爷""大娘""大妈""大伯""大叔""大婶""伯伯""叔叔""爷爷""奶奶""阿姨"等类似亲属关系的称呼，令人感到亲切，而且称呼时也可冠上姓氏。

（3）对普通人的称呼。

可根据交往对象的职务、职称、职业、学历、性别、年龄、风俗习惯等决定如何称呼。

3. 外交场合的称呼

在外交场合中恰当地运用称呼礼仪，有助于形成相互尊重的国际关系，维护良好的国家形象。应根据交往对象的身份、职务、文化、习俗等给予恰当的称呼。称呼时，要掌握一般性规律，既可采用国际上通行的做法，又要留心国别差异，加以区别对待。对成年的男性称"先生"，对未婚或婚姻状况不明的女性称"女士"，对已婚和戴结婚戒指的女性称"夫人"。也可冠以姓名、职务、职称、学衔或军衔等。商务交往时一般称"先生""女士"。在国际商务交往中，一般不称交往对象的行政职务，这点与在中国不同。

（四）称呼的注意事项

在人际交往中，不要出现无称呼的情况，也不要出现错误的、不通用的、替代性称呼等情况，具体注意事项如下。

1. 不要出现错误的称呼

（1）运用姓名称呼时不要读错字。有些姓氏是多音字，如查（zhā）、盖（gě）、单（shàn）、仇（qiú）、区（ōu）、覃（qín）等，不知道的情况下很容易读错。有些名字是多音字，如茜（qiàn、xī）、乐（lè、yuè）、筠（jūn、yún）、行（háng、xíng）、朝（zhāo、cháo）、任（rén、rèn）等，没问清楚的情况下很容易读错。有些人的名字里有生僻字，如燚（yì）、翀（chōng）、垚（yáo）、骉（biāo）、誩（jìng）、甐（qìng）、昍（xuān）等，不认识的情况下很容易读错。为避免读错，对于不认识或不确定读法的姓名，应事先查准确或问清楚，如临时出现这种情况，应向对方虚心请教。

（2）运用姓名称呼时不要读错复姓。中国姓氏中有一些复姓，如"欧阳""诸葛""司马""上官""夏侯""西门"等，读错会让对方尴尬。因此，不能将"欧阳先生"称为"欧先生"或将"诸葛先生"称为"诸先生"等。

（3）忌对年龄、性别、辈分、婚否以及与他人的关系等做出错误的判断而出现错误的称呼，如对未婚女士称呼"夫人""太太"等。

2. 不要出现不礼貌的称呼

（1）不称呼对方和以数字、穿着特征等称呼对方都是不礼貌的行为，如"喂""嘿""下一个""那边的""5号床""那个穿红大衣的""那个戴眼镜的"等。

（2）以绰号或身体缺陷称呼他人是不礼貌的行为，如"四毛""秃子""胖子""麻子""四眼"等。

（3）在正式场合，简化称呼是不礼貌的行为，如将"范局长"称为"范局"，将"李处长"称为"李处"等。

（4）在正式场合，使用休闲场合的称呼或庸俗性的称呼是不礼貌的行为，如"兄弟""哥们儿""姐们儿""闺蜜"等。

（5）称呼应有时代特色，应摒弃那些带有封建色彩的称呼，如"老爷""大人"等。

3. 谨慎使用不通用的称呼

有些称呼具有地域性特征，不要不分对象、不分地域地滥用，如山东人习惯称呼"伙计"，而南方人把"伙计"理解为"打工仔"；北方人习惯对成年的女性、男性称呼"大姐""大哥"，而南方人习惯称呼"女士""先生"。

> **知识链接**
>
> **国际"女士优先"原则**
>
> "女士优先"是国际社会公认的礼仪原则，其含义是：在一切社交场合，每名成年男士都有义务主动而自觉地以自己的实际行动去尊重妇女、照顾妇女、体谅妇女、保护妇女，并且想方设法、尽心尽力地为妇女排忧解难。遵循"女士优先"原则，并非说明妇女属于弱者，值得怜悯和同情，也不是为了讨好妇女别有用心。之所以提出"女士优先"原则，是因为妇女是"人类的母亲"，在人际交往中给予适当、必要的优待，是为了表达对"人类的母亲"特有的感恩之情。
>
> 在社交场合遵循"女士优先"原则，具体体现在四个方面。一是尊重妇女。在正式的社交场合中，男士必须对每名成年妇女无一例外地给予应有的尊重。尊重妇女是"女士优先"原则的第一要旨。二是照顾妇女。男士应给予妇女必要的照顾，但要注意时机是否合适、对方是否情愿。在任何时候，男士给予妇女的照顾都不能强加于人。三是体谅妇女。在正式的社交场合中，任何一名具有良好个人教养的男士，都应当给予妇女必要的体谅。体谅妇女，是指男士应当善解人意，应当善于设身处地地替妇女着想，并且善于谅解妇女。四是保护妇女。在必要时，男士应当挺身而出，主动保护妇女。保护妇女的本意，是指男士应采取主动行动，不使自己身边的妇女受到伤害。

任务二　介绍礼仪

一、介绍概述

在现代社会中，人际交往日益密切，交往对象日益广泛，经常碰到新面孔，结交新朋友。初次见面时，人们总少不了互相介绍。介绍是人际交往中人与人相互认识、增进了解、建立联系的一种最基本、最常用的方式。心理学家研究发现，第一印象的形成虽然非常短暂，却是最深刻、最鲜明、最牢固的。

二、介绍礼仪

根据介绍人的不同，介绍可分为自我介绍、他人介绍、集体介绍三种类型。无论作为介绍人还是被介绍人，都应了解并掌握介绍礼仪。在人际交往中的介绍礼仪，主要体现在自我介绍、他人介绍、集体介绍的时机、顺序、形式和注意事项等方面。下述介绍礼仪主要适用于中国，其他国家因文化背景和传统习俗等不同，介绍礼仪亦有不同，在国际交往中，应注意区分和把握。

（一）自我介绍的礼仪

自我介绍是将自己介绍给他人，向他人说明自己的情况，以使对方认识和了解自己，是一种推销自身形象和价值的方法和手段。自我介绍礼仪主要体现在介绍的时机、顺序、形式和注意事项等方面。

1. 自我介绍的时机

自我介绍需要选择合适的时机。在没有别人介绍，或者介绍人示意大家进行自我介绍的情况下，应主动自我介绍。常见自我介绍的时机如下。

（1）求职应聘时，求学应试时，演讲主持时。

（2）在社交场合，与不相识者相处时，或有不相识者表现出对自己感兴趣时，或有不相识者要求你进行自我介绍时。

（3）在公共聚会场合，与身边的陌生人组成交际圈时，或有意加入陌生人组成的交际圈时。

（4）交往对象因为健忘而记不清自己或担心这种情况可能出现时。

（5）有求于人，但对方对自己不甚了解或对自己一无所知时。

（6）拜访熟人，遇到不相识者挡驾或对方不再需要请不相识者代为转告时。

（7）前往陌生单位联系业务时。

（8）在出差、旅行途中，与他人不期而遇，并且有必要与之进一步交流时。

（9）因业务需要，在公共场合进行业务推广时。

（10）初次利用大众传媒向社会公众进行自我推荐、自我宣传时。

2. 自我介绍的顺序

自我介绍的顺序，是指交往双方见面时自我介绍的先后次序，由交往场合和交往对象的职位、地位、身份、年龄、性别、婚否、关系等因素决定。在公务场合，自我介绍的先后顺序主要取决于职位、地位、身份，而在社交、休闲场合，则主要取决于年龄、性别、关系。一般情况下，应遵循"先卑后尊""先男后女""先主后宾"等原则。自我介绍的常见顺序如下。

（1）职位高者和职位低者认识时，职位低者先自我介绍，职位高者后自我介绍。

（2）地位高者和地位低者认识时，地位低者先自我介绍，地位高者后自我介绍。

（3）长辈和晚辈认识时，晚辈先自我介绍，长辈后自我介绍。

（4）年长者和年轻者认识时，年轻者先自我介绍，年长者后自我介绍。

（5）女士和男士认识时，男士先自我介绍，女士后自我介绍。

（6）已婚者和未婚者认识时，未婚者先自我介绍，已婚者后自我介绍。

（7）客人和主人认识时，主人先自我介绍，客人后自我介绍。

以上介绍顺序并不是一成不变的，位卑者未主动自我介绍时，位尊者可以先自我介绍，以免双方尴尬。

3. 自我介绍的形式

根据交往场合、交往对象的不同，自我介绍主要分为五种形式，包括应酬式自我介绍、交流式自我介绍、工作式自我介绍、礼仪式自我介绍和问答式自我介绍。

（1）应酬式自我介绍。

应酬式自我介绍，是指在某些公共场合和一般性的社交场合，如旅行途中、宴会厅里、通电话时，对一般接触的交往对象所做的一种自我介绍。介绍的目的只是出于礼貌打个招呼。介绍内容最简洁，只需要说出本人的姓名，如"您好！我叫王楠""您好，我是李绅"。

（2）交流式自我介绍。

交流式自我介绍，是指在社交活动中，希望与交往对象进一步交流与沟通，刻意做的一种自我介绍。介绍的目的是希望对方认识自己，了解自己，并与自己建立联系。介绍内容包括本人的姓名、籍贯、学历、兴趣、工作单位以及与交往对象有关的熟人关系等，如"您好！我叫刘航，在××养老院工作，我是您的学生王涛的大学同学，我们都是重庆人。""您好！我叫白芸，在××公司当营销总监，我和您的先生是高中同学。"

（3）工作式自我介绍。

工作式自我介绍，是指因工作需要而做的一种自我介绍。介绍的目的是让对方认识自己，必要时取得联系，以促进工作的开展和顺利进行。介绍内容包括本人的姓名、工作的单位及部门、担任的职务或从事的具体工作，如"我是陈妙，在××大学护理教研室任教。""您好！我叫李凌云，是××医院的党委书记。"

（4）礼仪式自我介绍。

礼仪式自我介绍，是指在一些正式而隆重的场合，如大会、报告会、演讲、典礼、仪式等，对众多听众做的一种自我介绍。介绍的目的是传递友善，表达敬意。介绍内容包括本人姓名、供职单位以及职务等，同时还应加入适当的谦辞、敬辞，如"尊敬的各位领导、各位专家、各位同仁，大家好！我是谭真诚，是××医院的院长，我谨代表全院职工欢迎大家前来参加此次老年学术会议"。

（5）问答式自我介绍。

问答式自我介绍，是指在应试、应聘、公务交往等场合，因为交往对象的特别要求而做的一种自我介绍。介绍的内容是问什么答什么，做到有问必答。例如，甲问："这位小姐，你好！怎么称呼你呢？"乙答："先生你好！我是黎雪。"面试现场主考官问："请介绍一下你的基本情况。"应聘者答："尊敬的各位考官，大家好！我是刘悦，现年24岁，山东济南人,汉族,共产党员,是某学院老年服务与管理专业的应届毕业生。大学期间,担任班长和学生会副主席。去年参加全国职业院校技能大赛,获得养老服务技能赛项一等奖。"

4. 自我介绍的注意事项

(1)应注意尊重对方。

自我介绍前,应向对方点头致意,得到回应后再向对方介绍自己。

(2)应注意介绍时机。

自我介绍时,应选择在对方情绪好、无干扰、有需求之时,不可打断对方的谈话。

(3)应注意介绍方法。

自我介绍时,应亲切、自然、大方。做到彬彬有礼,落落大方。要充满自信,勇于展示自己,让对方产生希望与自己交往的愿望。介绍的语气要自然,语速要正常,语音要清晰。

(4)应注意介绍时间。

自我介绍的时间,以30秒为宜,通常不超过1分钟。

(5)应注意介绍内容。

自我介绍的内容力求简明扼要,必要时可利用名片、介绍信等资料辅助介绍。介绍内容既不要自轻自贱、妄自菲薄,也不要自吹自擂、夸大其词,切忌一开始就炫耀自己的地位、身份、学识、财富等。

(二)他人介绍的礼仪

他人介绍又称第三者介绍,是为彼此不相识的双方引见、介绍的一种交际方式。一般情况下,他人介绍是双向的,即对被介绍的双方各自做一番介绍。在一些特殊情况下,也会进行单向的他人介绍,即只将被介绍者中某一方介绍给另一方。在社交活动中,东道主、长者、家庭聚会的女主人、专职人员、熟悉双方者、指定介绍者和在正式活动中地位、身份较高者或主要负责人都可以适宜地为他人进行介绍。他人介绍的礼仪主要体现在介绍的时机、顺序、形式、姿势和注意事项等方面。

1. 他人介绍的时机

他人介绍需要把握合适的时机,常见的他人介绍的时机如下。

(1)在家中,接待彼此不相识的客人时。

(2)与家人外出,路遇家人不相识的同事或朋友时。

(3)陪同亲友去拜访亲友不相识的人时。

(4)打算推介某人加入某一交际圈时。

(5)在办公地点,接待彼此不相识的来访者时。

(6)本人的接待对象遇见了不相识的人,而对方又和自己打了招呼时。

(7)陪同领导、长者、来宾等,遇见了不相识的人,而对方又和自己打了招呼时。

(8)被邀请为他人做介绍时。

2. 他人介绍的顺序

他人介绍的顺序,是指介绍人介绍被介绍双方的先后次序,由交往场合和交往对象的职位、地位、身份、年龄、性别、婚否、关系等因素决定。在公务场合,他人介绍的先后顺序主要取决于职位、地位、身份；而在社交、休闲场合，则主要取决于年龄、性别、关系等。一般情况下，应遵循"先卑后尊""先亲后疏""先男后女""先宾后主""先近后远"等原则。常见的他人介绍顺序如下。

（1）介绍职位高者和职位低者认识时，应先介绍职位低者，后介绍职位高者。

（2）介绍地位高者和地位低者认识时，应先介绍地位低者，后介绍地位高者。

（3）介绍长辈和晚辈认识时，应先介绍晚辈，后介绍长辈。

（4）介绍老师和同学认识时，应先介绍同学，后介绍老师。

（5）介绍年长者和年轻者认识时，应先介绍年轻者，后介绍年长者。

（6）介绍女士和男士认识时，应先介绍男士，后介绍女士。

（7）介绍已婚者和未婚者认识时，应先介绍未婚者，后介绍已婚者。

（8）介绍同学、同事、朋友和家人认识时，应先介绍家人，后介绍同学、同事、朋友。

（9）介绍客人和主人认识时，应先介绍客人，后介绍主人。

（10）介绍社交场合先到者和后来者认识时，应先介绍后来者，后介绍先到者。

（11）介绍身份、地位、年龄等无明显差别的人认识时，先介绍距离自己近者，再介绍距离自己远者。

3. 他人介绍的形式

根据交往场合、交往对象等不同，为他人做介绍主要采取四种形式，包括简介式介绍、标准式介绍、强调式介绍和举荐式介绍。

（1）简介式介绍。

适用于一般场合。只介绍双方姓名，甚至只提双方姓氏，如"我来介绍一下，这是李明，这是王刚。""我来介绍一下，这是李经理，这是王经理，希望大家合作愉快！"

（2）标准式介绍。

适用于正式场合。主要介绍双方的姓名、工作单位及部门、担任的职务或从事的具体工作，如"请允许我介绍一下两位领导，这是××智慧养老服务有限公司的王亮总经理，这是××智慧养老院的夏月涛院长。""请容我介绍一下两位，这位是××医院护理部刘主任，这位是××学校护理学院张院长。""张院长，您好！请允许我把××养老院的业务主管刘嘉诚介绍给您。刘主管，这位就是××学校护理学院的张可欣院长。"

（3）强调式介绍。

适用于各种社交场合。用于强调其中一位被介绍者与介绍者之间的关系，以期引起另一位被介绍者的重视，如"请容我介绍一下两位，这位是××医院护理部刘主任，是我的大学同学，这位是××学校护理学院张院长。""李教授，您好！这是我的侄女朱曦，请您以后多多指教。"

（4）举荐式介绍。

适用于正式场合。目的是将一个人举荐给另一个人，介绍时通常会强调前者的优点、特长、兴趣和爱好等，如"请容我介绍一下两位，这是××养护院的田清主任，田主任在失智老年人照护方面非常精通和擅长，这是××老年社会服务院德高望重的毕德阳院长。""这位是李想，这位是××医院的护理部张主任，李想是护理专业的博士，我想张主任应该有兴趣和他聊聊吧。"

4. 他人介绍的姿势

介绍他人时,介绍者应站立,最好位于被介绍者双方的正对面(三人站立的位置呈三角形),上半身略倾向被介绍者,伸出靠近被介绍者一侧的手臂,胳膊向外微伸,上臂与前臂呈弧形平举,摊开手掌,手心向上,拇指与四指略分开,四指自然合拢,指向被介绍者一方,注意面带微笑,两眼平视被介绍者。

5. 他人介绍的注意事项

(1)应注意尊重双方。

介绍前,最好征求一下被介绍双方的意见,得到彼此的认可。介绍时,被介绍双方应起立,面带微笑,被介绍者应目视介绍者或对方,以表示礼貌和尊重。介绍完毕,被介绍双方应微笑点头示意或握手致意,并简短交流,如"您好""很高兴认识您""久仰大名""幸会"等。在宴会、谈判等特殊场合,被介绍双方可不起立,稍微欠身致意即可。

(2)应注意介绍方法。

在介绍他人时,态度要热情、友好、认真,最好冠上尊称、职务等,切忌敷衍了事、油腔滑调。介绍双方时,尽量做到一视同仁,不要详细介绍一方,粗略介绍另一方,避免给人留下厚此薄彼的印象。介绍过程中如有失误,不要回避,应该自然、大方地及时更正。

(3)应注意介绍形式。

在介绍他人时,介绍的时间宜短不宜长,所以,应根据具体情况采取合适的形式进行介绍,做到恰到好处。

(4)应注意介绍内容。

在介绍他人时,最好使用双方全名,或用姓氏加头衔,以示郑重。在正式场合,所介绍的内容应加入自己的认识,它反映了介绍者对被介绍者的评价和看法,如"我来介绍一下,这位是李明先生,年轻有为的××智能老年服务公司的董事长"。但擅自介绍别人的隐私,是不礼貌的行为,如"我来介绍一下,这位是李明先生,年轻有为的××智能老年服务公司的董事长,现在还是单身"。

(三)集体介绍的礼仪

集体介绍是他人介绍的一种特殊形式,被介绍者一方或双方不止一人。集体介绍的礼仪,主要体现在介绍的时机、顺序和注意事项等方面。

1. 集体介绍的时机

(1)大型的公务活动、社交活动,参加方不止一方,各方又不止一人时。

(2)涉外交往活动,参加活动的宾主双方均不止一人时。

(3)接待参观、访问者,来宾不止一人时。

(4)演讲、报告会、比赛等活动,参加者不止一人时。

(5)举行会议,应邀前来的与会者不止一人时。

(6)会见、会谈,各方参加者不止一人时。

(7)正式的大型宴会,主持人一方人员与来宾均不止一人时。

（8）婚礼、生日晚会，主人与来宾均不止一人时。

2. 集体介绍的顺序

集体介绍的顺序与他人介绍的顺序近似。介绍每一方时，应先介绍位尊者，后介绍位卑者。一些特殊情况的介绍顺序如下。

（1）当被介绍双方身份、地位大致相当时，应先介绍人数较少的一方，后介绍人数较多的一方。若一方人数特别多，可采取笼统的方式进行介绍，如"这是我的家人""这是我的同学"。

（2）当被介绍双方地位、身份存在差异，虽人数较少或只有一人，也应将其放在尊贵的位置，最后介绍。

（3）在演讲、报告、比赛、会议、会见时，往往只需要将主角（如领导、嘉宾等）介绍给广大参加者。

（4）如果被介绍的不止两方，需要对被介绍的各方排序，常见的排序方法有以下六种：以座次顺序为准；以距离介绍人的远近为准；以其负责人的身份为准；以单位名称的英文单词首字母顺序为准；以其单位规模为准；以抵达时间的先后顺序为准等。

3. 集体介绍的注意事项

集体介绍的注意事项与他人介绍近似。除此之外，介绍时还应注意声音要洪亮，让被介绍双方所有人都听得清楚；不要使用容易产生歧义的简称，在首次介绍时要准确地使用全称；介绍时既要亲切，又要庄重，切勿开玩笑。

任务三　名片礼仪

一、名片概述

名片是一种经过设计、能表明自己身份、便于交往和执行任务的卡片。名片是个人身份的证明，是自我推介的媒体，能起到结交朋友、增进了解、拓展业务和联络感情的作用。尽管随着科技的发展，QQ、微信等社交新媒体的出现，名片已经不是当下最流行的认识方式，但在一些重要的社交场合，名片依然是不可或缺的。

二、名片礼仪

名片在客户沟通过程中有着非常重要的作用，但如果在名片的设计、名片的使用等方面不注意礼仪，不仅不能起到自我推介的作用，反而会妨碍商务等活动的顺利进行。作为老年服务从业人员，在参加国际国内学术交流活动、销售老年服务产品等场合中，或多或少都会使用名片和接收名片。所以学习必要的名片礼仪并恰当地运用很有必要。人际交往中的名片礼仪，主要体现在名片的设计和名片的使用等方面。

（一）名片设计礼仪

名片设计的礼仪，主要体现在规格、材质、色彩、图案、字体、内容和注意事项等方面。

1. 规格

国内名片的规格有4.5厘米×8厘米、5.5厘米×9厘米、6厘米×10厘米、7厘米×10厘米，其中以5.5厘米×9厘米最为常见；国外名片的规格一般为6厘米×10厘米。

2. 材质

可选用再生纸、卡片纸，不宜选用金、银等材质，有送礼之嫌。

3. 色彩

职场中使用的名片最好用单色调，以浅白、浅黄、浅蓝、浅灰为宜。一般不用黑底金字，因为显得不庄重，而且会给人带来压抑的感觉。

4. 图案

名片图案以清楚、简洁、含蓄为宜，一般不要出现无关图案，可出现企业的标志，也可画上产品图案等，但不要印上本人的照片。

5. 字体

以正规楷体字为宜，不宜用篆体字，更不宜手写。

6. 内容

名片主要用于社交和公务，要求简明清晰、实事求是地传递个人或单位的基本情况。社交名片内容简单，有姓名及联络方式即可。公务名片的内容应具体一些，包括姓名、单位及部门、行政职务／学术头衔／社会兼职、联系方式（电话、地址、邮政编码、邮箱）等。在现实生活中，也可以看到有些名片内容幽默、新颖，别具一格，如"您忠实的朋友××"，然后是联系地址、邮编、电话，名片没有任何官衔，语言简洁、亲切。国际交往中最好使用英文名片，如使用双面名片，应一面为中文，一面为英文，英文一面应有完整的地址和包括国际国内区号在内的完整的电话号码。名片上一般不要使用名言和警句。可在名片中印上单位宣传口号，以提高单位知名度。还可在名片中印上单位业务项目或产品，以创造商机。如单位的地址不容易找到，可在名片背面印上其所在位置的地图。

7. 注意事项

不要涂改名片，当个人信息发生变化而涂改名片，是不尊重他人的表现。不提供两个以上的头衔，确实身兼数职又有地位和身份的商务人士可准备多种名片，根据不同的交往对象提供针对性的名片。不提供私人联络方式，如确为工作所需，也可以例外，但女士一般不留家庭地址和住宅电话。

（二）名片使用礼仪

在人际交往中的名片使用礼仪，主要体现在放置名片、递送名片、接收名片、索要名片和管理名片几方面。

1. 放置名片

在办公室，名片可放于名片架或办公桌内。随身携带的名片应置于名片夹内，名片夹放于西装内侧的左边口袋或随身携带的手提包里，切不可随意放在钱包、裤袋内。放置名片的位置要固定且便于拿取，以免需要时东找西寻，有失礼貌。不要把自己的名片与他人的名片混在一起，以免误将他人的名片当作自己的名片送给对方，造成尴尬局面。

2. 递送名片

（1）递送时机。

名片的使用范围很广，使用场合也很多。在商务交际中、初次会面时、自我介绍或分别时可以递上名片；对方询问你的姓名、地址时可以递上名片；发表意见或讲话之前可以分发名片，以帮助他人认识自己。名片应该在自我介绍之后递送给对方。在尚未弄清对方身份的情况下，不应急于递送名片，否则有失庄重。递送名片要建立在双方都有结识意愿并想保持联系的前提下，如果在对方并没有意愿的情况下递送名片，则有故意炫耀之嫌。另外，要注意不应在用餐、运动、娱乐时发名片。

（2）递送方法。

递送名片时应起身站立，将名片举至胸前，上身前倾15度左右，注视对方，面带微笑，以双手拇指和食指持名片两角递给对方，注意手指不要压在姓名上。名片正面朝上，文字方向是对方能顺着读出内容的方向。递出名片的同时应辅以简洁的语言，如"我叫××，这是我的名片""我的名片，请您收下""请多多关照"等。此外，自己的名字中如有生僻字或特别读法的字，在递送名片时最好加以说明。递出名片后要给对方留足读名片的时间，之后再问对方："我能拥有一张您的名片吗？"在与多人互换名片时，必须看清是否为自己的名片，切勿弄错。

（3）递送顺序。

名片的递送顺序，由交往场合和交往对象的职位、地位、身份、年龄、性别、关系等因素决定。在公务场合，名片递送的先后顺序主要取决于职位、地位、身份，而在社交、休闲场合，则主要取决于年龄、性别、关系。一般情况下，双方交换名片时，应遵循"先卑后尊""先男后女""先宾后主""先近后远"等原则，即职位低者主动递给职位高者，地位低者主动递给地位高者，晚辈主动递给长辈，年轻者主动递给年长者，男士主动递给女士，客人主动递给主人，拜访者主动递给被拜访者。与多人交换名片应讲究先后次序，或由近及远，或由尊及卑，一定要依次进行，切忌挑三拣四和"跳跃式"，以免引起误解。如果是在一张圆桌上与多人交换名片，则可以按顺时针方向进行。

3. 接收名片

（1）接收方法。

当他人表示要递名片给你或者和你交换名片时，应立即停止正在做的事情，起身站立或欠身，面带微笑，目视对方，用双手的拇指和食指同时接住名片下方两角，并说"谢谢"等客气话。

（2）注意事项。

接收名片后应认真阅读，用 30 秒左右的时间从头至尾认真默读一遍。若看到显示对方荣耀的职务、头衔时可轻轻读出声，以示敬仰。若看到不会读的字，可马上请教对方。阅读名片时最好依此程序：看名片—看对方—再看名片，把名片与人对应起来，表示对对方的重视和尊重。阅读名片后，切勿将名片随意放置，尤其不能装进裤袋或拿在手中摆弄，更不能掉落在地上。如果交换名片后需要坐下来交谈，先将名片放在桌上最显眼的位置，约 10 分钟后再自然地收好，不可当面在名片上做谈话记录等，切忌用物品压住名片。接收他人的名片后，一般应当即回送对方一张自己的名片，但应先收好对方的名片，不要一来一往同时进行。若对方递出了名片，而自己没有名片或者没有带名片，应当先向对方表示歉意，再如实说明原因。

4. 索要名片

在人际交往中，尽量不要向对方索要名片，确需索要名片时，最好不要直白地表达，可酌情采用交易法、谦恭法和联络法等。

（1）交易法。

这是一种很常见的方法。先把自己的名片递给对方，根据"有来有往"的原则，对方可能会回递名片。

（2）谦恭法。

当自己与对方的地位有落差时，可以用激将法，但是一定要注意说话的语气，做到委婉、谦虚，如"尊敬的谭经理，很高兴认识您，不知是否有幸跟您交换一下名片呢？"出于礼貌，对方一般会递送名片。

（3）联络法。

就是以保持联络为由向对方索要名片，如"很高兴认识您，不知道下次怎么跟您联系比较方便？"对方明白用意后，自然会递送名片。

5. 管理名片

（1）名片是个人身份的象征，应当尊重珍惜，保持其干净整洁，切不可有折皱、污损、涂改等情况。

（2）整理和收藏名片时，可以在名片反面记下认识对方的时间、场合、事由、其他在场人员等，便于记起对方，为以后进一步沟通打下良好的基础。

（3）要养成经常翻看名片的习惯。工作间隙翻一下名片档案，打一个问候电话，发一个祝福短信等，可以让对方感受到你的存在以及你对对方的关心与尊重。

（4）应对名片进行分类管理。可以按地域分类，如按省份、城市等分类，也可以按行业分类，还可以按人脉资源的性质分类，如按同学、客户、专家等分类。还要定期对名片进行清理，依据关联性、重要性、互动时效性和使用概率等因素，将名片分成三类，第一类是需要长期保留的，第二类是不太确定但可以暂时保留的，第三类是确定不需要保留的。

任务四 握手礼仪

一、握手概述

握手是一种人际交往礼仪，人与人之间、团体之间、国家之间的交往都赋予握手这个动作丰富的内涵。一般来说，握手表示友好，是一种交流，可以沟通原本隔阂的情感，可以加深双方的理解和信任，可以表示一方的尊敬、景仰、祝贺、鼓励，也能传达出一些人的淡漠、敷衍、逢迎、虚假和傲慢。团体领袖、国家元首之间的握手往往象征着合作、和解与和平。美国著名盲人女作家海伦·凯特说过："握手无言胜有言。有的人拒人千里，握着冷冰冰的手指，就像和凛冽的北风握手。有些人的手却充满阳光，握住使你感到温暖。"可见，握手这个看似简单的动作，如果没有把握正确的时机、没有掌握正确的方法、没有注意某些禁忌，不但起不到应有的作用，还会带来不可预知的负面影响。

二、握手礼仪

作为老年服务从业人员，在日常生活交往、学术交流、商务活动和国际交流等场合都会和他人握手，所以掌握握手礼仪并恰当地运用非常重要。下述握手礼仪主要适用于中国，其他国家因文化背景和传统习俗等不同握手礼仪亦有不同，在国际交往中，应注意区分和把握。人际交往中的握手礼仪，主要体现在握手的时机、顺序、形式和注意事项等方面。

（一）握手的时机

在人际交往中，何时握手取决于交往的场合、交往双方的关系以及现场的气氛等因素。常见的握手时机如下。

（1）初次见面时可以握手，表示幸运、高兴。

（2）久别重逢时可以握手，表示激动、高兴。

（3）迎来送往时可以握手，表示欢迎、欢送。

（4）告辞时可以握手，表示感谢、再见。

（5）送行时可以握手，表示珍重、再见。

（6）应邀参加社交活动时可以与主人握手，表示感激、感谢。

（7）偶然遇到同事、朋友、同学、老师等熟人时可以握手，表示意外、高兴。

（8）得到对方理解、原谅、支持、鼓励、肯定、馈赠、帮助时可以握手，表示感激、感谢。

（9）对方获得成功、获得荣誉、获得嘉奖、取得进步、迎来喜事时可以握手，表示恭喜、祝贺。

（10）对方遭受意外、打击、病痛时可以握手，表示关心、慰问。

(二) 握手的顺序

握手的顺序，是指交往双方握手时伸手的先后次序，由交往场合和交往对象的职位、地位、身份、年龄、性别、婚否、关系等因素决定。在公务场合，握手的先后顺序主要取决于职位、地位、身份；而在社交、休闲场合，则主要取决于年龄、性别、关系。一般情况下，握手顺序应遵循"先尊后卑""先女后男""先近后远"等原则。常见的握手顺序如下。

（1）职位高者和职位低者握手时，职位高者先伸手，职位低者后伸手。

（2）地位高者和地位低者握手时，地位高者先伸手，地位低者后伸手。

（3）长辈和晚辈握手时，长辈先伸手，晚辈后伸手。

（4）年长者和年轻者握手时，年长者先伸手，年轻者后伸手。

（5）老师和学生握手时，老师先伸手，学生后伸手。

（6）男士和女士握手时，女士先伸手，男士后伸手。

（7）未婚者和已婚者握手时，未婚者先伸手，已婚者后伸手。

（8）拜访见面时握手，主人先伸手，客人后伸手，表示欢迎。

（9）拜访辞行时握手，客人先伸手，主人后伸手，表示感谢。

（10）一人需和多人握手时，应遵循"先尊后卑"的原则，即先和位尊者握手，后和位卑者握手。当分不清尊卑地位时，可遵循"先近后远"的原则，即先和距离自己近者握手，后和距离自己远者握手。如果对方人数过多，可以只和距离自己近的几个人握手，而向其他人点头示意或稍微鞠躬即可。

（11）多人需和一人或多人握手时，应遵循"先尊后卑"的原则，即位尊者先和对方握手，位卑者后和对方握手。

上述握手时的先后次序，可用以律己，不必太苛求于人。当自己处于尊者之位，对他人先伸手视而不见、置之不理，也是失礼之举。

(三) 握手的形式

握手的形式因交往场合、交往对象、交往目的和交往者的情绪不同而不同，主要有六种形式：平等式握手、蜻蜓点水式握手、手扣手式握手、双握式握手、支配式握手和谦恭式握手。

1. 平等式握手

握手时两人伸出的手心都向着对方。一般适用于地位平等且初次见面或交往不深的人，表示自己不卑不亢。操作要点是：行至距离对方约1米处，双腿立正，上身略向前倾，伸出右手（手掌与地面垂直、四指并拢、拇指张开）与对方相握（虎口相交、用力七分），上下轻微晃动三四次，然后松手。

2. 蜻蜓点水式握手

这是一种不尊重他人的握手形式，有嫌弃或轻视对方的感觉。特殊姿势是：用右手象征性地触及对方的手指并很快收回。

3. 手扣手式握手

这种形式的握手在西方被称为"政治家的握手"。适用于亲朋好友之间，以表达自己的热情和深厚情谊。不适用于初识者或异性，否则，接受者可能怀疑主动者的动机。特殊姿势是：用右手握住对方右手，再以左手握住对方右手的手背。

4. 双握式握手

这种形式的握手要比"手扣手式握手"所表达的情感更多，显得更加热情、友好。这种握手双方处于亲密距离，所以不是至交或关系亲密的人不要滥用。特殊姿势是：用右手握住对方右手，再以左手握住对方右手的手臂或肩膀。

5. 支配式握手

这也是一种不尊重他人的握手形式。在交际双方社会地位差距较大时，社会地位较高的一方采用这种方式与对方握手，表达自己的优势、主动、傲慢或支配地位。特殊姿势是：用掌心向下或向左下的姿势握住对方的手。

6. 谦恭式握手

也称"乞讨式"握手。对对方比较尊重、敬仰，甚至有几分畏惧者，采用这种方式与对方握手。特殊姿势是：用掌心向上或向左上的姿势握住对方的手。

（四）握手的注意事项

1. 应注意握手的时机

为避免尴尬局面出现，在主动和他人握手之前，应想一想自己是否受欢迎，如果认为可能不受对方欢迎，不宜与之握手，点头致意即可。对方手部负伤、手上负重、距离较远、正忙于其他事，如打电话、用餐、主持会议、与他人交谈等，不宜与之握手。

2. 应注意握手的顺序

一般情况下，握手应按照"先尊后卑""先近后远"等原则，千万不要争先恐后。

3. 应注意握手的距离

握手的最佳距离是约1米，且双方主动向对方方向行走。若距离太近，则有有意讨好对方之嫌；若距离太远，双方胳膊够不到，则有有意冷落对方之嫌。

4. 应注意握手的力度

握手时不要用力过猛，尤其是男性与女性握手时，用力应适度，往往只握女性的手指部分，不可将手直接插入手的虎口处，更不可对女性采取"手扣手式握手""双握式握手"。握手时也不要用力太轻，忌用"蜻蜓点水式"握手。

5. 应注意握手的时间

握手的时间不要太短，也不要太长，一般应控制在3～5秒。时间太短，手一接触便立即松开，被认为是不热情，仅仅是出于客套、应酬，走走过场而已；时间太长，尤其是第一次见面，或者是与异性握手，则被认为是热情过度，别有企图。如果是老朋友久别重逢,或在谈判时达成了一项重大协议,或谈判成功签字后,握手的时间可略长,以表示高兴、祝贺和感激。

6. 应注意握手的其他礼节

(1)与人握手时,应神情专注、热情、友好,面带笑容(但沉重的氛围下不适宜微笑),目视对方并辅以简短的语言,如"您好""很高兴认识您""欢迎光临""非常感谢""热烈祝贺""请多保重"等,忌漫不经心、目中无人、过分客套、长篇大论等行为。

(2)忌拒绝握手。不方便握手时,应向对方点头致歉或说明原因。

(3)忌用左手握手。伊斯兰教信仰者认为左手不干净,不能用来握手、签字、拿食物等,否则会被视为是粗鲁、极不礼貌的行为,甚至认为是在侮辱对方。

(4)忌交叉握手。在与多人握手时,避免交叉握手。

(5)忌用脏手与他人握手,忌与人握手之后立即擦手。

(6)握手过程中不可戴手套、墨镜,不宜戴帽子。

(7)与人握手时,非身体原因等特殊情况,应起身站立,左手自然下垂(不可插在裤袋里或拿着东西),以示尊重。

(8)不要在握手时把对方的手拉过来、推过去,或者上下左右不停抖动。

(9)在人际交往中,如女士无握手之意,男士点头致意即可,切不可主动握住女士的手。

任务五 电话礼仪

一、电话概述

电话是人际交往中传递信息、表达观点、沟通情感的最重要、最常用的通信工具。电话通话与当面交谈不同,它不能将"表情""态度"等一些非语言行为传达给对方,所以电话是一门声音的艺术。

二、电话礼仪

在人际交往中,熟练掌握并运用电话礼仪,不仅能够体现个人良好的礼仪修养,提高工作效率和工作质量,还能够塑造良好的个人和单位形象。人际交往中的电话礼仪,主要体现在拨打、接听电话通用礼仪,拨打电话其他礼仪和接听电话其他礼仪等方面。作为老年服务从业人员,需要通过电话与家人、亲戚、朋友、同学、熟人等交流思想、增进感情,与领导、同事、同行、服务对象、合作者等联系工作、加强合作,所以熟练、正确地运用电话礼仪十分重要。

（一）拨打、接听电话通用礼仪

1. 声音清晰

声音清晰是通话顺利进行的重要条件，因此要把握好音量、语速和语言。

（1）通话声音过小，对方听不清楚，造成反复问、反复答的尴尬局面，会影响通话的进度，还会让对方对自己的能力产生怀疑。声音过大，除了对对方不礼貌，还会妨碍周围的人。

（2）语速过快或过慢，会让人产生焦急不安的情绪。一般情况下，语速保持在每分钟120字比较合适。涉及关键内容时要适当放慢语速。平时语速过快的人，在通话中应刻意减慢语速，便于对方理解信息和记录。

（3）在通话过程中，提倡使用普通话。使用方言、俗语等，对方可能听不懂，还容易引起误解，甚至导致通话无法正常进行。

2. 态度积极

（1）通话过程中，应集中精力，认真倾听，尽量避免打断对方的谈话，可适当发出表示正在认真倾听的声音，如"好的""我明白了""对的"等。不可三心二意，一边接听电话，一边处理工作、与人交谈、观看电视、吃东西、喝水等。

（2）通话过程中，虽然看不见对方，但通过声音，可以感受到对方的态度是否积极。一般来说，微笑的时候，声音是快乐的；真诚的时候，声音是平和的；友善的时候，声音是亲切的；说谎的时候，声音是吞吐的；难过的时候，声音是哽咽的；厌烦的时候，声音是冷漠的；愤恨的时候，声音是刺耳的；严肃的时候，声音是正式的；紧急的时候，声音是急促的；命令的时候，声音是强硬的。所以在通话过程中，要始终保持积极的态度。

（3）无论什么原因导致的通话中断，主动打电话的一方应负责重拨。

3. 姿势正确

在通话过程中，身体端坐挺直，上身向前微倾。嘴与话筒的距离以2~3厘米为宜。避免电话从手中滑落发出刺耳的声音，让对方感到不适。拿起、挂断座机电话时动作要轻，避免发出刺耳的声音。

4. 用语谦和

（1）在通话过程中，文明用语应贯穿始终，如"您现在方便接听电话吗？""给您添麻烦了，十分抱歉！""您放心，我会尽力办好这件事！""请问您还有什么需要咨询的吗？""不用谢，这是我们应该做的！""对不起，我打错电话了！"等。

（2）避免使用强硬无礼的语言，如"喂！""我不知道！""我不能做！""你必须听我说！""你不得不这样做！""这不是我的工作！""这不归我们管！""明白我的意思了吗？""请你诚实回答！""你难道不知道？""我告诉你什么来着？""你应该冷静下来！""你不明白！""我们的规定是这样的！"等。

5. 语言简洁

电话通话时间短、信息量大，一般情况下，通话时间应不超过3分钟。交谈时应言简意赘,使用通俗易懂的语言陈述事情,简洁迅速地推进谈话。切忌主次不分、漫无边际地闲聊。

6. 内容准确

(1)要详细听取、准确理解对方所表达的意思,特别重要的地方,如时间、地点、人物、数量、金额等要通过复述、反问、澄清等方式,核实内容的准确性和完整性,避免因错听、漏听、误解等带来不必要的麻烦。

(2)重要电话应记录,记录应及时、准确、完整,记录内容应遵循"5W1H"原则,即When(何时)、Who(何人)、Where(何地)、What(何事)、Why(何原因)、How(如何进行)。

7. 结束礼貌

通话结束时,应礼貌地说"再见""不用谢"等,让位尊者先挂断电话,位尊者包括服务对象、上级、客人、长辈、年长者、资历深者、老师等。当分不清尊卑地位时,应由拨打者先挂电话。

(二)拨打电话其他礼仪

1. 把握时机

(1)拨打电话的时机,应充分考虑时间、时差、场所等问题,尽量减少对他人的影响。一般情况下,不在早晨7点以前、晚上9点以后、用餐和午睡等时间给他人打电话,不在图书馆、电影院、歌剧院、会场等公共场所打电话,禁止在飞机上、加油站等地方拨打电话。

(2)因工作事由拨打电话的,一般应在工作时间内进行,尽量避免在下班时间、节假日拨打电话。如双方约定了通话时间,不要轻易更改。如与对方洽谈业务,应避免在对方刚上班的半小时内和快下班的半小时内拨打电话。

(3)若给国外人士打电话,要了解对方当地的时差,尽量避免在对方休息的时间拨打电话。

2. 避免错误

(1)拨打电话前,应核实对方的信息,如姓名、电话号码、工作单位及部门、职务等,避免个人信息错误;必要时拟定通话提纲,避免通话内容错误或遗忘。

(2)不使用手机的时候,保持手机锁屏状态,避免误拨"110""119""120"等特殊电话号码。

3. 自报家门

接通电话后,应自报家门,如"您好!是钱悦阿姨吗?我是任玲。""您好!是王富国主任吗?我是××养老服务公司营销部的张科。"自报家门时,不要让对方"猜一猜""想一想",如"你猜猜我是谁?""我的声音都听不出来了吗?再仔细想想!"等。

(三)接听电话其他礼仪

1. 时机恰当

(1)电话铃声响二至三声接听最合适,一般不超过三声。如果超过六声才接听电话,应向对方致歉,如"很抱歉,让您久等了!"当办公室里几部电话同时响起时,如果有来电显示,应按照重要和紧急程度排序。如果无来电显示,一般应先接传真,再接外线、内线、手机等。

（2）一般情况下，不在图书馆、电影院、歌剧院、会场等公共场所接听电话，禁止在飞机上、加油站等地方接听电话。

（3）保持电话畅通。一般情况下，电话应保持24小时畅通。当看到未接来电时，应及时回复。当电话号码更改后，应及时告知他人。

2. 沟通文明

（1）接通电话后，应向对方问好，并自报家门，如"你好！我是江夏。""您好！这里是××公司办公室，请问您找谁？"不要说："喂！找谁？""喂！哪位？"等。

（2）如果想知道对方是谁，应礼貌地询问对方，如"请问您是哪位？""对不起，可以告知如何称呼您吗？"不要唐突地问"你是谁？""你是哪位？"等。

（3）当对方要找的人不在时，应礼貌地告知对方，如"对不起，王亚洲不在，我可以替您转告吗？""对不起，夏雨不在，请您稍后再来电话好吗？"不要说"他不在，你等会儿打！"等。

（4）当对方打错电话时，应礼貌地告知对方，如"对不起！这类业务请您向××部门咨询，他们的号码是……""非常抱歉！我们这里没有您要找的那个人。""不好意思，您打错号码了，我是××公司××部门……"不要粗暴地说"你打错了！"等。

（5）遇到无法立即回答或不知道如何回答的问题时，应礼貌地告知对方，如"对不起，这个问题我暂时无法回答您，请留下您的联系电话，我们会尽快给您答复好吗？""很抱歉，您咨询的这个问题我需要核实一下，请您不要挂电话好吗？"不要说"这个问题现在回答不了！""这个问题我无法回答！"等。

（6）正在通话时，若恰逢客人来访等情况不得不暂时中止通话，应礼貌地向对方说明情况，必要时给对方回拨电话。

知识链接

微信、QQ 礼仪

微信和QQ都是人们常用的即时聊天、通信软件，已成为人们日常工作、生活中必不可少的通信工具。无论领导、同事，还是朋友、家人，多数情况下都通过微信或QQ保持联络。因此，掌握必备的微信、QQ社交礼仪是十分必要的。

1. 微信、QQ日常礼仪

（1）问候要真诚。

人们使用微信、QQ与人联络时，免不了日常的早安、晚安问候，以及节假日的祝福、问候。日常问候：避免只发表情，没有文字信息；可以从关怀对方的角度出发，比如提醒对方添加衣物、下雨带伞等；发一段励志小文，传递正能量的同时，以示对对方的关注和支持。节假日问候：避免群发祝福，再美的转发也不如自己写的祝福来得更真切；问候一定加上对方的称呼，注意敬称的使用；末尾署上自己的姓名或昵称，以便让他人记住自己。

（2）发送消息要简明扼要。

文本消息要正确无误，称呼得当；简短明了，切忌长篇大论；适当发图，补充说明；文明用语，勿带歧视。关于语音，若非熟人，发语音前最好得到对方的同意。如果对方是很重要的人，或者是高端人士，发语音前一定要征求对方的意见；讲普通话，声音标准清晰；安静环境下发送，避免嘈杂；考虑对方环境，语音消息以短为宜。关于图片，要求内容健康，清晰可见；数量适宜，大小适宜。

（3）回复消息要及时。

收到消息应第一时间回复。如果有特殊情况比如在开会或开车时，一定要说明情况，并约好回复时间。文明用语，不使用粗俗、轻佻的语言。应考虑对方的立场，不要催促对方回复，尊重对方的意愿。

（4）发送文件先征求对方意见。

发送视频，应征求对方的意见并说明所发视频的主题；画面要清晰，大小要适宜。发送名片，应事先要征求对方的意见并说明用意。

（5）转发文章注意事项。

微信群、QQ群、QQ空间和微信朋友圈就像是一个个公开的言论场所，人们可以通过你发表的消息得知你的近况。在使用微信或QQ时应注意：转发前要事先点赞或在评论中告知转发分享的原因。杜绝传递负面情绪。不发布或转发"如果不转发就……"等带有诅咒性字眼的微信。若非必要，不要在微信群里单独与某人聊天，以免干扰别人。建群前要与微信好友沟通好，避免把互不相识的人拉进一个群。微信不能保证时时在线，重要的事情还是通过电话联系。不要轻易转发捐款、捐助、收养等链接，如要转发，请在转发之前核实，以免虚假信息给朋友造成伤害，这也是对自己信誉的维护。尽量不在别人午睡时间发消息，晚上10点以后尽量不在群里发消息。

2. 微信、QQ商务礼仪

（1）昵称和头像。

昵称尽量使用真实姓名，最好注明公司名称或产品名。头像尽可能使用本人的，以亲切、真实为准，并能很好地突出你的职业特征。

（2）签名。

尽量提供对你的工作有利的信息，让别人看你的签名就知道你想合作的大体方向。签名要简洁易懂。

（3）打招呼。

对于商务往来，不要只说"你好"或"在不在"就没有下文了，要顺带说明来意。在索要对方微信或QQ号码时，要先问是否方便加为好友以便日后联系。加好友后先自报家门，用最简短的方式介绍自己。

（4）关于群聊。

拉别人进群之前一定先征求被拉对象的意见。群昵称的修改要结合群的主题,以清晰明了为准。群聊时避免与人发生冲突或矛盾,更不要爆粗口。无论你多么有理,只要脏话一出口,你在别人心中的形象就大打折扣。

(5) 朋友圈。

发朋友圈之前,需要确认有没有好友的消息没有回复,应一一回复后再发朋友圈。避免整天炫耀吃喝玩乐,应多发一些具有人生启迪、与生活密切相关的内容。在未得到别人同意时,不要把和别人的聊天界面分享到朋友圈。朋友圈有人点赞或互动,看到要及时回复。

(6) 重要事宜。

对于非常重要的事情,应注意安全、隐私问题,能语音的情况下不要发文字,能打电话的情况下不要发微信。

(7) 关于验证。

不要怀疑别人是否把你拉黑,更不要发所谓的群发验证消息。此举体现出你对别人的不信任,会让别人觉得自己不被信任。

(8) 关于回复。

杜绝使用"哦""呵呵"回复别人,这会给人敷衍的感觉。如果有事需要离开,中断聊天前要向对方说明,这是最起码的礼节。

(9) 关于表情。

微信、QQ上不同的表情体现不同的气质,以及你想要通过表情传递的情绪。在发表情时既要结合自己的心境,又要考虑别人的感受。坚决杜绝转发低俗、猥琐的表情。

(10) 其他事项。

任何时候都要遵守长幼尊卑之序。男士不要向别人要照片,女士不能要求别人发红包,要做到四不:不求赞、不求转、不求投票、不发广告。

即时通信工具虽然便捷,但因网络的局限性,也有很多弊端。因此,一定要增强自我保护意识,尽量不加陌生人为好友。

项目四 老年生活服务礼仪

【知识目标】

◇ 了解居家养老、社区养老、机构养老三种养老模式。
◇ 理解在三种养老模式下，老年服务从业人员应具备的职业道德和法律意识。
◇ 掌握在三种养老模式下，老年服务从业人员需要具备的职业形象和礼仪技能。

【能力目标】

◇ 运用居家生活照护礼仪，初步提升居家养老中老年服务从业人员的职业形象和相关礼仪技能。
◇ 运用社区服务照护礼仪，初步提升社区养老中老年服务从业人员的职业形象和相关礼仪技能。
◇ 运用养老机构照护礼仪，初步提升机构养老中老年服务从业人员的职业形象和相关礼仪技能。

【素质目标】

◇ 反思参与社区活动组织的实际经历，有意识地学习社区养老中的活动组织礼仪。
◇ 与小组成员分享学习经验，以团队协作的形式，模拟养老机构照护过程中接待准备入住养老机构的老年人及其家属的服务礼仪。
◇ 熟悉居家养老、社区养老、机构养老三种养老模式中的各项礼仪技能并以情景模拟的形式进行展示。

任务一 居家生活照护礼仪

一、居家养老

居家养老是指以家庭为核心、以社区为依托、以专业化服务为依靠,为居住在家的老年人提供以解决日常生活困难为主要内容的社会化服务。服务内容包括生活照料、医疗服务及精神关爱服务。

二、展示老年服务从业人员的职业形象

职业形象是和职场角色相符合的可识别的个人形象,一般通过外表所传递的信息进行形象识别,包括仪容、仪态、服饰等方面。

（一）职业形象要求

（1）容貌端正、淡妆素抹。
（2）端庄稳重、举止大方。
（3）服饰规范、整洁挺括。
（4）训练有素、言行得当。
（5）态度和蔼、待人诚恳。

（二）职业形象塑造

1. 仪容

为居家老年人提供生活照护的老年服务从业人员要重视个人的仪容,整洁的仪容和适度的修饰是对他人的尊重。

（1）个人卫生。

个人卫生主要指头发、脸部、手部等部位要保持清洁。头发要勤洗勤修,如果是长发,服务中要扎起来或盘起来,给人清爽干净的感觉；做好面部的清洁和日常护理,避免眼角、牙齿间、鼻孔等处有分泌物,勤漱口,避免产生口腔异味,上门服务前不饮酒、不抽烟,忌吃大蒜、韭菜等有刺激性气味的食物；注意手部卫生,勤洗手,入户给老年人提供服务前要注意洗手,打扫卫生后或做食物前也一定要再次洗手。要经常修剪指甲,不要留长指甲,也不要涂指甲油,否则既不利于食品烹饪卫生,也会给工作带来不便。

（2）美容美发。

居家养老服务人员在外貌上适当修饰是必要的，但一定要根据自己的具体条件加以修饰。不能浓妆艳抹，给人一种妖艳、轻浮、华而不实的感觉。妆容要自然、淡雅，以简洁明朗为好。发型要简洁、整齐、适合自己，不要太奇异，也不要染成怪异的颜色。

2. 仪态

仪态是否得体规范能直接反映一个人的内在素养，也影响别人对自己的印象和评价。仪态就像一面折射透视镜，能使人既见其表又窥其内。所以，仪态既要规范得体、自然大方，又要体现对别人的尊重、友好和善意。

（1）站姿。

站姿是一种基本的姿态，站姿的基本要求是头端、目平、挺胸、收腹。但在服务过程中，老年服务从业人员可根据实际情况和自身状况适当调节，比如两脚微微分开，将身体重心移向左脚或右脚，避免身体过于僵化引起的不适，保持身体挺直的同时适当放松。

（2）坐姿。

身体要端正，腰部要挺直，身体重心垂直向下，落座起座要轻缓，尤其坐在老年人身边时，忌幅度过大而影响老年人。如果穿的是裙装，坐下的时候要把裙子稍微拢一下。坐椅子或沙发 2/3 的位置，坐在有扶手和靠背的椅子或沙发上时，切忌将双手搭在扶手上，而且不要坐满整张椅子或沙发，以免呈现出过于懒散的姿态。

（3）走姿。

服务过程中涉及走路这种动态的姿势时，步履轻捷、脚步无声、步幅恰当、速度均匀，起步时背部挺直，上半身不可随意摇晃，保持步伐平稳，目光平视、下颚微收，手臂前后自然摆动，肩膀不要左右摇晃，髋部不要左右摆动，尽量呈现给服务对象一种精神抖擞的感觉。

（4）蹲姿。

蹲姿是服务中常会碰到的一种姿态。下蹲时要文明优雅。直腰下蹲，直腰站起，臀部朝下，不要弓背。蹲下时，腿部用力，可以采用高低式蹲姿或交叉式蹲姿，忌平行下蹲。

（5）手姿。

在居家服务过程中，持物是经常会用到的手姿，常见的持物动作有递接物品等。注意双手递接。注意端盘、送茶、递接物品时要用双手，传递剪刀、笔等一端带尖的物品时，应将剪刀头和笔尖的一面朝着自己。

3. 服饰

（1）注意整洁。

衣服一定要干净、整洁，勤洗澡、勤换衣服，做好个人卫生，身上不能有异味。

（2）着装要求。

居家老年服务从业人员如果有统一的工作服，应穿工作服，如没有统一的工作服，则应穿休闲和宽松的服装，颜色一般不超过三种，着装要舒适、方便，使自己工作起来操作自如。必要时，需穿防尘罩衣或围裙、护袖等。

（3）饰物要求。

居家老年服务从业人员为老年人服务时尽量不佩戴饰物，即使佩戴，也要以少为佳，且不要佩戴戒指、手镯、手链等手部饰物，以免做事时丢失、磨损、破损或接触老年人时不慎将其划伤。也不要佩戴脚链等彰显女性性别魅力的饰物。

三、对老年人及家属的拜访礼仪

（一）拜访

1. 守约

在约定的照护时间准时到达，无特殊情况尽量不要失约，实在有事情，一定要打电话给老年人或其家人做出解释，如果有必要，可安排其他人前往。如果由于特殊情况而引起迟到或早退，也要及时说明情况。

2. 入门礼仪

入门前应先敲门或按门铃，即使门开着，有人在家，也不可自行进入，应先轻声敲门，并问"可以进来吗？"在得到准许后方可轻轻推门而入并随手关门。

3. 招呼礼仪

进门首先与老年人亲切地打招呼，如果家中还有其他人也要注意礼貌地打招呼。与人打招呼时要正面对视、面带微笑，不能斜视，也不能上下打量。进门应换鞋，并按照老年人的生活习惯将自身携带的物品归置好。不要东张西望，不要给老年人及其家属留下心不在焉的印象。

4. 告别礼仪

离开时，和老年人打招呼，保证离开时老年人独处环境的安全，并和老年人约好下次服务的具体时间。如果有家属在场，也要和家属打招呼。

（二）称呼礼仪

初次见面应做自我介绍，自我介绍时应注意真实简洁，坦率自信。如"您好，我叫王红，是××公司委派过来的居家照护服务员，您可以称呼我小王。"同时，也可以落落大方地询问对方"请问，我怎么称呼您？"如果对方有明确的指示称呼，就按指示称呼，如张老师、李教授、王医生、赵经理等带职称和头衔的称呼；如果对方没有明确指示，一般应根据自己和对方的年龄差来判断，如张爷爷、王奶奶、李阿姨、赵叔叔、周姐、孙哥等。一般不直呼其名。

四、展示工作中的礼仪技能

（一）生活照料礼仪

1. 起居服务

协助老年人穿脱衣服，衣物整理放置有序；协助老年人上厕所，厕所地面要防滑，保证如厕环境的安全。

2. 助餐服务

洗、煮饭菜应干净、卫生、无焦糊，尊重老年人的饮食习惯，注意营养、合理配餐，及时清洁餐具，营造卫生的备餐和用餐环境。

3. 个人卫生清理服务

对于生活自理能力有限的老年人，协助其进行刷牙、洗脸、洗脚等个人卫生清理时，注意动作要适当，使老年人无不适现象，协助老年人做到容貌整洁、衣着适度、身体无异味。如需助浴，需评估天气和老年人的身体状况，助浴过程中注意调节水温和老年人的感受，做好浴室通风和沐浴前后的地面清理和防滑措施。

4. 居家环境清理服务

在整理居室过程中，要把挪动过的家具、用过的工具放归原处。未经允许，不能随便扔掉任何物品。在照护老年人的过程中，若弄坏了老年人家中的物品，应马上道歉并赔偿。遇到超越自己职责和能力范围的实在无力处理的事情，可诚恳婉辞，并表示歉意。

5. 代办服务

为老年人提供代换煤气、代办各种手续、代领各种物品、代缴各种费用、代购物品等服务时，注意提前和老年人或其家属就具体的细节沟通清楚，以免代办的服务和老年人的实际需求产生误差，代办服务产生的费用应保存好发票或单据。

6. 联络服务

留下老年人重要联络人的多种联系方式，以备需要时和老年人家属及时沟通。和老年人家属沟通跟老年人相关的事情，可以把通话的内容列一张清单，这样通话时就不会出现边说边想、缺少条理、丢三落四的现象。对于老年人家属的叮嘱，也可以做记录。通话时，语言要文明，一般问候完毕就直奔主题，不要说无关紧要的内容。

7. 自我约束

服务中不处理自己的私人事务，不频繁发信息，若有电话，无关紧要的事，和对方解释后挂断；急需处理的事，在征求老年人或其家属的意见后尽快处理，尽量把通话时间限制在3分钟以内，并在通话结束后和服务对象表示歉意。通话时也要注意不可声音过大。

（二）医疗服务礼仪

1. 医疗协助服务

应遵照医嘱及时提醒和监督老年人按时服药，必要时陪同就医；协助开展医疗辅助性工作，应能正确测量血压、体温等。

2. 康复护理服务

指导老年人正确执行医嘱，协助老年人正确使用康复、保健仪器等。

3. 紧急救助服务

居家老年服务从业人员要掌握基本的医疗常识和紧急救助知识，服务中，若老年人身体突发不适或发生意外，应第一时间拨打急救电话并采取应急措施，再跟老年人的家属或其他重要联络人联系。

（三）精神关爱礼仪

1. 聊天

（1）话题的选择和禁忌。

①和老年人沟通时，要预先对老年人的情况有所了解。对于要照顾的老年人，先要了解他的基本信息，这样在聊天时比较容易引出话题。

②询问老年人情况时，首先谈一谈自己。为了引出老年人的话题，首先试着谈一谈自己，"将欲取之，必先予之"，这样有利于快速建立信任关系，也有利于服务的老年人袒露心声。

③学会拓展话题。话题的选择以关心老年人的生活需求为主，也可以在谈话中自然地引入对方感兴趣的话题，通过引入对方感兴趣的话题，使交流变得更容易、更轻松。老年人多数喜欢回忆，通过一首老歌、一张旧照片、一件历史事件引导其回忆；也可以适度引导老年人谈及儿孙辈。家乡、经历、工作等也是可以谈论的话题。

④话题禁忌。不要打探老年人及其家属的收入、房产、家庭关系等隐私。

（2）说话的态度和方式。

老年服务从业人员有时不能很好地向老年人表达意思的一个重要原因是语言的使用方法存在问题。使用老年人能够接受的语言有利于老年服务从业人员正确表达自己的意思。

①敬语与方言。

接受服务的老年人一般比较年长，尊敬老年人是最基本的礼仪，所以使用敬语是一个基本原则。使用敬语虽然较为礼貌，但也有不易建立起亲密关系的弊端。因此，在谈话开始时使用敬语，接下来老年服务从业人员要善于寻找和发现老年人喜欢或希望的交谈方式，然后用这种方式交谈。

比如，可以尝试在谈话中加入老年人家乡的方言，这也是一个能够建立起亲密关系的方法。另外，可以让老年人教自己一些方言，也可以把年轻人使用的流行语教给老年人，以此来拓展话题，增加沟通的乐趣。

②使用自然的交谈方式

老年人对于老年服务从业人员来讲，是日常生活中经常见面的伙伴。因此，谈话时不需要过于谦卑、敬重或拘谨。过于谦卑、敬重或拘谨反而会使谈话气氛变得紧张，使关系疏远或停滞不前，甚至有可能损害之前建立起来的信赖关系。所以，使用轻松的交谈方式即可。与老年人交谈时，语言要简洁明了、语调要自然柔和、语气要不卑不亢、态度要亲切和善，切忌羞羞答答、紧张拘谨或喋喋不休、夸夸其谈、唾沫四溅、手舞足蹈，更不能带着情绪说不文明的话。音量控制在对方能听清楚的程度，不要不分对象地大声叫嚷。在跟听力不好的老年人沟通的时候，要善用表情、肢体等动态语言。可以用目光、微笑、手势、点头、摇头等身体语言促进跟老年人的沟通交流。目光交流、面部表情、举手投足之间，都要有一种友善、合作、温柔、亲切的感觉。

老年服务从业人员要一边观察老年人的表情，一边寻找容易让老年人接受、喜欢的谈话方式。

③不要对老年人使用对孩子才使用的语言。

很多人都知道，人上了年纪就会出现"老返小"现象，脾气会变得像孩子一样，俗称"老小孩"，所以有些老年服务从业人员就对老年人使用一些对孩子使用的交谈方式。这种做法并不过分，可能我们普遍认为老年人和孩子一样都是需要照顾、需要被保护的对象，但老年人毕竟是有着丰富人生阅历的成年人，对他们使用和孩子交谈时才使用的语言，会伤害他们的自尊。

2. 倾听

（1）态度。

与人交谈，不仅要善于表达，更要学会倾听，老年人比较喜欢谈过去的事，而且喜欢反复谈过去的事，不要表现出不耐烦。耐心是老年服务从业人员有修养的表现。

（2）表情。

面带微笑，目光亲切、和蔼，还要有一种发自内心的真诚和自然。

（3）技巧。

首先，倾听时要专注，向对方传达"我正在很有兴趣地听你的叙述，尝试理解你"的信息；其次，倾听不仅是为了了解情况，更是为了建立专业关系，所以倾听需要理解对方传达的内容和情感，不但要听懂对方通过语言、行为表达出来的内容，还要听懂对方省略和没有表达出来的内容；再次，倾听时还要有参与，要有与服务对象的互动，可以通过点头、微笑、身体前倾、注视等非语言的行为和"嗯，是的，然后呢"等言语传达你的关注，并鼓励对方说下去，而且可以有轻抚手背、抚背等安慰性的接触动作；最后，倾听时要认真记住他们说的话。记住对方说过的话会让对方有被重视的感觉，利于融洽关系的建立。如果老年服务从业人员根本没有在意老年人的讲话，老年人发觉后就会想："他根本没有好好听我说话，根本没有在意我。"所以，记住，必要时要记录谈话要点，防止忘记。

3. 反馈

（1）了解老年人对自己的看法。

在了解老年人的同时，老年服务从业人员也要通过观察老年人的反应和表情，了解自己所服务的老年人是怎样看待自己的。通过了解自己在对方眼中的印象，去寻找能让老年人接受的沟通方法。

（2）掌握好谈话的节奏和时机。

有的老年服务从业人员为了把谈话进行下去，一般只会按照自己的谈话节奏，一个话题接一个话题地提出，以免冷场，但大部分老年人很难跟上这种快速的谈话节奏，他们通常需要一定的时间去理解谈话的内容，还需要一定的时间思考才能明白。所以和老年人聊天时，语速和节奏要适当放慢，每个话题之间还要留一段时间，把握好谈话的节奏再继续话题，这样可以更好地和老年人沟通。

（3）要注意老年人的心情。

当老年人注意力不在谈话上或者心情不好时，可能在谈话时不愿有太多回应，此时不要勉强老年人继续交谈。应该等到老年人心情舒缓后，对谈话感兴趣时，再慢慢交谈。

五、居家服务的注意事项

（一）职业道德

（1）遵纪守法、文明执业。
（2）守时守信、尽心尽责。
（3）热情和蔼、善解人意。
（4）善于沟通、不与人谈论是非。

（二）法律意识

1. 规范服务意识

在服务老年人的过程中，不要有侵犯老年人人身安全及财产安全的行为，应保证自己的服务规范、合理。

2. 维权意识

在服务老年人的过程中，要有一定的自我保护意识，注意利用家庭监控、录音等证据保护自己的合法权益。

> **知识链接**
>
> 如何正确洗手？
>
> 用流动的水将双手充分淋湿，用肥皂或洗手液充分涂抹手掌、手背、手指和指缝后，按照7步洗手法，每个步骤认真搓揉15秒，然后用流动的水清洗。
> （1）掌心相对，手指并拢，相互揉搓。
> （2）手心对手背沿指缝相互揉搓，左右手交换进行。
> （3）掌心相对，双手交叉指缝相互揉搓。
> （4）右手握住左手大拇指旋转揉搓，左右手交换进行。
> （5）弯曲手指使关节在另一手掌心旋转揉搓，左右手交换进行。
> （6）将5个手指尖并拢放在另一手掌心旋转揉搓，左右手交换进行。
> （7）清洗手腕，交换进行。

任务二 社区服务照护礼仪

一、社区养老

（一）概念

社区养老是指依托社区的公益性服务组织及嵌入式微型养老机构等资源为该社区的中低龄健康老年人提供文化娱乐、精神慰藉或为由他人照顾的半自理、非自理老年人提供日间照料或短期全托的喘息性服务的养老模式。

（二）社区养老服务的基本原则

1. 以人为本原则

以人为本原则是指整合社区养老服务资源，从老年人的实际需求出发，结合每个老年人不同的实际情况，提供贴合老年人需求的多样化、个性化、有针对性的社区养老服务。

2. 公平公正原则

公平公正原则是指在服务内容个性化的基础上，不因老年人身体、经济、文化背景、宗教信仰等个体差异而产生服务歧视，做到一视同仁，确保公共服务资源的公平分配和合理使用。

3. 安全便捷原则

安全便捷原则是指在社区内部建立养老服务设施，建设养老服务队伍，能够就近就便向社区老年人提供有效服务，同时保护老年人及老年服务从业人员的安全。

二、展示老年服务从业人员的职业形象

1. 仪容

整洁大方、端庄自然、精神饱满。

2. 仪态

立时挺拔、坐时端庄、入座轻缓、起身有序、行时平稳、礼让行人、蹲时优雅。

3. 服饰

庄重大方、素雅整洁、朴实得体、合乎身份、舒适自然。

4. 语言

语言礼貌、通俗易懂、简洁精练、语气亲切。

5. 目光

视线平行、保持微笑。

三、展示工作中的礼仪技能

（一）活动组织礼仪

1. 宣传

通过社区固定的宣传栏或老年人及其家属常用的微信群、QQ群、公众号等平台发布活动信息，告知老年人活动开展的确切时间、地点，并动员老年人积极参加。

2. 策划

根据社区老年人的年龄结构、身体状况、文化层次、兴趣爱好策划社区活动。每次的活动也都根据目标策划与之相符的主题，制定清晰的流程，考虑实施的可行性和具体细节，做好经费预算，明确人员的职责分工。

（1）活动内容。

适合老年人的活动内容主要有健康、教育、娱乐、权益维护等。

（2）活动形式。

①邀请具有专业资质和临床经验的医生、心理咨询师或营养师以讲座、现场咨询、义诊等形式为老年人提供生理、心理、营养饮食等方面的检查、咨询和服务。

②通过老年课堂、专家讲座等形式，对老年人开展老年教育活动。

③通过兴趣小组、文艺汇演、观看表演、趣味比赛、技能展示、户外活动、座谈分享等形式，为老年人开展以培养兴趣爱好和拓展社会交往为主的各类主题活动。

④邀请有法律从业资质的律师以讲座、现场咨询和实际案例介入等形式为老年人普及法律知识，学会维护自身权益。引导老年人正确处理子女赡养、婚姻、财产、家庭暴力、医疗事故等和自身利益密切相关的问题。

3. 组织和实施

（1）迎接和引导。

①迎接。

面带微笑：放松面部肌肉，嘴角微微上扬，嘴唇变成弧形，在不牵动鼻子、不发出笑声、不露出牙龈的前提下微微一笑。

迎接用语：您好、欢迎您、请进、您请坐。

称呼用语：爷爷、奶奶、叔叔、阿姨，可加上尊称，如您或您老。

介绍用语：您好，我是某某某。

鞠躬：迎接老年人时不需要深鞠躬，也不需要三鞠躬。行礼时，立正站好，保持身体端正，面向老年人，以腰部为轴，整个肩部向前倾15度以上，45~60度比较合适。注意要与被行礼的老年人保持两三步远的距离，以免碰上对方。同时可以说"您好""欢迎"之类的问候语。

握手：上身稍前倾，面带微笑，右手伸向对方，与对方掌心相握，眼睛平视对方，热情友好，专注自然。老年人到来和离开的时候，都可以和老年人握手以表示欢迎和告别。注意在老年人到来的时候主动伸手，表示对老年人参与活动的热烈欢迎。活动结束时，一般不主动伸手和老年人握手，否则，会让老年人觉得你过于急切地想结束本次活动。迎接老年人时，若和多位老年人握手，注意不要顾此失彼，顺序上可以根据和自己位置的远近，由近及远，不要跳跃。如果人太多，可以点头致意表示欢迎。

②引导。

距离：人多的时候，要注意相互礼让，距离适当。人不多的时候，根据和服务对象的接触时间和熟悉程度选择相应的接触距离。多次接触的服务对象，接触距离可以保持在个人区域的0.5~1.5米；出于照顾的需要和安全的考虑，可以将接触距离缩小到0.5米之内的密切区域。

手势：表示指引的手势一般有五种，即直臂式、横摆式、双臂横摆式、曲臂式和斜臂式。

直臂式手势用于给老年人指引方向，表示"请往前走""在那边"。手臂向外侧横向摆动，抬至肩高，指尖指向前方，同时身体倾向老年人，眼睛要看向手指的方向。这属于高位手势。

横摆式手势用于引导老年人进入室内，表示"请进"或"请"。右手从腹前抬起向外侧横向摆动，腕关节要低于肘关节。左手自然下垂或放于小腹上，头部和上身向右侧倾斜。这属于中位手势。

双臂横摆式手势用于同时面对较多的老年人。老年服务从业人员可以站在众多老年人的侧面，双臂同时向一侧摆动，其中指向前进方向的手臂抬高一些，伸直一些，另一只手臂可以放低一些，弯曲一些。而当活动室外部大厅开阔且有两扇门时，老年服务从业人员面对众多进场的老年人可以站在两扇门的中间，将双手分别摆到身体两侧前方引导他们进入室内，表示"大家请"。这属于中位手势。

曲臂式手势也用于引导老年人进入室内或电梯等场所，表示"里面请"或"请进"。右手由身体的右侧自下向上抬起，上臂抬至离开身体45度，以肘关节为轴，手臂向左侧摆动，摆到距离身体20厘米时停止，成曲臂状。这时手应该是指向左方的，头部也要转向左方。这属于中位手势。

斜臂式手势用于将老年人引领到座位上，表示"请坐"。一只手曲臂由前抬起，再以肘关节为轴，前臂由上向下摆动，使手臂向下成一斜线。这属于低位手势。

（2）人员安排。

①签到登记。

准备好活动的签到登记表，指导老年人在相应位置填上自己的姓名、联系方式和家庭住址等信息，供老年服务从业人员记录参与人次以及日后开展活动时通知和联络。

②座位安排。

根据活动的内容和形式，将座位安排成主席式、圆桌式、环绕式、散座式等。将年纪大的老年人和行动不便的老年人安排在不易被打扰的位置。若有老年人特别告知有频繁上厕所的需要，安排座位时将其安排在方便出入的位置。

③接待等候的老年人。

在活动正式开始前，为了防止老年人觉得无聊，也要给予一定的关照。

征询用语：我能为您做什么吗？您有什么需要我为您服务的吗？

歉意用语：抱歉、让您久等了、打扰了。

安排茶水：考虑到老年人的不同身体状况，比较稳妥的做法是准备温度适宜的白开水，如果是开水，一定要叮嘱老年人注意安全以防烫伤。将水杯双手递到对方手中。

（3）开展活动。

①营造氛围。

对于初次参加或不常参加活动的老年人，为了防止他们过于拘谨造成活动参与度不高，可以通过破冰小游戏消除他们的陌生感，拉近他们的距离。

②推进协调。

说服老年人配合工作时：我们这样做也是为您的安全着想，麻烦您支持我们的工作。

老年人愿意配合工作时：感谢您的理解和支持，我们会更加努力，争取把服务做得更好。

与老年人产生分歧时：确实抱歉，您这个要求我们确实没有办法达到，您的心情我们也能理解，但是确实没有办法，您的意见我会记录下来的。

③现场控制。

由于活动现场参与人数多，事务繁杂，活动前期准备不足造成的现场物品的缺漏，活动现场分工不明确导致现场混乱以及对现场突发事件的处理缺乏一定的准备和技巧，都可能导致现场活动不能顺利开展。老年服务从业人员要有充分的准备和预案，分工明确，并且按照各自的分工在活动开展前熟悉所有的流程和细节。准备好急救药箱，防患于未然。老年服务从业人员要关注每位老年人，耐心回答他们的问题并始终对老年人保持礼貌。

（4）结束告别。

①安全叮嘱。

叮嘱老年人慢走，对老年人下次参与活动表示欢迎和期待。

②文明用语。

感谢用语：谢谢您的配合，感谢您提出的宝贵意见。

答谢用语：不客气，很高兴为您服务，感谢您的支持和认可，这是我们应该做的。

4. 评估反馈

（1）实地观察。

观察老年人在活动中的参与情况和情绪表现，询问老年人的感受。

（2）后期调查。

注重老年人及其家属的反馈评价结果，通过调查问卷的方式，获取老年人及其家属对活动的评价，根据评价结果完善日后的活动开展。

（二）医疗服务礼仪

1. 预防保健服务

老年人是慢性疾病的潜在高发人群，社区或社工机构的老年服务从业人员可以根据老年人需求，从饮食习惯和生活方式等方面为他们制定有针对性的预防方案。

2. 健康咨询服务

通过组织医务志愿者开展现场咨询或邀请医学专家举办讲座的方式为老年人提供预防保健、康复护理及营养饮食、心理健康等方面的知识讲座。

3. 健康档案服务

协助老年人和所在的社区医疗卫生服务中心建立健康档案，方便老年人社区就诊的连续性和便利性。

（三）日托或短时全托服务礼仪

1. 生活护理

为日托或全托老年人提供洗发、梳头、口腔清洁、洗脸、剃胡须、修剪指甲、洗手、洗脚、沐浴等个人卫生清洁服务和助餐、助便、协助移动、更换衣物、卧位护理等生活起居护理服务。

（1）洗发。

水温控制在40～45摄氏度，防止水流入眼睛及耳朵；用指腹揉搓头皮及头发，力量适中，避免抓伤头皮；洗净后吹干头发，防止老年人受凉。

（2）梳头。

选择圆钝的梳子由发根到发梢梳理，动作轻柔；鼓励老年人每天多梳头，这样能起到改善头部血液循环等作用。

（3）口腔清洁。

戴有活动性义齿的老年人，应先取下义齿，然后再进行口腔清洁；操作时擦拭手法正确，擦拭用具切忌伤及口腔黏膜及牙龈；擦拭时棉球（或纱布）不应过湿，防止引起老年人呛咳。

（4）洗脸。

水温适宜，擦洗动作轻柔；面部干净，口角、耳后、颈部无污垢，眼部无分泌物；眼角、耳道及耳廓等褶皱较多部位重点擦拭；洗脸后适当涂抹润肤霜，防止皮肤干燥。

（5）剃胡须。

保持面部无长胡须；剃须用具保持清洁；涂剃须膏或用温热毛巾敷脸，软化胡须；动作轻柔，防止刮伤皮肤；剃完后用温水擦拭干净，适当涂抹润肤霜；定期消毒、更换剃须刀片，避免细菌滋生。

（6）修剪指甲。

保持无长指甲；动作轻柔，防止皮肤破损；修剪后指甲边缘用锉刀轻磨。

（7）洗手、洗脚。

洗手、洗脚用具分开，并即时清洗；将手或脚放入调节好水温的脸盆或水桶中充分浸泡；用适量肥皂或洗手液细致擦洗，去除手或脚部污垢和死皮，动作轻柔；洗后适当涂抹润肤霜，防止皮肤干燥。

（8）沐浴。

助浴前应进行风险评估，安全措施到位后，方可协助洗浴，忌空腹或饱餐时沐浴；助浴前调节水温时先开冷水，再开热水，水温控制在40～50摄氏度，室温（24±2）摄氏度，先面部后躯体，注意观察老年人身体情况，发现异常及时处理；助浴时取舒适、稳固的坐姿，肢体处于功能体位；协助不能完全自理的老年人洗浴时，应采用适合的辅助工具；助浴过程中应防跌、防烫伤，注意防寒保暖、防暑降温及浴室内的通风；注意观察老年人身体情况，如遇身体不适，应采取相应防护措施或停止服务。

（9）助餐。

膳食制作及代购食品应符合国家食品安全法律法规的规定和食品行业标准；提供老年餐服务的机构应取得餐饮服务许可证，厨师、餐厅服务员应持有健康证，每年体检一次；尊重老年人的饮食习惯，做到荤素、干稀、粗细搭配合理；食具、餐具、炊具、熟食盛器应定期擦洗并按规定进行消毒处理。

用餐前老年人和老年服务从业人员须洗手；对有咀嚼和吞咽功能障碍的老年人，要将食物切碎、搅拌；喂食时老年服务从业人员位于老年人侧面，由下方将食物送入口中；每次喂食前应先协助老年人进汤或水；协助进食时让老年人有充分时间咀嚼吞服，防止呛噎；进食完毕后用清水漱口。

（10）助便。

对有能力控制便意的老年人适时提醒如厕，对行动不便的老年人扶助如厕及协助使用便器；对失禁的老年人及时更换尿布，保持皮肤清洁干燥，无污迹；对排泄异常的老年人观察二便的性状、颜色、排量及频次，做好记录；便器使用后即时倾倒，污染尿片即时置于污物桶内，防止污染环境；保护老年人隐私。

（11）协助移动。

器具性能良好，轮椅刹闸稳固，轮椅刹闸后定点放置；将轮椅靠近老年人身体健侧，轮椅与床或椅子呈30～40度，固定轮椅，将老年人稳妥地移到轮椅或椅子上，叮嘱老年人扶好轮椅扶手；动作轻柔，为坐轮椅的老年人固定好安全保护带。

（12）更换衣物。

了解老年人的肢体功能，注意更换的顺序；保持肢体在功能位范围内活动，防止牵拉受损，防跌倒、坠地；根据老年人意愿及时更换衣物；保护老年人隐私。

（13）卧位护理。

根据不同的身体状况及护理要求调整老年人体位；翻身后适当按摩受压部位；保持姿势稳定，并在受压部位垫海绵垫、气垫等；翻身后整理床单位，各肢体关节保持功能位。

2. 文化娱乐

（1）组织开展各类有益于身心健康的文化体育娱乐活动，如书法、绘画、棋牌、音乐、舞蹈、手工制作以及健身运动等。

（2）日托中心应配置一定的活动场地，娱乐设施设备齐全，且定期消毒。

（3）供老年人活动的场地通风良好，冷暖设施运转正常，房间温度适宜。

（4）所有活动遵守安全、自愿原则，满足老年人身体和精神健康的需求。

3. 精神慰藉

（1）根据老年人需求与其交谈，及时掌握其心理变化，对极端的个人问题应给予适度干预。

（2）制定精神慰藉服务危机处理程序，通过评估及时发现心理问题，按程序处理问题。

（3）为老年人提供精神慰藉服务的人员应由社会工作师、心理咨询师或医护人员担任。

（4）必要时可转介服务，由具有资质的组织提供专业的服务。

4. 助医服务

（1）陪送老年人到医院就医或代为取药，应及时向老年人家属或其他监护人反馈就医情况。

（2）遵照医嘱，协助生活不能自理的老年人服用药品，注意药品正确、计量准确、给药时间准确、给药途径准确，不应擅自给老年人服用任何药品。

（3）协助老年人采取舒适的体位，协助其进行肢体被动运动，力度适中，手法熟练。

5. 康复辅助

（1）康复应在专业人员指导下进行，并应符合老年人的生理、心理特点。

（2）康复应根据需要配备相应的康复器具，康复过程中应注意观察老年人的身体适应情况，防止身体损伤。

（3）康复宜提供被动运动的肢体功能性康复训练、辅助运动的肢体功能性康复训练、保健性康复。

6. 意外事件处理

（1）坚持"预防为主、积极处置"的原则，杜绝或减少各类意外事件的发生。

（2）制定社区养老服务意外事件处置应急预案，包括火灾事故应急预案，食物中毒应急预案，触电事故应急预案，治安案件应急预案，自然灾害应急预案，老年人急诊应急预案，老年人意外事故预案（噎食、跌倒、烫伤、坠床、猝死、走失等）。

（3）掌握意外事件处置流程，在意外事件发生时，紧急启动应急预案。

7. 档案管理

（1）根据《中华人民共和国档案法》建立健全档案管理制度，保证档案的系统性和完整性，完善档案借阅手续，达到规范化、合理化、标准化。

（2）服务对象的档案包括服务对象照护评估表，服务对象服务合同，服务对象服务计划，服务对象服务记录等。

（3）逐步实现档案管理数字化。

四、社区养老服务机构和人员要求

（一）机构要求

1. 配备与服务项目相符的设施设备和场所

社区养老服务机构应配备与服务项目相符的设施设备和场所，并依法予以登记注册，规范服务流程。

2. 建立社区养老服务规章制度

（1）行政管理制度。

（2）生活照料制度。

（3）后勤保障制度。

（4）质量监督制度。

3. 制定社区养老服务管理标准

（1）环境标准。

（2）设施设备及用品标准。

（3）安全与应急标准。

（4）职业健康标准。

（5）合同管理标准。

4. 配备与服务项目相符合的工作人员

（1）配备机构负责人、项目主管等管理人员。

（2）配备社工、心理咨询师、营养师、医生、护士、会计、出纳等专业技术人员。

（3）配备护理员、保洁员、厨师、门卫等工勤人员。

5. 签订、变更、终止服务协议

（1）与接受服务的老年人或其家属（其他监护人）签订服务协议。

（2）核定的服务内容、收费标准等发生变化时，及时变更服务协议。

（3）发现接受服务的老年人患有传染性疾病、精神疾病或违反服务约定时，可终止服务协议。

（二）人员要求

1. 遵守养老服务职业道德规范

（1）尊老爱老、以人为本。

（2）服务第一、爱岗敬业。

（3）遵章守法、自律奉献。

（4）尊重差异、保护隐私。

2. 遵守与老年人权益保护相关的法律法规

老年服务从业人员在提供服务的过程中应确保老年人权益不受侵犯。

3. 接受相关专业知识和技能培训，持有行业认定的证书上岗

老年服务从业人员应接受相关培训，持有行业认定的相关证书方可上岗。

任务三 养老机构照护礼仪

一、机构养老

机构养老，是老年人离开自己的家，集中在专门的养老机构中，其生活照料和护理由养老机构负责提供的一种养老模式。

养老机构照护礼仪是护理活动中的一种善良体现，要求老年服务从业人员将自己的本性纳入规矩，加以约束，时时用道德的力量支配自己的行为，才能具有优雅的仪态，丰富的表情，得体的举止，体现出对他人的恭敬、尊敬、友好、谦和，也表现出自己的谦虚、诚恳、善意、平和、文雅。

老年服务从业人员注重服务礼仪，不仅能让老年入住者及其家属感到舒心，也是对老年人的尊重，同时是树立机构形象、提高市场竞争力的需要。

二、展示老年服务从业人员的职业形象

随着专业化和职业化人才加入养老机构，越来越多年轻的老年服务从业人员加入养老机构。他们无论在穿着打扮还是语言表达方面，都融入很多现代社会的痕迹，但是老年人毕竟是一个比较特殊的群体，所以老年服务从业人员在个人仪表和形象塑造方面要考虑服务对象的个性化特征。

（一）仪容

面部修饰要求形象端庄、整洁简约。男士要剃净胡须、剪短鼻毛；女士妆容以淡雅自然为宜，避免使用香味浓烈的化妆品和香水。

头发的总体要求是整洁、简练、明快、方便、自然，不要留夸张的发型，不染鲜艳的颜色。女士头发若过肩须扎起，刘海不宜过眉，或戴工作帽遮盖碎发；男士前发不及眉，鬓发不盖过耳部，后发不触及后衣领，保持头发清洁、整齐、无头屑。

做好个人卫生，定时洗澡、洗头、修剪指甲，保持口腔清洁，工作前忌食葱、蒜、韭菜等具有刺激性气味的食物。护理完一位老年人，再护理另一位老年人时要及时清洗双手，以防止交叉感染。工作时间内，严禁在老年人面前剪指甲、抠鼻子、挖耳朵等。

（二）仪态

站姿要挺拔。头端、目平、挺胸、收腹、直腰，避免弯腰驼背、松垮歪斜的站姿。站立时双腿微微分开，双手可在小腹前交叉，或自然垂于身体两侧，也可以采用"稍息"的姿势，以缓解疲劳。

走路要不急不徐、步伐从容、协调自然、眼睛平视前方。重心保持在身体的正中，挺胸沿直线行走，脚跟不可在地面拖引，避免无精打采、过于拖沓。手里端物品时，或为老年人端饭菜、水时，曲肘将物品端平胸前。遇到紧急情况轻声碎步快走，紧张有序，不要慌手慌脚增加紧张气氛。值班或夜间检查时脚步要轻，以免影响老年人休息。

坐姿要端正，双腿轻微靠拢。坐下时双手可放在膝盖上方，两小腿在座位的前下方轻轻交叉，以减轻疲劳。坐下时动作要轻，老年服务从业人员不能随意坐、躺在老年人的床上或斜靠在老年人的床架上。

在为卧床老年人护理，为老年人铺床，或者跟坐着的老年人交流时会采用蹲姿。蹲姿在基础护理中应用比较多，要注意文明得体。臀部务必向下，切忌向后或向上撅起，切忌弓背弯背、平行下蹲。采用高低式蹲姿或交叉式蹲姿，主要根据老年服务从业人员的穿着而定，如果统一着装是裙装，采用交叉式蹲姿；统一着装为裤装，可以采用高低式蹲姿，也可以采用交叉式蹲姿。为了锻炼腿部力量，平时可做一些弓步练习。

手势很多时候用在和听力不好的老年人沟通时，要学会一些简单的手势语言。

微笑上岗，说话要和颜悦色。说话时要简单明了，不要用复杂的句子和晦涩难懂的语言。当自己有不愉快的事时，也要和往常一样，喜怒不形于色；如遇到特别可笑的事时，

也要掩嘴而笑,防止笑而忘形,给人以过于天真的感觉。工作时如因身体不适而咳嗽、打哈欠、打喷嚏、流鼻涕时应用纸巾遮住口鼻转向一旁,事后应向在场人说"对不起",以示歉意。

(三)服饰

要求统一服装、干净整洁,不穿紧身或超短等不方便或过于暴露的衣服。衣物色彩舒适,避免颜色过于鲜亮或低沉。除了审美和卫生的要求,老年服务从业人员的穿戴更有功能性的要求,比如老年服务从业人员的衣物上不能有硬质的扣子和装饰,这样在辅助老年人行动时才不会伤到老年人;工作中从方便和安全的角度考虑尽量不穿高跟鞋。服务过程中本着饰物佩戴中"以少为佳"的原则,不戴戒指、手镯等手部饰物,不戴耳环、耳坠等耳部饰物,不喷香水。

三、接待准备入院的老年人及其家属的服务礼仪

(一)当面接待

(1)着装整洁,仪容端庄,精神饱满地恭候每位来访者的光临,时刻保持工作区域整洁有序。

(2)来访者进门时,主动为其开门,面带微笑地和前来咨询的老年人及其家属打招呼,如"您好,欢迎光临××老年公寓",并用握手、鞠躬或点头致意等方式表示问候,以手势引导至洽谈区就座。

(3)招呼来访的老年人及其家属就座,当知道来访者姓氏后,要尽早称呼,以示对来访者的尊重。

(4)有较多来访者抵达而工作繁忙时,要按先后顺序依次办理,对等候咨询或办理入住的来访者可用"请您稍等""请您别急"等语言,以示安抚。做到办理一位、招呼一位、点头示意一位,关注每位来访者。

(5)了解来访者需求,询问老年人情况,有针对性地为其介绍机构整体环境、介护服务、医疗服务、餐饮服务、康乐活动、宜老化设施、功能分区、特色服务、价格等,尽可能全面、细致、周到并填写来访登记表。

(6)与来访者交谈时,保持60~100厘米的距离,应目视对方脸部眼鼻三角区,倾听要专心,并要有所回应,以示尊重与诚意。

(7)与来访者交谈,态度要和蔼,语言要亲切,声调要自然、清晰、柔和,音量要适中,以对方听清楚为宜。

(8)对没听清楚的地方要礼貌地请来访者重复一遍。在与来访者交谈时,如遇其他来访者有事,应点头示意打招呼,并请来访者稍等,同时尽快结束谈话,招呼来访者。如时间较长,应说"对不起,让您久等了"。

(9)答复来访者的问讯,要做到有问必答,百问不厌,用词得当,简洁明了,不能用"大概""也许""可能"之类没有把握或含糊不清的话来敷衍搪塞。

（10）来访者提出的某项服务要求，若一时满足不了，应主动向其讲清原因，并向来访者表示歉意，同时要给其一个解决问题的建议或主动协助联系解决。

（11）引领来访者时，要走在来访者左前方两三步处，随着来访者的步子行进，遇转弯时，要微笑向来访者示意。上下楼梯，靠右侧走，在稍前方引导，若只有一边有扶手，叮嘱来访者走有扶手的一边，遇到对面有人时，协助来访者安全避开。陪同来访者乘电梯时，遵循先进后出的原则，先进入电梯，在里面按好楼层并按住"开"按钮，等来访者进入后关闭电梯门；进入电梯立即转身面朝开门方向或面带微笑与来访者互动，不可面朝四壁；电梯到达指定楼层后，按住电梯门，请来访者先走出电梯。

（12）根据老年人的情况，科学合理地向老年人及其家属介绍所需的生活区域、介护等级、服务内容等，告知办理入住手续时需提供的材料和入住时需携带的物品。

（13）清楚本机构房间的动态，遇来访者咨询时，灵活推荐，合理安排入住。

（14）办理入住手续时，需详细为老年人及其家属解释入住协议及附件的各项条款，扫描证件时，要注意礼貌，当扫描结束后，应迅速交还证件，入住手续办理完成，需与家属一起送老年人至房间。

（15）在原则性、敏感性的问题上，态度要明确，但说话方式要婉转、灵活，既不违反公司规定，也不要伤害来访者的自尊心。

（16）遇有来访者提出意见或建议时，以真诚的态度表示欢迎并及时反馈。

（17）来访者参观完毕，应礼貌告别。

（二）电话接待

（1）一般在电话铃响第三声的时候接起电话。接电话首先要说"您好，这里是××老年公寓"，忌以"喂"开头。假如因故迟接电话，拿起电话之后要跟对方说"让您久等了"。

（2）声音要不急不慢，始终保持轻松愉悦的声调。接电话时要多说"请咨询，请稍等"之类的谦词。

（3）对于咨询的问题耐心解答、详尽说明，如果对方时间紧张尽量介绍重点情况。如有必要，可以邀请对方前来参观以及面谈咨询，并请对方留下联系方式。

（4）鉴于每天要接不少电话，为了防止嗓子出现意外，要随时预备一杯水，保持良好的声音效果，但是在接电话的过程中不能喝水或吃东西。

四、展示工作中的礼仪技能

（一）了解老年人的身心状况

1. 了解老年人情况的必要性

工作人员要了解机构老年人的基本状况，以便有针对性地根据老年人的实际情况和需求为他们提供服务。老年人的身体状况如何？是什么性格的人？经历过什么样的生活？通过了解这些信息，老年服务从业人员可以有针对性地制定更适合老年人身心状况的服务方案。此外，老年服务从业人员如果充分了解和掌握老年人正常的生活状态，那么一旦老年人的状态发生变化，就能提前觉察并采取应对措施。

2. 了解老年人情况的途径

可以在老年人入住养老机构前通过其家属获取老年人的相关信息。但是为了对老年人有更细致的了解，单靠入住时填写的登记表和从其家属那里了解的信息是不够全面的，需要老年服务从业人员在日常的交流和沟通中，学会用自己的眼睛和耳朵进一步了解老年人的详细情况。例如，老年人喜欢什么样的谈话方式和沟通方式，仅通过登记表上的文字是无法获知的。

3. 了解老年人的生理心理特点

了解人体结构方面的基础知识以及随着年龄的增长，老年人在呼吸、消化、循环、运动、神经、生殖、泌尿、内分泌、感官九大系统发生的变化；了解老年人除了生理上的变化，注意力、记忆力、思维等方面也发生了明显的衰退，精神、文化、社会交往等心理层面的需求也很突出。

4. 掌握老年人护理工作的重点

身体卫生的护理，进食、睡眠、排泄等基本生活的护理，常见病的护理，安全和意外事故的防范，心理关怀等，都是老年人护理中的重点工作。

（二）生活照护礼仪

1. 身体和环境卫生照护礼仪

（1）身体的清洁。

①协助老年人做好口腔清洁、假牙护理、睡前洗脚等早晚间日护理。

②协助老年人做好洗头、洗澡等周护理。

③注意饮食卫生，提醒老年人餐前、便后洗手。

④为老年人清洗换下的衣物、床单等物品。

⑤为老年人换洗尿布要及时，不要让老年人的床铺潮湿。

⑥为防止卧床老年人形成压疮，注意保持床铺的平整、清洁，并按照每 2 小时 1 次的频率定时为老年人翻身和查看皮肤受压的情况，按摩受压部位，促进局部血液循环。对于已经生褥疮的部位，要每天清洗、换药、保持干燥，对周围皮肤进行按摩。

（2）环境的清洁。

①用餐环境的清洁。

将餐具餐巾纸放置在老年人易于使用的位置。在老年人就餐完毕后，及时打扫就餐区，清理餐具，保证环境整洁卫生。

②居住环境的清洁。

整理床铺，清扫地面，经常给房间通风透气，保证空气的流通，室内无异味。打扫房间时注意尊重老年人的习惯，不经过老年人的允许，不要随意收拾或重新放置老年人的物品。注意尊重和保护老年人的个人隐私。

③使用物品的清洁。

要经常对老年人使用过的脸盆、浴缸、坐便器、尿盆、便盆等进行消毒、清洗。为老年人洗漱要一盆一巾，不要一盆多用。

2. 基本生活服务礼仪

（1）饮食照顾。

①饮食合理。

给老年人安排合理的膳食，让他们多吃新鲜蔬菜和水果，经常食用海产品。食物要干净、卫生，要软烂、精细，温度不宜过冷或过热，要保持恒温；吃饭要定时定量。另外，由于老年人味蕾减少，吃什么都没味道，反而会喜欢重口味的食物，老年服务从业人员要从健康的角度控制糖和食盐的摄入。若老年人觉得食物过于清淡不合胃口，应该耐心说明。

②进食安全。

老年人吞咽功能弱，易发生呛咳或噎食。尤其对于介助和介护老年人，老年服务从业人员在给他们喂食时要注意进食的姿势（卧床的老年人需将上半身抬高 30~50 度进食），掌握适当的速度，按照先汤、再菜、后饭的顺序喂食，注意进食安全。

（2）排泄照顾。

①排尿照顾。

老年人膀胱尿容量减少，常出现尿急、排尿次数多、夜尿增加、尿失禁等现象。男性老年人会因前列腺肥大导致排尿困难，女性老年人会因尿道肌肉萎缩、收缩不良发生尿失禁和尿路感染。不要因为老年人尿频或排尿困难而在服务中表现得不耐烦；也不要因为老年人尿失禁，对其讽刺、挖苦和责难。要给予他们一定的理解和足够的耐心。

②排便照顾。

老年人胃肠蠕动减慢引起消化不良、营养素吸收减少，易发生便秘和排便困难。对便秘的老年人要有耐心，给予一定的安抚，以减轻其排便的思想负担，必要时给予一定的药物助其排便。

（3）睡眠照顾。

①关注健康老年人的睡眠时间。

由于老年人大脑皮层的抑制过程减弱，不易入睡、睡眠不深、醒来次数较多，所以需要延长睡眠时间。健康的 60~70 岁的低龄老年人每天需要睡 8 小时，70~80 岁的中龄老年人每天需要睡 9 小时，80 岁以上的高龄老年人每天需要睡 10 小时。注意观察并发现睡眠障碍的老年人，找出原因，妥善地帮助其解决。

②关注患病、介助及介护老年人的睡眠安全。

患病或者自理能力欠缺的老年人，老年服务从业人员在夜间需要对其进行巡视，做好保暖或其他安全措施。

3. 安全事故防范

（1）容易发生的安全事故。

①摔伤。

老年人由于视力下降、大脑的决断迟缓、身体平衡功能和肢体协调功能减退、控制姿势的能力降低等，容易发生跌倒、坠床等意外。跌倒的发生率随着年龄的增长而增加。老年人骨质疏松，不当活动或摔倒后容易发生骨折，而自理老年人因为行动方便，发生这类风险的概率要高于自主活动不方便的介助和介护老年人。

②噎食。

进食过程中易发生呛咳、噎食等情况。由老年服务从业人员喂食的介助和介护老年人发生这类风险的概率要高于自主进食的自理老年人。

③烫伤。

老年人脑组织萎缩，皮肤触感也不明显，对冷、热、疼痛的反应迟钝，因此老年服务从业人员在为老年人提供助浴、助餐等服务时要注意水和食物的温度，以免老年人被烫伤。如给老年人喂食时，食物不能太烫；给老年人准备的热水袋，水温不宜超过60摄氏度；给老年人准备的洗脚水，要注意测量温度；助浴中也要注意调整水温，若淋浴，为了保持水温稳定，要不断试水温，防止其被烫伤。

④滑倒。

老年服务从业人员在给老年人助浴前应做好安全提示，也要及时清理厕所地面的积水，垫好防滑垫，做好防滑措施，防止老年人沐浴时滑倒。

⑤高空坠落。

对于健康老年人，为了保护他们的自尊，也为了减少他们的无能感，可以允许他们自己登高取物，但是老年服务从业人员必须在旁边陪护并做好保护和应急措施。

（2）防范措施

①责任感。

为了防止意外的发生，老年服务从业人员要有高度的责任感，在工作中不能抱着侥幸心理而疏忽大意，在为老年人服务的过程中，千万不能分心。

②适度活动。

给老年人安排适度的活动可以增强他们的身体机能和免疫力。老年服务从业人员可以根据天气状况，在无雨、无风、温度适宜的情况下，每天安排老年人上午和下午各参加一次室外活动，每次控制在30～60分钟。户外活动时，注意给老年人防寒保暖，及时叮嘱老年人加减衣物。天气转凉时，老年人在室外活动需要戴帽子，穿保暖的鞋袜。

③经常检查。

依据护理规范整理老年人室内物品，合理摆放家具和电器，以确保老年人处于安全的生活环境中。

（三）精神慰藉服务礼仪

1. 老年人的精神需求

（1）养老机构中的老年人离开了家属的陪伴，会产生孤独感。甚至有的非自愿入住养老机构的老年人会有被子女抛弃的负面心理，所以在新的环境中他们更需要关怀。

（2）老年人因脑细胞萎缩，导致注意力下降、反应迟钝、记忆力减退，加之入住机构的老年人大多是高龄半自理或非自理老年人，他们由于生理障碍和疾病的痛苦，更加缺乏自信，渴望得到别人的尊重和认可。

（3）养老机构中的老年人由于孤独和缺乏自信，不善于和他人接触，社交能力低，有提升社交能力的需求。

2. 良好的沟通

（1）话题的选择。

除了选择老年人感兴趣的回忆话题，在沟通中还可以灵活运用家乡等话题。服务的老年人如果来自不同的地方，老年服务从业人员可以灵活运用老年人家乡的旅游名胜、特产、风土人情等作为话题，这样可以拉近距离，也给老年人提供了很多谈话素材。

（2）谈话的方式。

①恰当的称呼。

合适的称谓可以表达对老年人的礼貌和尊重。如称呼老年人不要用"1床""2床""这个老头""那个老太太"等指代性的称呼，要根据老年人的年龄、职务和职业来判断。如张叔叔、李阿姨、张爷爷、李奶奶、张局长、李科长、张老师、李医生等。

②礼貌用语。

文明用语，遵守语言规范，表现自己的修养和对老年人的尊重。

让对方说话或行动时可说"请讲""请问""请您回答""请您帮我""您请坐"等敬语；对方说话或行动完毕后可说"谢谢您回答""谢谢您帮我"等敬语。

受到批评时，哪怕对方说得不合理，出于礼貌，也应说"谢谢您的批评，我会努力做得更好"；受到表扬时，应说"不客气，这是我应该做的"。

因工作失误给对方造成了影响，应及时承认错误，"对不起，给您添麻烦了，我以后会改正，请给我一次机会。"

特定情况下的礼貌用语，如"请不要着急，我尽快给您办好""对不起，我没有听懂，请您再说一遍，好吗？""对不起，我不太清楚，但我可以帮您问一问""对不起，打扰您了，不好意思！""对不起，我一个人不行，等我再找一个人帮忙一起解决，好吗？""对不起，我们暂时还不提供这项服务，但我会把您的意见反映给领导""对不起，我们会努力改进""对不起，我的态度不好，请您原谅"。

忌用粗话、脏话；忌出言不逊、恶语伤人；忌用口头禅；忌用质问式语气；忌用命令式语气；忌对老年人不愿回答的问题刨根问底；忌讳与老年人交谈涉及死亡的事情。

③发音、语速、语调。

同老年人说话要吐字清晰、适当放慢语速、音量稍大、语调抑扬顿挫，这样老年人才能听清楚。语言准确恰当，要估计老年人的受教育程度及理解力，选择合适的语言来表达；语言要严谨、高尚，符合伦理道德原则；措辞要准确，语调要柔和；当向老年人交代护理意图时，语言要简洁明了、通俗易懂。

（3）谈话的技巧。

①理解。

要基于老年人的生理和心理特点给予理解。如由于老年人记忆力下降，对久远的事情记忆清楚，对近期的事情却比较模糊，所以应理解，防止因误解发生矛盾；由于脑部变化，老年人情感变得脆弱、不能自控、易冲动、情绪变化快，所以要给予包容和理解。

②目光和视角。

一般与老年人交谈时，平视和稍微仰视都很适宜，近距离俯视会给人强烈的压迫感。照顾卧床老年人时，坐于床头在老年人头顶说话会令人恐惧；位于坐在轮椅上的老年人面前俯视他，会让老年人感觉对方有居高临下的压迫感；背对老年人与其交流会让人感到冷漠。这些都是不恰当的角度。所以和坐着或躺着的老年人交流，要坐在或蹲在他们面前，让自己的位置比老年人略低或和老年人持平，可以拉近老年人对工作人员的心理距离。

③笑容。

笑容是亲和力的根源。在老年护理工作中，应对老年人笑脸相迎，将微笑贯穿于服务工作的各个环节。微笑要持之以恒。它能让老年人在接受服务的过程中心情愉悦，感到亲切，从而加深老年人对老年服务从业人员的信任感，有助于专业关系的建立。

面对老年人时，要保持微笑，当然，陪老年人聊天很愉快时也可以爽朗地笑，积极向上的情绪和真实的情绪表达比模板式的统一微笑要重要得多。

④问候。

问候对方时要语气明快，情绪平静或者愉悦，与对方有眼神交流，表情不能僵硬，更不能冷漠。要坚持对老年人进行问候。通过和老年人打招呼、表示问候，向老年人表达"我始终在关心你""我一直在你身边陪伴你"等服务态度。有些老年人常年不与人交流，性格内向、比较害羞，向他表示问候时未必会收到直接的反馈，但这并不意味着老年人本身没有感知或没有记在心里。老年服务从业人员千万不要放弃，要坚持下去。通过每天贴心的问候，让老年人始终能感受到自己被关心、被关注，时间久了自然会感化老年人的内心，他们会逐渐对老年服务从业人员产生信赖，甚至能主动和老年服务从业人员打招呼或交谈。

⑤因人而异。

老年人会随着年龄增长发生退行性变化，智力水平远不如以前，会出现一些"幼儿化"的行为。比如，他们会把自己认为好吃的藏起来。尤其是患有阿尔兹海默病的老年人，需要关心和照顾的地方更多，要多鼓励他们。

而对于意识清醒的老年人说"乖，你真棒"，可能会引起对方的不良情绪，他们会感到别扭、委屈或愤怒。

⑥表达尊重和关注。

老年人在说话时，老年服务从业人员最好停下手中的工作，专注地倾听并表达同理心。不要随意打断他，不要表现得不耐烦。如果在忙于帮老年人收拾东西等事务而无法停下来专注地倾听，可以在沟通的过程中不时地望向老年人，表明你对他的关心与尊重。

尊重有缺陷的老年人。如对于有听力障碍的老年人，在光线好的地方和其进行沟通，并放慢语速，辅以手势语言，让其能通过唇部口型和手势语言理解。

关注每位服务对象，了解他们的情况，知道老年人姓名、籍贯、兴趣爱好、疾病情况、治疗用药、护理重点、心理活动以及家庭情况等。如果老年服务从业人员和服务的老年人是老乡，用方言沟通更显亲切。

⑦及时。

这里的及时是指在服务老年人的过程中，要注意提前告知。

老年服务从业人员在帮老年人翻身时没有提前告知，双方配合不当可能使老年人坠床。其实，只要说一句——我要帮你翻身了，老年人就会配合你的工作，就会减少意外事故发生的概率。

⑧换位思考。

想老年人所想，急老年人所急，耐心地为老年人解释，细心观察老年人没注意到的问题，及时周到地为老年人解决问题，让老年人及其家属体会到爱心服务。

⑨表达感谢。

当老年人得到老年服务从业人员周到体贴的服务时，大都会向服务人员说"谢谢"，继而会对老年服务从业人员更加信赖，然而，老年服务从业人员向老年人说"谢谢"的机会却很少。所以，为建立双方平等、互相信赖的关系，老年服务从业人员也要创造向老年人表达感谢的机会。

比如，老年服务从业人员可以拜托老年人做一点力所能及的事情（注意：必须是老年人可以轻松做到的），这样可以创造让老年服务从业人员向老年人说"谢谢"的机会。

例如，用餐完毕后，如果老年人帮忙擦了桌子，要对老年人说"谢谢"。

老年服务从业人员在和老年人的沟通中，运用以上技巧，可以获得老年人的信赖，并得到真诚的回应，也能让老年人在精神上得到充分的慰藉。

（四）医疗服务礼仪

1. 掌握老年人常见病的类型和基本的医疗知识

（1）熟悉老年人常见病的类型和表现。在日常照护中明确每种常见病的饮食禁忌和营养需求，按需为老年人控盐、控糖、控脂，补充蛋白质、维生素、矿物质和膳食纤维等营养元素。

（2）对老年人的身体有较强的敏感性。当老年人出现食量减少、尿量增多、睡眠延长、精神不振等现象或一些非正常的语言和行为时，老年服务从业人员应多加关注并予以重视。医养结合的养老机构可以及时为老年人提供检查和诊断。

（3）熟悉老年人患病的情况。老年人经常患多种疾病，这些疾病相互关联，又相互掩盖。患病时临床表现不典型，只有熟悉老年人的生活习惯并善于观察，才能及时发现异常情况；患病时病情急、进展快、并发症多；患病时容易发生意识障碍；患病时病程长、疗效差、恢复慢；由于肝脏的代谢功能变差，用药时容易发生药物不良反应。对于难以判断和诊治的疾病，为老年人提供转诊服务，确保及时有效转诊。

2. 协助老年人用药和康复

（1）叮嘱老年人按时按量用药。协助老年人用药时要和老年人的家属进行确认，确保用药安全，注意记录老年人用药的时间和用药后的反应，如发现异常及时告知紧急联系人，并联系相关医疗卫生机构。

（2）协助老年人和机构建立健康档案。

（3）协助老年人在术后或出院后进行康复治疗。

3. 协助老年人及其家属了解医保政策

为老年人及其家属介绍医保政策，同时，已经被纳入城乡居民基本医疗保险定点单位的医养结合养老机构，也要及时向老年人及其家属介绍该政策。

五、老年服务从业人员的素质和要求

（一）老年服务从业人员的工作标准

（1）服务操作要规范。

（2）服务语气要和善。

（3）对待老年人要耐心。

（4）帮助老年人要及时。

（5）老年人情况要有数。

（6）老年人安全要保证。

（二）老年服务从业人员的职业素养

（1）宽容大度，不要对老年人满腹牢骚或斤斤计较。

（2）文明温和，不要对老年人呵斥教训或粗暴无礼。

（3）服务及时，不要拖延为老年人提供服务的时间。

（三）老年服务从业人员的制胜法宝

（1）安全第一在心上。

（2）微笑服务在脸上。

（3）文明用语在嘴上。

（4）勤奋工作在手上。

六、机构服务的注意事项

（一）职业道德

1. 尊老敬老、以人为本

尊重老年人人格，对老年人不轻视、不歧视、不辱骂。把老年人放在平等的位置，使处于孤独状态下的老年人保持心理平衡，保持人的尊严。凡事要以老年人为出发点，做任何事情都要以老年人的利益为前提，真正为老年人着想。

2. 诚实守信、换位思考

对老年人要真诚，承诺的事情要付诸行动、实现诺言。在交往中，老年人常将老年服务从业人员当成知己，有什么困难和要求都会和老年服务从业人员诉说，请求其给予帮助。老年服务从业人员应根据老年人的需要和养老机构的条件，尽力给予满足。老年服务从业人员答应老年人的事情，要想方设法地予以兑现，不要让老年人失望。只有诚信待人，才能建立融洽的关系。同时，当老年人向老年服务从业人员倾诉时，也要设身处地站在老年人的立场上，利用同理心的技巧，让其感受到老年服务从业人员的接纳和支持。

3. 遵章守纪、自律奉献

遵守机构的各项规章制度，严肃工作纪律，按时上班，不迟到、不早退、不无故请假，不擅自离开工作岗位，有强烈的自我约束意识和责任心，乐于奉献，用孝敬父母的心态给予老年人无微不至的照顾和关怀。

（二）法律意识

1. 保护老年人隐私

在护理老年人的过程中，要意识到个人隐私是受法律保护的。因此，要遵守保密原则，注意保护老年人的生理缺陷、病情等方面的隐私，不随便拆开或传阅老年人的个人书信，不随便翻看老年人的手机，未经允许不擅自单独进入老年人房间，老年人不愿意陈述的内容不要问，更不能向他人散布老年人隐私。

2. 维护自身权益

在老年人入住机构前，机构应该和老年人的家属签订合同，明确双方的权利和义务，明确各自的职责范围。在护理老年人的过程中，若发生和自己无关的意外，要根据监控提供的线索以及合同中约定的职责从机构和自我保护的角度加以维权。

知识链接

哄老年人吃饭和哄孩子吃饭的不同

孩子挑食、不乖，作为家长哄过一段时间就会着急，为了纠正孩子的不良习惯有时会呵斥和惩罚；但是，哄老年人吃饭，一是要耐下性子，二是要注意方式。对比较理智的老年人可以简单地讲讲道理，说说好处，也可以给耍脾气的老年人提出一个小的交换条件，如今天推他出去多晒太阳等，但是，呵斥、惩罚等是决不允许的。

成年人看孩子是处于一种管理者的角度，但老年服务从业人员是服务者，为老年人服务首先要做到的便是尊重。

项目五 老年商业服务礼仪

【知识目标】

◇ 了解老年商业服务活动中的礼仪常识。
◇ 理解老年商业服务活动中的礼仪原则。
◇ 掌握老年商业服务活动中的礼仪规范。

【能力目标】

◇ 能够运用老年服务中的拜访与接待礼仪，提高老年商业活动服务水平。
◇ 能够运用产品营销服务礼仪，塑造老年产品销售人员良好的职业形象。
◇ 能够秉承职业礼仪修养，尽心尽力做好老年人的服务工作。

【素质目标】

◇ 通过小组学习讨论，培养团队合作意识。
◇ 培养良好的职业素质和行为习惯，具备良好的职业礼仪素养。
◇ 通过任务练习，提升职业认同感和责任感。

随着人们的生活水平日益提高，在解决温饱问题的同时，娱乐、享受、理财等生活必需之外的消费开始逐渐增多，占比不断加大，人们开始追求高品质的生活。

值得注意的是，在年青一代消费水平提高的同时，老年人的消费意识在悄无声息地改变。老年人是一个特殊的社会群体，老年人特殊的生理、心理和行为特征，决定了其消费能力、消费偏好、消费行为、消费方式等方面的特殊性。随着社会的不断发展，我国迈入老龄化社会，老年市场规模也不断扩大。中国老年产业已涉及老年人日常生活的方方面面，老年人的潜在购买力也凸显出来。但是，要想充分挖掘老年人的购买力，必须充分认识老年市场需求行为的特征，进而研究制定营销策略。同时，老年人参与商业活动时，服务过程中的商务礼仪规范不容忽视。

在商业活动中，对人"以礼相待"可以使陌生人之间在最短的时间中达成信任，是人类交流感情、建立友谊和开展各种活动的桥梁和纽带。商业服务活动是双向交往活动，交往成功与否，首先要看双方是否能够沟通，或者是否能取得对方的理解。交往的对象是人，而不是物。人有思想、情感、观点和态度，由于立场不同，人们对同一个问题会有不同的理解和看法，这就使交往双方的沟通变得困难。若交往双方不能顺利沟通，不仅交往的目的不能实现，而且可能会产生误解。

一位资深的企业家曾说：商界人士平时所做的全部努力，可以被归纳为一句话——想方设法在自己的人际交往中替自己和企业塑造完美的形象，并尽心竭力地维护这种形象。而商务中的礼仪在努力塑造和维护个人、企业形象中可以发挥重要作用。由此可见，个人形象十分重要，因为它体现着每个人的精神风貌与工作态度。如果在商务交往中对个人形象掉以轻心，那么就会直接影响其所在企业的形象。正如一位举世闻名的公共关系大师曾说的："在世人眼里，每位商界人士的个人形象如同他所在企业生产的产品、提供的服务一样重要。它不仅真实地反映了本人的教养、阅历以及是否训练有素，而且准确地体现了他所在企业的管理水平与服务质量。"

因此，在日常的工作和生活中若要塑造好、维护好自身形象，就必须懂得商业服务中的礼仪。即使一个人知识再多，专业能力再强，如果不懂得相关礼仪，那么在商业服务活动中要树立良好的个人形象，也是非常困难的。

任务一 老年服务拜访与接待礼仪

拜访和接待是老年服务工作中最基本、最常规的形式。

一、老年服务中的拜访礼仪

（一）拜访礼仪概述

1. 拜访礼仪的含义

拜访又称为拜见、访问或探访，是一种常见的交际形式，是指个人或单位以客人的身份，有针对性地前去拜访其他单位、部门或个人，就有关事宜与相关人员进行探讨或磋商的一种交往形式。拜访中需要遵循的一切行为规范和准则被称为拜访礼仪。

2. 拜访的特点

（1）拜访是交往的一种方式。

拜访是与相关人员进行探讨或磋商，在探讨、交流的过程中加强对对方的了解，是交往方式的一种。

（2）拜访具有一定的目的性。

拜访的目的十分重要，尤其是在拜访的前期准备阶段，首先必须明确拜访的目的，然后根据其有针对性地进行拜访。拜访完成后，需要进行规划，为下一次拜访做好准备。

（3）拜访的主体是单位或个人。

在拜访的过程中，拜访的主体必须是单位或个人，因此在拜访前，必须与相关的单位或个人预约。根据拜访的单位或个人的喜好准备礼品，以避免尴尬。

3. 拜访的作用

（1）促进联系，提高工作效率。

拜访是面对面的交往，通过交往可交换双方的观点、想法，然后就相关情况、项目或问题进行具体的探讨，并形成方案，促成相关合作。

（2）交流感情，了解信息。

拜访有助于增进对相关产业、产品的了解，扩大信息量。此外，拜访也可以维护与增进双方的感情。

4. 拜访的原则

（1）尊重原则。

在商务拜访过程中，应该尊重被拜访者，客随主便。尊重对方的爱好和感情，尤其是在馈赠环节，需要尊重对方的民族习惯、宗教信仰等。除此以外，尊重原则还体现在拜访前应主动和被拜访者进行邀约，确定一个两者均适宜的拜访时间。

（2）适度原则。

在拜访过程中，拜访者应尽量不给对方带来麻烦，不影响其正常的生活秩序。例如，最好不要在12点至14点进行拜访，以免影响被拜访者的正常作息时间。在拜访过程中，要把握两者的感情尺度、行为尺度，以建立和保持健康、良好、持久的关系。

（3）守信原则。

信用是忠诚的外在表现，反映了一个人行为的规律性和稳定性。在商务拜访过程中必须遵守守信原则，必须在双方约定的时间准时到达约定地点，如果不能准时到达，必须和对方及时进行沟通并致歉。

总之，商务拜访是为了与对方建立良好的关系，因此，在商务拜访过程中，需要把握相互尊重、适度和守信的原则，努力实现拜访的目的。

（二）拜访前的准备

1. 拜访前的预约

拜访是一种双向的活动，它注重感情的沟通，更注重礼节的规范。拜访老年人，务必选好时机，这是开展拜访活动的首要原则。

有约在先是做客礼仪之中最为重要的一条。它的基本含义是：拜访他人前，应事先有所约定。不提倡无约拜访，尤其是对待关系一般的交往对象，不宜不邀而至。做客有约在先，既体现出个人修养，更表达出对主人的尊重。

（1）选择预约方式。

预约的方式一般有三种：电话预约、当面预约和书信预约。无论采用哪种预约方式，口气和语言一定是友好、请求、商量式的，而不能以强求命令式的口气要求对方。在交往中，未曾约定的拜访属于失礼的表现，很不受欢迎。如果有要紧的事必须前往时，一定要表示歉意并解释清楚。

（2）安排拜访时间。

约定时间时，需要注意以下几个方面。

第一，应该避开对方事务繁忙的时间。如果此时前往拜访，必然会给对方带来不便。

第二，私人拜访，以不影响对方休息为原则，尽量避免在吃饭、午休或22点以后登门。一般情况下，可选择在节假日的15点至17点或平时晚饭后，即17点至21点。

第三，预约的时间不仅包括自己到达的时间，还包括自己停留的时间，以免影响被拜访者的日程安排。

（3）选择拜访地点。

可以根据拜访对象所在位置和自己的拜访主题选择合适的地点。可以选择私人住宅或公共休闲娱乐场所，如咖啡厅、茶楼等。

（4）明确拜访人数。

拜访任何人，都必须事先约定具体人数，也就是说会有几个人去拜访。拜访人数一旦确定，不要随意变动，尤其是主要成员，如果随意变动，会打乱被拜访者的计划和安排，影响拜访效果。一般在私人拜访活动中，明确人数是一种尊重对方的表现。明确拜访的人数，可以让对方有所准备，以避免尴尬状况的发生。特别注意，如果携带孩子前往拜访，一定要提前征得对方同意。

简而言之，在拜访前需和被拜访者约定拜访的时间、拜访地点以及参与拜访的相关人员信息等事宜，经对方同意以后才能前往拜访。如遇到紧急事件需临时进行拜访或取消拜访，则需与被拜访者致歉。

2. 拜访前的资料准备

（1）确定拜访主题。

在进行拜访前，拜访者必须对本次拜访做好准备，对此次拜访所要解决的问题应做到心中有数。要根据自己拜访所要达到的目的来确定拜访的主题。例如，你需要对方提供什么信息，解决什么问题，对对方有什么要求等，并准备好这些问题的相关资料，以备不时之需。与此同时，还需要提前告知对方，以便对方能够妥善从容地做好这方面的准备，这样可以节省双方的时间。

（2）收集拜访对象信息。

要对被拜访者的情况有一定的了解，尤其是初次拜访，应该对被拜访者的个人情况，如性情、喜好以及禁忌等有所了解，并在搜集信息后进行整理。

（3）准备合适的礼品。

无论是初次拜访还是再次拜访，拜访者所带的礼品可以起到联络双方感情、缓和紧张气氛的作用。因此在拜访前的准备中，拜访礼品是必须要考虑的。在礼品的选择上，拜访者也需要下一番功夫。要赠送礼品就要送到对方的心坎里，要了解对方的兴趣、爱好及品位，有针对性地选择礼物，尽量让对方感到满意。

（4）再次确认拜访事宜。

拜访出行前，应再次通过电话等方式和对方确认，以避免对方临时有一些不可预见的事情而无法接受拜访。

3. 拜访前的仪表准备

第一印象的好坏90%取决于仪表，拜访者不得体的仪表，会被认为是对被拜访者的轻视，对方会认为你不把他放在眼里，直接影响拜访效果。因此，在拜访时选择得体的服装是拜访者专业素养的集中体现。一般情况下，登门拜访时，拜访者应该着职业装，同时要对自己的仪容仪表进行必要的整理，保持仪容仪表干净、整洁，服装整洁、朴素、大方。特别注意，夏天男士不能穿拖鞋、短裤；女士不能穿奇装异服，更不能穿着轻佻。

（三）拜访中的礼仪举止规范

1. 守时赴约

约定好拜访的时间必须认真遵守，不可太早也不可迟到，一般提前5～15分钟到达较为合适。如果因特殊情况不能前往，应及时通知对方，轻易失约是极不礼貌的行为。如因故不得不晚到，应立即通知对方要晚一些到，并表达歉意。即使对方要晚一些到，你也要先到，充分利用富余的时间再做一些准备工作，例如，在约定地点仔细想一想、整理一下文件等。

2. 先通报后进入

拜访者到达约定地点后，不得擅自闯入，必须通报后再进入。进门前需要再次对仪表进行整理，然后面带笑容大方自若地与被拜访者见面。

如果是在被拜访者的住宅见面，则要按门铃或敲门。敲门时，力度不宜过大，时间不宜过长，更不能用脚踢门。应先轻轻敲门，当有人应声允许进入或出来迎接时方可入内。敲门要用食指，力度适中，不宜太重或太急，间隔有序地敲三下，等待回音。如无人应声，可稍加力度再敲三下，如有应声，再侧身隐立于右门框一侧，待门开时再向前迈半步，与开门者相对。切不可不打招呼擅自闯入，即使门开着，也要敲门或以其他方式告知被拜访者有客来访，待获得对方同意后方可进门。

一般在进门前需递送精心挑选的礼品，然后经被拜访者相迎后再进门，进门后换上对方准备的拖鞋，再向被拜访者问候，如有其他客人在场，无论认识与否，都应主动向对方问好。后来的客人到达时，应该站起来，等待介绍。

在落座前，将外衣、帽子等放在被拜访者指定的相关位置，等待其安排后再坐下。对于被拜访者的私人空间要克制自己的好奇心，在没有得到邀请时，不可东张西望，独自参观，如欲参观，应在被拜访者引导下进行。未经被拜访者的邀请或许可，不可在其家里到处乱走或乱翻东西，更不能损坏或贬低其家里的物品。

被拜访者倒茶或递水果、饮料时，应欠身，双手捧接并表示感谢。

3. 谈吐文雅，举止适度

如果与对方是第一次见面，要先做简单的自我介绍，并递上自己的名片；如果已经认识了，只要互相问候并握手即可。一般情况下，简单的寒暄后要尽快进入正题，有要事与被拜访者商量或向其请教时，应尽快表明来意，不要东拉西扯，浪费时间。不可独自滔滔不绝，让被拜访者插不上话，说完后，应认真听取对方的意见，若与对方意见不同，不要随意打断，也不要争论不休，可以在对方讲完之后再发表自己的意见。交谈时，不要过度关心被拜访者的家庭情况。被拜访者说话时要注意倾听和观察，若其有不耐烦的神色，适时告辞更为明智。

4. 适时告辞

当拜访的目的基本实现或到达预约时间时，应诚挚地表达自己的感谢之情，礼貌地告别。切忌在对方说完一段话后立即起身告辞，这容易使人产生误解，也不要在另一位客人刚到时就告辞，应稍坐片刻再走。当被拜访者有结束话题的表示时，应立即起身告辞。

第一次拜访的时间应控制在20分钟以内，以免打扰被拜访者的休息。礼节性拜访的时间也不可太长，一般以30分钟为宜。告辞时要同被拜访者和其他客人一一告别，说"再见""谢谢"。被拜访者相送时，应说"请回""留步""再见"等。

二、老年服务中的接待礼仪

在老年服务工作中，接待是一项重要工作。接待是指个人或单位以主人的身份招待客人，以达到某种目的的交往方式。"接待无小事""接待显形象"都说明了接待是非常重要的。只有掌握了接待礼仪的相关常识，才能在接待工作中不出纰漏；只有按照礼仪要求做好接待工作，客人才会有宾至如归的感觉，才能促进宾主双方的关系进一步发展。

（一）接待前的准备

1. 了解情况

若要做好接待工作，就必须事先详细了解客人的情况。来访客人的信息主要有以下几项：客人来访的目的、来访的时间、乘坐的交通工具、到达时间、来访成员的性别比例、职务级别、人员总数、是否有夫妇同行等。了解这些信息可以让接待工作面面俱到。比如，弄清客人的人数和性别比例，是否有夫妇同行，可以为安排交通工具和食宿做好准备；了解客人的职务级别，则便于安排接待规格。

2. 布置场所

这里所指的场所主要是指接待单位的会客室。如果是在酒店接待客人，则可以告知酒店接待要求和规格，协同布置接待场所。

在客人到达前，要根据不同情况，精心布置会客室。一般情况下，应先打扫卫生，整理并摆放桌椅,在会客室里摆放鲜花,并适当准备水果、饮料、茶具等。如果是商业或其他公务会谈,还要准备文具用品和可能用得上的相关资料,以及电话、传真机等。注意保持会客室内的空气清新,不要忘了检查卫生设施是否能正常使用。如果会客室物品乱放乱堆,可能给人的第一印象就是办事不认真、待客心不诚。

3. 安排食宿

客人到访时,食宿的安排问题也要慎重考虑。在安排好客人吃住的同时,还要考虑规格问题。

4. 考虑交通

如果客人是远道而来,在客人到来之前,要事先了解客人乘坐的是什么交通工具,如果是开车来访,只要在门口做好迎接准备即可;如果乘坐的是火车、轮船、飞机、汽车,若力所能及,最好能为客人安排好交通工具或做好接站准备。若实在没条件,也应跟对方说清楚交通线路。

(二)接待中的礼仪规范

1. 迎接礼仪

迎接礼仪一般包括会面、乘车、引导、入座四个环节。

(1)会面。

当需出市区或到机场、火车站迎接时,一定要提前20分钟到场迎候客人。客人到达后,应先上前问候并进行自我介绍,主动伸手相握以示欢迎,同时,要用语言表达欢迎之情。

(2)乘车。

和客人同乘轿车也有一定的礼仪规范。上车时,应请客人先上车,并核准人数和携带的物品。待客人坐稳后再开车,在车上可进行一些简单的交谈,如介绍本地的风土人情等,以增进彼此的感情。

(3)引导。

如果直接送客人到宾馆,接待人员不宜久留,稍作交代便可让客人休息,消除疲劳,离开时要告知对方接下来的安排。如果是直接接到公司进行会议、座谈等,则直接引到会客室。

在引导途中,考虑到老年人一般行动迟缓,要注意步伐不宜太快,在转弯处、楼梯口、电梯口稍作停顿,遇到台阶等及时提醒。纵向上下楼梯时,宜单行行进,以前方为上;男女同行时,一般女士走在前方,但遇到穿裙装的女士,上下楼时宜女士居后;横向上下楼梯时,陪同人员应该把内侧(靠墙一侧)让给客人,把方便留给客人。

出入电梯时,若为平面式电梯,则单行右站;若为无人操作升降电梯,陪同人员应先进后出,以便控制电梯;若为有人操作升降电梯,则客人先进先出,陪同人员后进后出。

(4)入座。

到了会客室后,陪同人员应主动帮来访客人打开门,让客人先进,并将室内最佳位置让给客人就座。如果客人脱下外套、帽子或放下随身包袋，主人应主动接过并帮客人放置妥当。如果接待领导暂时不在会客室，则让客人稍等，自己马上去汇报领导。领导到场后为双方进行介绍，如无必要，陪同人员可以离场。

2. 待客礼仪

（1）奉茶。

奉茶应在主客未正式交谈前。为客人敬茶时，一定要注意：尽量不要用一只手上茶。双手奉茶时，切勿将手指搭在茶杯杯口上，或是将手指浸入茶水中，以免污染茶水。如直接把茶杯放置在客人面前的桌上，带耳茶杯和不带耳茶杯的执杯动作都可采用一手托底，一手握住杯身下部的方式。如要把茶水直接传入客人手中，可把茶杯耳朵朝向客人，方便对方接拿。

从客人左后侧为之上茶是比较规范的做法，意在不妨碍其工作或交谈的思绪。放置茶杯时，应小心轻放，避免茶水溅出。也不要把茶杯放在客人的文件上，或是客人行动时容易碰到的地方。将茶杯放在客人面前右手附近，是最适当的做法。有时，为了提醒客人注意，可在为之奉茶的同时，轻声告之"请您用茶"。若对方向自己道谢，不要忘记回答"不客气"。如果自己的上茶打扰了客人，则应对其道一声"抱歉，打扰了"。

奉茶应讲究先后顺序，若来访客人较多，奉茶的先后顺序要慎重对待，切不可随意而为。合乎礼仪的做法应当是：先为客人奉茶，后为主人奉茶；先为主宾奉茶，后为次宾奉茶；先为女士奉茶，后为男士奉茶；先为长辈奉茶，后为晚辈奉茶。如果来宾甚多，且彼此之间身份位次差别不大时，则可采取下列顺序奉茶：以进入客厅之门为起点，按顺时针方向依次奉茶；以客人的先来后到为先后顺序奉茶。

接待期间，主人要为客人勤斟茶、勤续水，绝不可以让客人杯中茶叶见底。这种做法的寓意是：茶水不尽为客添，慢慢饮来慢慢谈。为客人续水奉茶一定要讲究主随客便，切勿神态做作，再三斟茶续水，这样会让对方难以开口说话，有搪塞客人的感觉。在为客人斟茶续水时，仍以不妨碍对方为佳，应一手拿起茶杯，使之远离客人的身体、座位、桌子，另一只手将水续入。在续水时，不要续得过满，中国人讲究浅茶满酒，若茶水太满则对方喝起来极不方便。更为讲究的做法是续水时在茶壶或水瓶的口部附上一块洁净的毛巾，以防止茶水"自由泛滥"。

（2）谈话。

如何与客人交谈是关系到接待是否成功的一个重要环节，谈话时要注意以下礼仪要点。

第一，谈话时表情要自然，仪态得体，目光注视对方，以示专心。说话时可适当做一些手势，但动作不要过大，更不要手舞足蹈，切忌用手指指人。与人谈话时，不宜与对方离得太远，但也不要离得过近，不要为了表示亲热就拉拉扯扯。谈话时注意文雅轻声，不要唾沫四溅。对方发言时，不左顾右盼，或心不在焉注视别处，显出不耐烦的样子，也不要频繁看手表，或做出伸懒腰、玩东西等漫不经心的动作，以免让对方误会你有逐客之意。

第二，谈话要围绕主题，不要跑偏。谈话的内容应该围绕来访者前来拜访的主题进行。即使双方是老朋友，或者之前有过公务交流，也应该尽量寻找能引起双方共鸣的话题。另外，谈话的内容一般不要涉及荒诞离奇、耸人听闻的事情，以免自贬形象；对方不愿回答或有意回避的问题不要追问，不要刨根问底。谈话时也要顾及在场所有人的感受，要面面俱到，不冷落任何一人。不要只与主宾交流，只谈两个人知道的事而冷落其他来访者。如所谈问题不便让旁人知道，则应另找其他场合再谈。

第三，要善于聆听对方谈话，不轻易打断对方的发言。在拜访接待中，接待方表达欢迎之意后要尽量给对方留下发表意见的机会。在对方与他人说话时，要注意聆听，捕捉信息揣摩对方之意，并适时发表个人看法加强互动。在交谈过程中，不要随意驳斥对方，也不要轻易许诺。若不同意对方的观点，要克制情绪，委婉地表达自己的意见；当意见一致时，也不要喜形于色。与此同时，能马上答复或解决的事不要故意拖延时间；暂时不能解决的，应告诉对方一个解决方案，约定时间再联系。切忌做与交谈无关的动作，如翻看报纸、写文章等，以免让客人有被怠慢的感觉。

第四，要注意说话的语气。谈话时要尊重对方，语气也应温和适中，不要以势压人。如交谈时遇到双方意见相左的情况，可保留己方意见，以后寻机再行交谈，不能强词夺理或恶语伤人，这样有失风度，不懂待客之道。

第五，尽可能不接电话。接待客人时，不停地接听电话、打断对方的谈话都是一种不礼貌的行为。如有重要电话应先向客人说"对不起"，在得到客人谅解后再接听，且要长话短说。

（三）送客礼仪

送客礼仪是接待工作的最后一个环节。接待客人时以礼相迎，客人告辞时同样要以礼相送。接待人员千万不要轻视送别这一环节，如果不能善始善终，会大大降低接待工作的效果，使接待工作前功尽弃。心理学上不但有"首因效应"，还有"末轮效应"，即最初的和最后的信息，都能给人留下深刻印象。最初的印象尚可弥补，而最后的信息往往无法改变，所以"送往"的意义甚至大于"迎来"。

1. 送别原则

（1）关注客人反应，随机应变。

接待人员在与客人的交谈中，要时刻关注客人的反应，尽可能地掌握客人的需求与想法，再结合客人实际情况确定符合规格的、能够被客人接受的送别规格，不能简单地按照接待前期准备工作中预定的迎送计划行事。同时，接待人员在和客人交谈的时候，如果客人的胳膊肘抬起来或是双手支在椅子扶手上，这是一种要结束交谈的身体语言。如果客人有这种姿势出现，就要询问客人是否还有其他安排。

（2）严格遵守时间。

正式的来宾接待一般有严格的时间控制，接待人员要严格遵守，认真执行。接待人员一定要知晓送别客人的具体时间和地点，同时要讲究主随客变的原则，让客人确定具体时间和地点。时间确定好后，接待人员应根据时间计划做出适当的浮动，在执行送别任务时，要保证能够提前到场、最后离场，在发生特殊情况时能够见机行事。接待人员不得以任何借口迟到、早退或拖延时间，更不允许擅自改动时间，如果确有必要，要向客人及时通报并获得同意后再执行。

（3）做好安全准备工作。

现在倡导简捷的迎送接待礼仪，在送别规模上要加以限制，重点突出实效、体现热情。接待人员应事先安排好送别来宾所要使用的交通工具，并做好突发事件准备工作，以备不时之需。

2. 送别礼仪

（1）婉言挽留。

有时候客人提出告辞，是对接待人员的试探，看其是否愿意继续谈下去。这时接待人员切不可急于起身送客。如果客人坚持要走，也要等客人起身后，接待人员再起身相送，不能客人刚说要走，接待人员马上站起相送，或者站起来相留，这都有逐客之嫌。送客时，接待人员应和客人握手道别，但要等客人先伸手，自己才伸手相迎。

（2）起身送别。

如只在门口送别客人，则应站在门口和客人道别，并用友好的语言欢迎客人下次再来。等客人走了之后关门时声音一定要轻，一般要等客人下了一层楼后再关门。如果客人没走两步，"砰"一声巨响从身后传来，那么之前的热情就全部"付之东流"、前功尽弃了。

如果送到电梯口，则要帮客人按电梯按钮，等客人进入电梯，站在电梯门前再次示意道别，等电梯门关好再回转。

如是比较重要的客人一般要送到楼下或送到单位大门口，然后挥手道别，待客人走后应站在原地几十秒，目视客人离开，客人再次回身道别时应及时回应。

（3）安排交通。

如果是外地来的客人，在力所能及的情况下最好做好交通方面的安排。如帮助购买车票、船票或机票并送至车站、码头、机场等。如果客人临走时接待人员不管不问，那就意味着对对方的不重视或是对对方有不满。

知识链接

乘车、上下车的礼仪

在正式的商务交际场合中，上下车的先后顺序不仅是一种讲究，更是一种文明礼貌的体现，所以必须认真遵守。上下车的基本礼仪原则是：方便客人，突出客人。一般是让领导、客人先上，司机、陪同人员后上。下车时，司机、陪同人员先下，客人后下。

1. 上车礼仪细节

（1）上车时，为客人打开车门的同时，左手固定车门，右手护住车门的上沿，轻轻关上车门。

（2）如果是外出办事，同去的人较多，对方热情相送，这时应在主动向对方道谢之后，先上车等候。因为送别仪式的中心环节是在双方的主要领导之间进行的，如果所有人都要等领导上车后再与主人道别上车，就会冲淡双方领导道别的气氛，而上车时也会显得混乱无序。所以，如果大家是同乘一辆车，一般人员要先上车，并主动坐到后排去；如果分乘几辆车，则应上到各自的车内等候，只需留下一个与领导同车的人陪同领导道别即可。

（3）在环境允许的条件下，应当请女士、长辈、上司或客人首先上车。

（4）若与女士、长辈、上司或客人在双排座轿车的后排就座，应请后者首先从右侧后门上车，在后排右座上就座。随后，自己再从车后绕到左侧后门登车，落座于后排左座。

（5）由主人亲自开车时，出于对客人的尊重与照顾，主人可以最后上车，最先下车。主人应为同车的第一主宾打开车门，用手挡住车门上沿，防止客人碰到头。待客人坐好后再关门，注意不要夹到客人的手或衣服。

2. 下车礼仪细节

（1）下车时，司机、陪同人员先下车，快速地为领导和客人开车门，同时一手固定在车门上方，一手护住车门。如果很多人坐一辆车，那么谁最方便下车谁就先下车。

（2）如果陪领导出席重要的欢迎仪式，到达时对方已经做好迎接准备，这时一定要等领导下车后自己再下车，否则就会有抢镜头之嫌。遇到这种情况，领导如何下车呢？如果是三排以上的商务车，由领导边上的人为其开门，再避到后排，为领导下车让出通道。如果是双排车，欢迎的人群中自然会有人为领导开车门。

（3）在人多且合适的场合中，男士、晚辈先下车，女士、长辈后下车；陪同人员先下车，领导后下车。

（4）若无专人负责开启车门，陪同人员则应首先从左侧后门下车，从车后绕行至右侧后门，协助女士、长辈、领导或客人下车。

（5）乘坐有折叠椅的三排座轿车时，应当由在中间一排加座上就座者最后登车，最先下车。

（6）乘坐三排九座轿车时，应当由男士、晚辈、下级、主人先上车，而请女士、长辈、领导、客人后上车。下车时，其顺序则正好相反。唯有坐在前排的人可优先下车，拉开车门。

3. 陪同人员上下车礼仪细节

（1）商务陪同人员在上下车时，动作应当温柔，上下车时，不要大步跨越、连蹦带跳。

（2）商务人员如果身处低位，则在上下车时，还需主动为位高者开关车门。具体来讲，当位高者准备登车时，位低者应当先行一步，以右手或两只手并用，为位高者拉开车门。拉开车门时，应尽量将其全部拉开，即形成90度的夹角。

（3）上下车时，应当注意对位高者主动给予照顾与帮助。
4. 女士上下车礼仪细节
女士上车要双腿并拢，背对车门坐下，然后收紧双腿；下车时应正面面对车门，双腿着地后身体再移动。

任务二 老年产品推广营销礼仪

世界著名代理商乔·坎尔多弗说过：推销的98%是对人的理解，2%是对产品知识的掌握。既然推销离不开人，离不开对人的理解，那么也就离不开人与人交往的礼仪。

在竞争日趋激烈的今天，对于一名老年产品的营销人员来说，要想保持销售业务的持续发展，除了要具备良好的业务素质，掌握正确的销售礼仪也非常重要。

营销礼仪是销售人员内在文化素养及精神面貌的外在表现。只有树立了有内涵、有修养的形象，客户才会考虑接受你，给你销售与服务的机会。

礼仪是一种"无形的推销术"，通过营销中的礼仪行为，可以为客户创造一个良好的氛围，从而使营销活动顺利进行。在推销活动中，正确运用销售礼仪，对于树立良好的企业形象、个人形象，妥善处理各方面的关系，促进销售工作开展，实现销售目标，取得良好的经济效益，都具有非常现实的意义。

一、营销礼仪概述

（一）营销礼仪的概念

营销礼仪是指营销人员在营销活动中，用以维护企业或个人形象，对服务对象表示尊重和友好的行为规范。它是一般礼仪在营销活动中的运用和体现。在现代市场经济条件下，作为一名老年产品的营销人员，要想在竞争激烈的行业中取得成功，并保持良好的商业信誉和个人形象，就必须了解、熟悉和正确使用营销礼仪。一般来说，在营销活动中，言行合情合理、优雅大方、自然得体，按约定俗成的规矩办事，按大家可以接受的礼节程序与客户相互往来，都是营销礼仪的基本内容。

（二）营销礼仪的特征

营销礼仪属于企业营销活动的组成部分，代表企业，反映企业形象，是围绕企业营销目标而运转的企业化个人行为。

营销礼仪既重视情感沟通，也注重信息交流，注意利用大众传媒来沟通企业与公众的关系，旨在实现理性和感情的结合，以及情理与利益的和谐统一。

营销礼仪的主要目的在于树立和维护企业的良好形象。一套能代表企业的营销礼仪会带有企业文化的色彩，除了具有一般社交礼仪的特征，还反映企业内部规范的独特之处。

营销礼仪既注重礼仪的民族特性，也重视礼仪的普遍性和共同性，如诚信服务消费者，处处尊重消费者，在保证产品质量的前提下，企业的营销人员应针对不同的民族和不同信仰的消费者，采取适合当地风土人情的令人愉悦的营销礼仪，从而使企业的产品、服务和企业形象为当地人所接受。

（三）营销礼仪的本质

营销礼仪是企业在尊重、诚信、宽容和平等的基础上形成的现代礼仪方式，其本质是企业形象的一种宣传形式和宣传手段。营销礼仪是企业营销活动和日常工作中所体现的礼仪，包括企业和营销人员的行为或程序礼仪，企业对公众的反应或反馈礼仪。营销礼仪的主体即企业或企业的营销人员，他们既要接受公众礼仪的反馈和引导，培育公众礼仪向善、向美，又不可因公众对自己的礼仪不周或缺失而产生不满或报复心理，进而影响企业和营销人员应有的礼仪态度和礼仪行为。他们应始终坚持把营销礼仪与企业的利益联系起来，把个人礼仪融入企业的营销礼仪中，自觉维护自身形象，为企业的发展尽职尽责。

（四）营销礼仪的原则

营销礼仪是一般礼仪在市场活动中的具体运用和发展，它既继承了一般礼仪的基本精神，又反映了市场营销活动的内在需求。营销礼仪的特征决定它在实施过程中必须遵守一定的原则。

1. 尊重原则

所有礼仪的情感基础都是相互尊重。尊重原则强调营销人员在商务活动中必须遵循尊重公众、尊重自己的企业和尊重自己相统一的原则。公众是指和企业"全部事业活动"有一定关系或有间接影响的全体或个人。只有尊重公众才能较好地与公众沟通，获得公众的理解、支持，进而开展合作。

2. 诚信原则

诚即诚实、真诚、诚恳，是指待人诚实不欺和说话客观公正；信即信用、信任，是指说话算数、言行一致。诚与信相结合，就要求人们在待人接物过程中真实诚笃、信守诺言、讲究信誉、实事求是。只有这样，才能更好地被对方理解、接受，才能获得对方的尊敬、好感。

3. 平等原则

平等原则是指人们在营销过程中对任何营销对象都必须一视同仁，给予所有人同等礼遇，不因对方在年龄、性别、种族、文化、职业、身份、财富及衣着打扮等方面有所不同而厚此薄彼。平等待人是建立良好关系的首要前提和必要条件，只有平等才能形成和谐的人际关系。

4. 宽容原则

在销售工作中，营销人员需要和形形色色的客户打交道，这些客户有的傲慢无礼，有的冷酷无情，有的变化无常，有的地位显赫，有的知识渊博，有的沉默寡言……而对这些类型各异的客户，没有一颗包容的心，是无法与之相处的。宽容原则要求人们在社交场合中要多容忍、多体谅、多理解他人，对与自己意见不同的人也能以礼相待，躬自厚而薄责于人，以自己的言行去缩小距离，化解误会、偏见和冷漠，这样才能获得更多的客户。

一名优秀的营销人员，在与客户交往中不可跟着自己的感觉走，千万不要设定标准让客户的行动合乎自己的准则。营销人员要有接受各种类型客户的气度和胸怀，这是推销交往的前提。销售人员只有具备宽以待人的雅量，才能把客户吸引到自己身边来。

5. 从俗原则

由于国情、民族、文化背景的不同，营销人员有必要做到入乡随俗，与绝大多数人的习惯做法保持一致。切勿目中无人、自以为是、指手画脚、随意批评和否定他人。遵守这条原则，会使人们的工作更加得心应手。

二、营销服务礼仪技巧

营销服务礼仪有技巧，有技巧的服务可以让客户满意，如果把服务技巧上升到艺术高度，则带给客户的就是快乐与艺术。

（一）使用敬语

敬语与谦语相对，是表示尊敬礼貌的词语。除了礼貌上的必须，多使用敬语也可以体现一个人的修养。敬语多用在社交场合，如公司年会、招商会、渠道大会、加盟商大会、业务谈判等。

服务行业的文明用语主要是指服务过程中表示服务人员自谦恭敬之意的一些约定俗成的语言及其特定的表达形式。其特征主要包括主动性、约定性、亲密性。通常分为问候用语、迎送用语、请托用语、致谢用语、应答用语、赞赏用语、推托用语、道歉用语。

（二）学会赞美客户

美国心理学家马斯洛的需求层次理论认为，人都有获得尊重的需要。即对力量、权势和信任的需要；对名誉、威望的向往；对地位、权力、受人尊重的追求。客户与合作伙伴等与公众一样，也需要别人的赞美。

赞美的具体方法有两种：一是明确具体内容赞美服务对象，就是指出具体的事情进行赞美，避免空洞、含混，这样让人感到比较可信；二是观察异点赞美服务对象，这是指根据服务对象的不同之处赞美，会获得出乎意料的效果。

（三）掌握服务中的询问技巧

在营销时，面对营销对象，遵守文明服务、礼貌服务、优质服务是营销人员最基本的服务标准和服务要求。为了做到这些，营销人员必须掌握一定的服务技巧。询问是最基本的沟通手段，是服务技巧的重要内容之一。良好的服务技巧不但可以获得需求信息，确认客户的需求内容，而且能主导服务对象的主题。询问既是了解客户需求的内容，也是对客户尊重的体现，关键是询问要得体。询问的注意事项如下。

（1）诚恳地进行询问。
（2）不要滔滔不绝地问起来没完，要有互动。
（3）学会倾听，给客户表达思想的时间和机会。
（4）价值高的商品，交流的时间可以长些；价值低的商品，交流的时间可以短些。
（5）如果有可能，最好进行简单记录，这是重视消费者的体现。

（四）掌握服务中的道歉技巧

在营销服务礼仪中，营销人员需要掌握的道歉技巧主要有以下几种。

（1）道歉语应当文明规范。
（2）道歉不能拖得太久，越早越好，面对对方清晰地表明。
（3）对自己所做的事情，要勇于承担责任，不推托、不找借口。
（4）向对方道歉要倾听对方的诉说，明白对方的需求。
（5）道歉时主观上要认真，充分显示出内心的悔意和爱心。
（6）要给对方时间接受你的道歉。在营销过程中，出现失礼行为时，即使道歉了也不可能马上得到原谅，要给对方时间，让对方冷静。

（五）化解客户不满的艺术

正确处理客户的不满，变危机为商机，需要极大的真诚和处理危机的艺术。在销售服务礼仪中，营销人员应注意以下几点。

1. 细心观察，发现不满

客户的不满有两种，一种是显性不满，可以直接表现出来；另一种是隐性不满，虽然当时不说，但以后就不来消费了。发现不满的对策是多加观察，及时提出解决办法。

2. 虚心倾听，安抚不满，化解不满

客户因为服务不到位而发泄不满，营销人员一定给对方说明的机会，不能进行反驳，并且在认真倾听的基础上，表达歉意，同时允诺尽快解决问题，平息怒火，控制局面。对于过分的客户，要讲究策略和方法。要保持微笑，微笑可以调节客户情绪，也可以消除隔阂，获取回报，化解不满。

三、不同营销环节在服务过程中的礼仪体现

企业的营销活动包括市场调研、选择目标市场、产品开发、产品定价、渠道选择、产品促销、产品储运、产品销售、提供服务等一系列经营活动。不同销售环节也有不同的礼仪要求。

（一）市场调研礼仪

市场调研主要以入户调研和非入户调研两种方式展开。入户调研是指进入居民家中或进入办公场所进行调研；非入户调研则包括在公共场所对行人调研，请志愿者到指定地点配合调研，借助电视、报纸、互联网等媒介进行问卷调研等。

调研前，无论采取哪种形式，访问员（或调研员）都应准备一份完善的问卷。问卷不仅要反映所需调研的任务，更要表现出对被访问者的尊敬和谢意。访问员切忌没有草稿，随意发问，或表意不清，或对被访问者不够礼貌。

调研中，无论遇到什么情况，访问员都应保持礼貌和冷静。访问中，可能会遇到种种不快，如入户访问可能被拒之门外，甚至遭到较粗鲁的对待；被访问者可能置之不理，或接过问卷即扔进垃圾桶等。访问员应始终保持冷静，切不可因受到冷遇而火冒三丈或灰心丧气。要改变工作中的尴尬局面，诀窍是：坚持"工作第一"的信念，坚持不懈地以礼待人，不要将过多的私人感情带入工作。调查问卷中往往有主观题，对这一部分试题，访问员应适当地加以引导，但不要干涉被访问者的回答方式和回答深度，不可刨根问底、穷追猛打地盘问，以免给对方造成压迫感，使之不悦。

调研完成后，访问员应真诚地向被访问者道谢，也可送上公司备好的赠品，并礼貌地送被访问者离开。

（二）产品促销礼仪

促销是企业为了开拓产品销路、扩大产品销售量，运用人员或非人员推销的方式，向目标客户传递产品信息，激发客户的购买欲望，促进客户购买行为的全部活动的总称。促销活动实质上是一种沟通活动、激励活动，它体现着企业开拓市场、扩大销售、满足消费的主动精神、进取精神和创造精神。

人员促销可分为上门访问促销和售货现场促销。

1. 上门访问促销礼仪

（1）重视留给客户的第一印象。

心理学中的"4分钟光环效应"表明，人际交往前4分钟内形成的印象最为深刻，几乎为今后的交往奠定了基调。以貌取人，是多数客户的习惯。人们通常喜欢通过对方的表情、服饰、体态、语言和精神面貌等对其家庭背景、收入状况、学历水平和是否可信等信息进行推断。

营销人员必须注重仪表服饰。服饰搭配应与身材、肤色、长相相配合，体现时代特

点、性格和季节特色，还可以根据推销的产品特点和客户的有关情况加以选择。营销人员要想推销商品，首先应接近客户并向客户推销自己。只有取得了客户的好感，营销工作才可能继续下去。

（2）做好上门访问促销准备工作。

一是熟悉产品。营销人员应熟悉、热爱自己所推销的产品，对产品质量、优点、缺点等要有充分的了解，以备客户询问；二是熟悉公司情况。营销人员应充分了解公司的所有信息，如公司主营业绩、销售渠道、交货方式、价格折扣等。

（3）上门推销过程中的礼仪。

①约见客户。约见客户指营销人员事先征得客户的同意，协商相互接触见面的活动。约见客户，有利于营销人员自然、顺利地接近客户，避免因贸然造访而产生尴尬，也可以防止拜访扑空。

②使用营销礼貌用语。使用营销辞令时应注意说话的语音、语调、语速和停顿。使用文明礼貌用语，如"多谢""费神""失陪""见笑"之类。说话时抱着喜欢对方的心情，发出有朝气的声音，以明快的语调来沟通双方感情。营销时注意不要使用难懂的语言、方言等。

③心平气和地面对拒绝。上门营销被拒绝是非常正常的事，心平气和、从容不迫的良好礼仪状态，无疑是面对拒绝的最好对策。面对客户的拒绝，营销人员应保持乐观的心态，始终面带微笑，目光正视客户。不要摇晃不定，或不好意思看客户。无论遭到何种方式的拒绝，都应保持进门时的姿态，礼貌道谢之后彬彬有礼地告辞。营销人员应不断总结各种不同的客户拒绝的理由和方式，并准备相应的对策，切勿产生埋怨客户或无法接近客户的心态，这样是难以做好营销工作的。

④处理客户异议。客户异议是客户对被营销的商品、营销人员、营销活动过程提出的不同看法或反对意见。客户异议在营销过程中是不可避免的。异议实际上表明，客户已经对推销活动产生了兴趣。营销人员应迅速排解客户异议，以利于营销工作的继续。不能有效地处理异议，营销工作必将因此受阻，甚至前功尽弃。

处理异议的原则是尊重客户的异议、换位思考、为客户着想、绝不与客户争吵、维护客户尊严等。把握好处理异议的时机，先于客户开口，不让异议成真；紧随客户的提问回答，不让异议成堆；稍后给客户回答，不让异议有疑。

⑤达成交易。成交是整个营销工作的核心和目的，营销人员的礼仪如何，对于促进购买决策，实施购买行为，达成最后交易，至关重要。

首先，要尊重客户抉择，在达成交易阶段，营销人员应当尊重客户的意愿，尊重客户对购买商品的最后决策。如果成交，应归功于客户，切忌到最后成交时，沾沾自喜。

其次，慎言少语。到了达成交易阶段，营销人员应谨慎说话，一则，让客户有独立思考的时间；二则，避免因偶然失口，造成客户退却，节外生枝。

再次，保持常态神情。交易达成在即，应保持开始的精神状态，不卑不亢、彬彬有礼、稳定情绪、按捺喜悦、从容不迫；不应喜形于色，或一改成交前对客户的谦和、恭敬态度，这些都会引起客户生疑，很可能打退堂鼓。

最后，与客户热情告别。热情周到地与客户道别不仅可以为此次推销活动画上句号，还为今后的进一步推销画上了省略号。推销成功后的告别，不能只是简单地"再见"或是说一声"谢谢光顾"。这样会让客户感觉营销人员非常功利，认为营销人员与自己只是商品交换关系，甚至有"上当"之感。为了表明合作愉快，欢迎下次再度合作，营销人员应尽量帮着或陪同装卸货物，告诉客户自己的电话号码和联系地址，并告诉客户如果需要帮忙可与自己联系，最后握手或挥手话别。

此外，访问促销要特别注意以下几方面：不可打扰已有明示"拒绝访问"的居民；不可强制推销，不可赖在客户处不走；不可乱用对客户的尊称，尤其是不应用超过女性实际年龄的称呼；不可随意夸大产品的功能，也不可随意更改后续服务的范围；不可利用自己的销售提成降低企业对产品的最低定价。

2. 售货现场促销礼仪

（1）礼貌迎宾。

营业时间一到，营销人员应在各自的货区前就位准备迎客，保持挺拔的站姿，面带微笑，平视前方。客户进门时，主动热情地打招呼，同时用礼貌语言问好，如"您好""女士/小姐/先生，早上好/中午好/下午好/晚上好""欢迎光临"等。

（2）恰当关注。

客户来到货区时，营销人员应与客户视线相对，向客户微笑点头致意，关注客户的需求。主动询问："请问需要什么产品"或"请问需要什么帮助"，如客户回答"随便看看"，则不应尾随客户，但目光应保持关注，在客户提问时能够及时回答。

当客户浏览商品时，营销人员应让开货区位置供客户浏览货品。用眼睛的余光或间歇式地注视客户即可。避免目光长时间地停留在客户拿起的货品上。注意与客户保持适当的距离，客户在货区走动浏览时，营销人员应讲究空间距离礼仪，与客户保持2.5～3米距离；对于在货区内停住脚步的客户，应保持1.5～2米距离，便于随时回答客户的问询，避免背对或正对客户。

当客户对某货品特别关注时，证明客户对该件商品产生了兴趣或购买欲望。此时，营销人员即可以自然、随和的姿态接近客户。当客户有寻求帮助的表现时，营销人员可立刻接近客户。

如果正在接待其他客户，无法分身，应立即做出反应，或请其他营销人员协助接待，切忌毫无反应、不紧不慢或漠不关心。忙完手里的工作后，应立即来到客户面前，并真诚地向客户表达歉意。

（3）合理介绍。

营销人员应真诚、耐心和细心地倾听客户需求，迅速了解客户的购买意愿并提出合理的购买建议。当客户需要帮助的时候正是营销人员发挥自己商品导购技能的好机会。区分客户的购买心理，提出专业性的建议，做好客户的参谋。

当店铺暂时没有客户想购买的商品时，应真挚地向客户表示歉意，礼貌地解释缺货原因，委婉询问客户是否愿意用其他商品代替；或者请客户留下联系方式，只要商品到货就立刻告知。

当营销人员为客户介绍商品时，应由表及里客观准确地进行，从商品的使用到维护，从其基本功能到技术参数，介绍商品时不要催促客户"一定要买"，可用"选""拿"和"带走"等委婉表达，避免客户反感。

（4）耐心服务。

客户在选购商品时，对不同的商品进行比较是人之常情，营销人员应用自己熟练的业务知识和专家般的自信气质感染客户，赢得客户的信任，说服客户做出购买决定，同时注意维护客户自尊，营销人员应客观、正确地为客户的购买意向提出合理建议。

当遇到与客户意见相左的情况时，应避免与客户一争高下，更不能对客户进行说教，这样只能适得其反。此时，应注意维护客户的自尊心，注意语言礼仪的要求，不直接使用否定语，如"你错了"，相反，如果说"您说的话很有道理，不过从另一个角度来看……"，客户才会有心情接纳营销人员的合理建议。

在人气较旺的店铺，客户川流不息，保护客户的财物安全非常重要，营销人员应及时提醒客户保管好随身携带的物品。在帮助客户挑选商品时，不能为客户保管任何物品。

注意和客户加强沟通，在为客户服务的过程中，应与客户多进行沟通和交流，努力成为他们的朋友。平时可以通过客户留下的手机号，适时向其发短信介绍店铺的促销活动，或为其提供售后跟踪服务。不过应注意与客户联系不能过于频繁，以免影响客户的正常生活，以至于被拉入黑名单。

（5）付款服务礼仪。

第一，填写递送购买小票。客户准备购买商品后，营销人员应完整、正确地填写购买小票。双手掌心向上，将购买小票的正面递给客户，并为客户指引收银台的位置。

第二，收银礼仪。收银台人员应站立微笑，双手接过客户递过来的购买小票、现金或银行卡，然后结账。如果使用信用卡需要客户签字的，应主动提供笔和单据，待账结清后再双手掌心向上将小票、发票、零钱或信用卡等递交给顾客。

（6）交验货品。

客户交款后，营销人员应迅速拿出商品请客户查验。如需包装，营销人员应迅速将商品包好，掌心向上，用双手递出。

（7）礼貌送客。

亲切送别可以让客户感受到完整、礼貌的服务流程，对本次购物留下深刻的印象，感受到购买活动的物超所值。营销人员应陪同客人边走边谈，将客户送到店铺大门或车前，并使用尊敬语告别，如"谢谢您的光临""欢迎下次再来"等。目送客户离开，再转身回店内。

在推广促销时还应该注意：针对客户的推广，免费赠送商品时不可带有附加条件，降价销售的产品同样应提供售后服务；有奖销售应真正体现"奖"字，而不应以"奖"吊客户的胃口，实际上却无奖可言，欺骗客户。

（三）售后服务礼仪

任何一个企业，无论怎样努力，也不可能使每位客户的要求都能得到满足，因此出现客户投诉是正常现象。当有客户前来投诉时，企业必须以积极的态度慎重、耐心、诚恳地解释或解决实际问题，把处理客户的投诉当成一个纠正错误、恢复信誉甚至是巩固客户关系的机会。只有妥善行之，有效解决客户的投诉，才能增强客户对本企业的依赖，从而提升客户的忠诚度。

1. 处理客户投诉的礼仪

（1）态度诚恳。

诚恳耐心地倾听意见，主动接受批评，即使客户不对，也要心平气和、委婉地加以引导。

（2）处理及时。

及时表明态度、及时解决问题。倘若有问题不能立即解决，也应向客户保证在一定的期限内转告或联系。接待人员一定要尽快平息客户的不满情绪，避免事态扩大。

2. 为客户提供售后服务

现代大型商业企业经常会遇到一些客户，他们对某些商品的需求量大，所购商品的价值总量大，其中有些客户还定期地补充所需的商品。这些客户对增加企业利润、稳定经营成果意义重大。因此，除了基本的服务礼仪，企业还应根据客户的具体特征，提供特色的礼仪服务，如建立客户档案，提供贵宾服务，主动提供让利服务，重要的节假日给予问候，提供商品的长期维护，主动把样品送上门，以及及时反馈市场信息等。对于客户的要求，应事无巨细，不厌其烦，从始至终耐心受理。

任务三　老年寿庆服务礼仪

一、祝寿礼仪常识

（一）祝寿礼物的挑选

当老年人生日寿辰的时候，晚辈通常会送上一份礼物来表达自己对老年人的尊重与孝敬。祝寿礼物的选择应该适合老年人的需求和爱好。

为老年人祝寿的礼品种类繁多，衣服、手杖、寿桃、寿糕、水果、寿幛、寿联、寿屏和寿匾等皆可。

如果选择送花来表达自己对老年人的祝福和敬意，可选择长寿花、大丽花、迎春花、万年青、兰花等，这些花寓意"福如东海，寿比南山"。如果老年人身体较硬朗可以选择其喜欢的书画、茶具等。如果老年人喜欢运动，可选择适合的运动产品，如钓鱼装备等。只有根据老年人的爱好来选择，才能选到令其满意的礼物。

值得注意的是，在为老年人挑选礼物时，忌讳送钟，因为送钟是送终的谐音。

（二）拟写祝寿词的技巧

祝寿词是指给老年人的祝寿贺词，既希望老年人幸福长寿，也赞颂他已取得的成绩、做出的贡献。祝寿词要根据老年人的年龄、品格、功绩、职业、健康、家庭等情况措辞。祝寿词对于倡导和谐的社会公德、增强家庭的亲和力和民族的凝聚力，都有着极其重要的意义。

祝寿词的内容分三部分：一般开篇赞颂老年人勤奋的一生，以及在某方面所取得的成绩；再述老年人对身边人的教益；最后以衷心祝愿作为结尾。要准确了解祝寿人与祝寿对象的关系，有针对性地拟写祝寿内容。二者关系是上级对下级，还是下级对上级，或者是同级对同级；是个人对集体，还是集体对个人，或者是个人对个人，关系不同，措辞、语气也不同。同时，为达到祝寿的最佳效果，祝寿词的语句一般要热情、充满希望、富有感染力。最后结尾祝愿语可多运用传统的祝寿礼仪敬语。祝寿词要出于真情实感，切忌应付；对祝寿对象成绩的估计要实事求是，评价要恰如其分。祝寿者表明的态度也要切实可行，不要空喊口号。

祝寿词的语言要文雅庄重、简洁扼要，不要刻意雕琢、堆砌辞藻，可引用一些传统的祝寿语，如"一拜，祝老寿星福如东海、寿比南山；二拜，祝老寿星日月昌明、松鹤长春；三拜，祝老寿星笑口常开、天伦永享""恭祝老寿星春秋不老，古稀重新，欢乐远长"等。

祝寿词属于演讲词的范围，除文稿本身的写作要求外，还有演讲技巧的要求。仪表、仪态要自然大方；口语表述要清晰、流畅；语势要波澜起伏等。因此，对祝寿者也提出了更高的要求，即不仅要有一定的文字功底，还要具备一定的社交能力，如礼节礼仪、口头表达、即席发挥能力等。

二、祝寿礼仪规范

祝寿是一种因人们追求长寿理想、祈求延年益寿而产生的行为方式，祝寿有着十分明确的行为主体——寿星，祝寿中的所有活动全都应该围着老年人进行。

按中国传统习俗，祝寿活动一般要在50岁以后开始举行，越到老年，祝寿活动的仪式也越隆重，尤其是60岁、70岁、80岁等整数生日。通常，寿宴是由子女和其他晚辈亲友出面筹划并操办的，给老年人举办寿宴时，要特别注重一些礼仪规范。

（一）祝寿准备

1. 发送请柬

按照传统习俗，家中如要为老年人祝寿，事先便要向亲戚朋友发送请柬。请柬一般由红色的信纸做成，上面写着寿宴的时间、地点以及邀请亲友参加仪式的意图。一些有身份的人，在为父母祝寿时，还要请人撰写颂扬父母过往事迹的文字，即"寿序"。

现代做寿，一般由做寿者家属发大红请柬，通知寿期，请亲朋好友届时来参加寿宴。请柬最迟在寿宴前半个月发出，有的不发请柬，直接通过手机、电话或口头邀请，直系亲属一般不发请柬。

2. 准备食物

祝寿的食物包括招待宾朋的菜肴、酒水、寿面、寿桃、寿糕等。寿面多由挂面制成，叫长寿面；寿桃是用精致白面做成的，蒸熟后涂上红、绿色；寿糕是用白面和红枣制成的多层枣馍，现在一般以生日蛋糕代替。

3. 布置寿堂

若寿宴设在酒店，举行寿宴的厅堂自然成了寿堂，在大餐厅的正面墙上，挂上大红的"寿"字，两边是寿联，还摆上案桌，供上寿烛和寿香，寿堂中间则摆上数桌。

若寿宴设在家中，客厅就是祝寿时的寿堂。一般在寿堂的正面墙壁上挂寿字或百寿图。中堂两边为"福如东海长流水，寿比南山不老松"等祝福对联，墙下放礼桌，桌上放寿桃、寿糕、寿酒等，两边摆放红蜡烛。

（二）祝寿仪式中的礼仪

如果寿宴在酒店举行，一般由专业司仪主持，入口处可安排一两位寿星的子孙迎接来客，接受礼品。亲友大都要赠送礼品，收到亲友们送来的礼品后，则须一一登记，以便日后还礼，中国人讲究礼尚往来，所以这是不能缺少的步骤。

一般情况下，完整的仪式包括以下几项。

（1）司仪宣布寿星是谁、多少岁以及祝寿仪式开始。

（2）请寿星就位。在祝寿仪式开始之时，首先请寿星出堂，最好由儿孙辈中最小者或儿孙中最受寿星宠爱者在旁边搀扶，坐于寿堂正中的椅子上。

（3）同唱《祝你生日快乐》。

（4）寿星的子孙们给寿星祝寿。寿星身穿大红寿服端坐于厅堂，所有的子孙后辈恭敬地立于寿堂的两旁。司仪宣布祝寿仪式开始后，儿子媳妇先向寿星行礼。然后依次是女儿女婿、孙子孙女、侄子外甥、朋友邻里。宾客一般不需向寿星行叩拜之礼。祝寿时口中还要说一些表示祝贺的吉利话，如寿比南山、福如东海、长寿健康等。年龄幼小、辈分较低的孙子孙女，向寿星磕过头后，可得到一个红包（俗称喜包），以表达寿星对小辈拜寿的感谢和一份美好的祝福。

（5）如果来宾中有比较重要的人物，而大家又不太熟悉，司仪则向大家进行介绍。

（6）司仪简要介绍寿星的经历及对社会、家庭的贡献，表示对来宾的感谢。

（7）向寿星献祝寿辞。献祝寿辞的顺序首先是寿星晚辈，之后是亲戚，最后是朋友、同事等。祝寿辞不宜过长，为了慎重，一般都事先写好，有的地方在祝寿时，晚辈要行三鞠躬礼，也可以灵活掌握，如一鞠躬等。

（8）寿星的晚辈代表答谢讲话。旧时在这种场合，寿星本人不做正式答谢，这种做法叫"尊寿"，表示有劳大家前来为自己祝寿，十分不好意思以示谦虚。现在也有的寿星自已致答谢辞，谈一些个人感受，并向大家表示感谢。

（三）参加祝寿仪式的礼仪

为老年人祝寿，主要是为了让老年人开心，所以参加祝寿仪式的人员要注意以下礼仪。

1. 家庭成员到齐

为老年人祝寿时，家庭所有成员应当全部参加，平时年轻人工作忙，很难陪伴在老年人身边，趁祝寿的机会，回家为老年人庆贺，定会使老年人开心。

2. 准备寿礼

参加个人祝寿活动，都要携带寿礼。寿礼以实用、有一定价值的物品为宜。

3. 着装适宜

参加寿宴活动时宜选择色调明快的衣服，尽量不穿全黑或全白的衣服。

4. 言行得体

参加老年人的祝寿仪式，要以祝贺、颂扬为主。宴饮要节制，不能酗酒，以防失态失礼，带小孩的人要注意关照，不要让小孩乱动乱跑，以免打碎杯、碗；也尽量不要让小孩大声啼哭。

三、寿宴礼仪

现在的寿宴一般设在酒店，并委托专门的庆典公司负责场地布置、寿宴流程安排以及指导酒店服务人员及寿星家人相关寿宴礼仪。

（一）寿宴场地布置

（1）通常场地要灯光明亮，照明和音响应该有专人负责。寿宴仪式开始前必须认真检查所有照明设备及线路，确保不发生故障。寿宴期间要有工程人员值班，一旦发生故障即刻组织抢修。

（2）就餐场地的室温要保持稳定，且与室外气温相适应。一般冬季保持在18～20摄氏度，夏季保持在22～26摄氏度较为适宜。

（3）寿宴一般以中餐为主。中餐宴会的餐桌布局灵活多样。通常情况下，酒店应按照客人人数、餐桌位置进行设计。

台型设计要点如下。

（1）小型寿宴台型设计。小型寿宴一般是1～10桌的规模。其台型设计通常如下。

①要把餐桌放置在餐厅的中央，寿星位安排在餐厅最突出的位置。

②要把餐桌排列成横"一"字形或竖"一"字形，把主桌放置在餐厅最醒目的位置，次桌放置在主桌的后面或旁边。

③可以将餐桌排列成"品"字形。

④可以将餐桌排列成菱形或正方形，上方位为主桌。

⑤可以将餐桌设计成花瓣形，还可以将主桌放置在上首方，其余方桌并排成两排排列在主桌的下方。

⑥可以将餐桌排列成正方形，中间位为主桌。

⑦可以将餐桌排列成三角形，上方位为主桌。

（2）中型寿宴台型设计。中型寿宴一般是 11~20 桌的规模。餐台摆放要整齐美观，横竖成行。

（3）大型寿宴台型设计。大型寿宴的规模一般在 21 桌以上。大型寿宴餐台摆设要横竖成行，整齐统一。餐桌与餐桌之间的距离应当控制在 1.5~2 米。

（二）寿宴服务人员的礼仪规范

1. 寿宴前的准备工作

寿宴前的准备是不可或缺的，准备工作做得是否充分直接影响寿宴的成败。寿宴的准备工作包括：服务人员对寿宴情况的掌握、菜单的熟悉、物品的准备、餐台的铺设及全面的检查。各项准备工作都是环环相扣、紧密相连的。做好充分的准备工作，有利于寿宴顺利举行。

（1）掌握客人情况。

服务人员应提前了解寿宴的台数、人数、寿宴标准、开餐时间、菜式品种及出菜顺序、收费办法。

（2）明确分工。

①要根据寿宴要求，迎宾、值台、传菜、供酒等人员都要有明确分工，都要有具体任务，将责任落实到人。

②做好人力、物力的充分准备，保证寿宴圆满成功。

（3）熟悉菜单。

①服务人员应熟悉寿宴菜单和主要菜品的风味特色，做好上菜、派菜和回答客人对菜品提出询问的准备。

②应了解每道菜品的服务程序，保证准确无误地进行服务。

③对于菜单，应做到：能准确说出每道菜的名称，能准确描述每道菜的风味特色，能准确讲出每道菜的配菜和配食佐料，能准确讲述每道菜的制作方法。

（4）准备相应的用品。

①根据菜单的服务要求，准备好各种银器、瓷器、玻璃器皿等餐具、酒具。

②根据寿宴宴请方要求，备好鲜花、酒水、香烟、水果等物品。

2. 迎接客人

（1）根据寿宴的入场时间，服务人员要配合寿星家人提前在餐厅门口迎候客人，值台员站在各自负责的餐桌旁准备为客人服务。客人到达时，要热情迎接，微笑问好。

（2）如果客人提前到达，先将客人引入休息厅稍事休息。回答客人问题和引领客人时注意使用敬语，做到态度和蔼，语言亲切。

（3）客人进入休息厅，服务人员应招呼入座并根据接待要求，按先宾后主、先女后男的次序递上热茶或酒水饮料。

3. 寿宴就餐服务

（1）入席服务规范。

①在开宴前 5 分钟站在各自服务的席台旁等候客人入席。

②客人来到席前，要面带笑容，引客人入座。

③照顾客人入座，引请入座同样按先宾后主、先女后男的次序进行。

④客人坐定，即可把台号、席位卡、花瓶拿走。为客人取餐巾，斟倒酒水。

（2）斟酒服务规范。

①为客人斟倒酒水时，服务人员要先征求客人意见，根据客人的要求斟倒各自喜欢的酒水，一般酒水斟八成满即可。

②斟白酒时，如客人提出不要，应将客人座位前的空杯撤走。

③要勤斟酒水，客人杯中酒水只剩 1/3 时，应及时增添，斟时注意不要弄错酒水。

④客人干杯和互相敬酒时，应迅速拿酒瓶到台前准备添酒。

⑤主人和主宾讲话前，要注意观察每位客人杯中的酒水是否已添加。

⑥在主人或主宾离席讲话时，主宾席的服务人员要立即斟上红酒、白酒各一杯放在托盘中，托好站在讲台一侧等候。致辞完毕，迅速端上，以便举杯祝酒。

⑦当主人或主宾到各桌敬酒时，值台员要准备酒瓶跟着添酒，客人要求斟满酒杯时应予以满足。

（3）上菜服务规范。

①菜要一道道趁热上。

②每上一道新菜要介绍菜名和风味特点，并将菜盘放在转盘中央，凡是有鸡、鸭、鱼等整体菜或椭圆形的大菜盘，在摆放时头的一边朝向正主位。

③上新菜前，先把剩菜拿走。如盘中还有剩菜，应征询客人是否需要添加或改为小盘盛装，在客人表示不再要时方可撤走。

（4）撤换餐具。

①撤换餐碟时，要待客人将碟中食物吃完方可进行，如客人放下筷子而菜未吃完的应征得客人同意后才能撤换。

②撤换时要边撤边换，撤与换交替进行。

③按先主宾、后其他客人的顺序先撤后换，站在客人右侧操作。

（5）席间服务规范。

①寿宴进行中，要勤巡视、勤斟酒。

②细心观察客人的表情及示意动作，主动服务。

③服务时，态度要和蔼，语言要亲切，动作要敏捷。

④若客人在席上弄翻了酒水杯具，要迅速用纸巾清洁，并用干净纸巾盖上弄脏的部位，为客人换上新的杯具，然后重新斟上酒水。

⑤客人用点心时，送上热茶，随即收去台上除酒杯、茶杯以外的全部餐具，抹净转

盘，换上点心碟、水果刀叉、小汤碗和汤匙，然后上甜品、水果，并按分菜顺序分送给客人。

⑥客人吃完水果后，撤走水果盘，递给客人湿纸巾，然后撤走点心碟和刀叉，摆上鲜花，以示结束。

吃长寿面的传统风俗

做寿吃面的行为被看成是一种祈寿的表现，因此伴随吃面的种种规仪礼数也由此而产生了。

譬如有些地方的人在吃面时，先要用筷子将面条从大碗中挑起到很高的位置，并大声问道："长不长？"其他人则应答道："长。"然后再将面条放入各人碗中。有些地方的人在吃寿面之前，每个人都要将自己碗内的面条挑上几根放入寿星的碗中，然后再说一句"添福添寿"之类的吉祥话。吃寿面时，最忌讳的是将面条碰断，因为这会给人不吉利的感觉。有的地方在盛面条时还有不能盛满等禁忌，因为"满寿"也是不吉利的。

任务四 老年婚恋服务礼仪

爱情、婚姻、家庭，永远是人类生活的主题。在一般人看来，爱情与婚姻是年轻人的专利，跟老年人的生活似乎没有关系，其实，这是很片面的认识。老年人同样有自己的情感世界，除了与子女和亲友的亲情，也有自己的婚姻与爱情，而且在老年人的生活中占有很重要的地位。

"夕阳无限好，只是近黄昏"，即便到了晚年，人们也同样拥有追求爱情和幸福的权利。现实生活中，有不少老年夫妻牵手并肩半个世纪，风雨同舟、富贵同享；有不少因丧偶、离异等导致独身的老年人仍希望重新恋爱甚至步入婚姻殿堂，因此，老年服务从业人员只有了解婚恋服务的礼仪常识，才能更好地工作。

一、老年人婚恋状况

老年人婚恋状况包括未婚、有配偶、分居、离婚、丧偶等。老年人婚恋状况受多种因素的制约和影响，一方面，受老年人自身的年龄、性别差异、生命过程等影响；另一方面，社会的文化传统、风俗习惯、道德观念，甚至不同的文化程度和经济水平也将影响老年人婚恋状况。

1. 已婚老年人的婚姻类型

老年人的婚姻一般可分为以下几种类型。

（1）亲密无间型。

夫妻俩生儿育女，风雨同舟，经过几十年的生活旅途，已经变得十分了解和熟悉，一个眼神、一个动作都知道对方的心思。他们相濡以沫，已经到了谁也离不开谁的地步。据专家调查，这样的婚姻关系约占老年夫妇总调查人数的48%。

（2）感情融洽型。

夫妻二人经长期共同生活，朝夕相处，已基本磨合好，虽然会有矛盾，但很快就因一方妥协而消除。双方互相信任、互相关心、感情融洽。这样的婚姻关系约占老年夫妇总调查人数的29%。

（3）凑合过日子型。

夫妻二人经常产生矛盾和争吵，而且互不相让，最后以一方主动和解而结束。双方能够互相尊重，不愿扩大矛盾，凑合着过日子。这样的婚姻关系约占老年夫妇总调查人数的20%。

（4）关系较差型。

夫妻二人经常争吵，互不相让，视同水火，甚至大打出手，或者因关系不好而互不理睬甚至长期分居。这样的老年夫妇约占总调查人数的3%。

2. 独身老年人的婚恋需要

老年人在丧偶或离异后，有恋爱或择偶婚配、继续婚姻的需求。在我国，虽然多数老年人都处在夫妻家庭构成中，终身未婚或有不同婚史、离婚的比例都较少，但离异、丧偶等独身老年人也渴望重新找到生活的支点，存在婚恋需求。老年人恋爱或再婚一般是出于以下需要。

（1）心理需要。丧偶或离异后，心理上会产生强烈的失落感、孤寂感，需要找一个人在生活上相互扶持，在感情上相互宽慰，以填补心中的空白。

（2）生理需要。一些老年人身体情况不佳，需要一个能相互照顾的伴侣。当然，也有一些人再婚是要求过正常的性生活。

（3）其他需要。包括物质需要、精神需要等。

二、老年人婚恋咨询服务礼仪

由于各种各样的原因，并不是所有老年人对情感生活都很满意。有的老年人为避免家庭冲突，隐忍自己的情感，长期情绪低落；有的老年人再婚后，家庭矛盾冲突不断；有的老年人丧偶后，一个人过着孤独寂寞的生活，渴望有一份感情寄托。老年服务工作人员在为老年人服务中，要充分运用老年心理学的知识，帮助老年人调适心情，并通过调解、咨询服务，尽可能帮助老年人解决婚恋生活中遇到的各种问题，提高他们的幸福指数。在婚恋咨询服务中，除了掌握心理学专业知识，还应该具备相应的咨询服务礼仪规范。

（一）婚恋咨询服务遵循的原则

1. 保护隐私原则

尊重来访者的个人隐私，在咨询过程中采取合法、合规、恰当的措施为前来咨询的老年人保守个人秘密。

2. 理解支持原则

咨询人员对来访者的语言、行动和情绪等要充分理解，不评判对错，要分析原因并寻找出路。

3. 自愿原则

即"来者不拒、去者不追"的原则。来访者必须出于完全自愿，这是确立咨询关系的先决条件。没有咨询愿望和要求的人，咨询人员不主动为其进行咨询，只有感到心理不适，为此而烦恼并愿意咨询、寻求心理援助的才能接受咨询。"来者不拒"要求做到对来访者一视同仁，积极向其提供可能的帮助。"去者不追"是指咨询过程中，若来访者要求退出或离开，应做好结束工作，不勉强来访者完成咨询过程。

4. 重大决定延期原则

咨询期间，由于来访者情绪焦虑、烦躁、不稳和动摇，理智程度下降，应规劝其不要轻易做出如离婚等重大决定。在咨询结束后，来访者的情绪稳定，调整好心态后做出的理性决定，往往不容易后悔。一般应在咨询开始时予以告知。

5. 客观中立原则

咨询人员在咨询服务过程中，应保持客观、中立的立场，不以自身的价值观评判来访者的心理和行为，更不能对来访者进行批评或指责。

（二）婚恋咨询服务前的准备

为了取得良好的咨询效果，负责为老年人开展婚恋咨询的人员在咨询前一定要做好充足的准备工作，每个环节都不可忽视。咨询前的准备包括以下几个方面。

1. 合适的场所

选择合适的咨询地点，并及时准确地告知来访者，同时，应告知来访者正确的乘车路线或行车路线、停车位置等具体信息，以免来访者因找不到咨询地点而浪费宝贵的时间。

咨询场所的布置应当符合以下条件。

（1）室内不用过分夸张的颜色，比如，墙壁和窗帘应当使用淡雅的颜色；室内灯光要柔和，给人以平和的感觉。

（2）室内坐椅不能太软，也不能太硬，要以舒适、便于起坐和挪动为宜。室内不宜有过多私人物品，陈设应力求简单，尽量给来访者带来安全、舒适的感觉。

（3）室内装饰物不宜过多，以免分散来访者的注意力。咨询室也不能与办公室合用，避免在咨询的时候有人打扰，给来访者带来不便。

（4）咨询室不宜过大，其环境应该是安静的。桌面要摆放洁净的纸巾，以备来访者感情失控时使用，同时应备好纸笔，方便记录。

2. 恰当的时间

恰当的时间有利于来访者敞开心扉，咨询的时间要尽量以来访者方便为宜。每次咨询的时间以 60~90 分钟为宜。一般要提前与来访者预约好时间。

3. 来访者信息的收集

（1）了解来访者的基本情况，内容包括来访者的年龄、学历水平、职业、职务等。根据咨询要求，还要了解其恋爱过程、夫妻关系状况、家庭背景状况、来访者的性格特征、未婚来访者的择偶心理等。

（2）详细了解来访者希望咨询的问题或在恋爱、婚姻、家庭中遇到的困难，正确地分析、判断来访者所咨询问题的性质，根据不同的问题来确定咨询的目标。

（3）对照常见咨询问题所需的知识，了解来访者已经掌握的相关知识的水平，以便更有针对性地开展咨询。与此同时，还要了解来访者存在的认识误区，以便在咨询中及时纠正。

4. 设计咨询提纲

针对咨询目的，要制定咨询提纲，提纲要确定一个或两个关键问题，要注意厘清咨询思路。

（三）婚恋咨询服务过程中的礼仪规范

1. 按照咨询提纲进行咨询

咨询服务过程中，要控制好咨询的过程，启发来访者详细地叙述事情的过程，要避免产生"离题"的现象。

2. 认真倾听来访者的述说

咨询服务过程中，要把主要精力放在倾听来访者的诉说上，同时，要给予及时的回应，以便咨询顺利进行。要注意观察来访者的表情，认真思考来访者述说的内容。

3. 始终重视做书面记录

咨询服务过程中，要记录重点内容及对话中的非语言行为，这样做有利于事后整理资料、厘清思路、发现问题并改进咨询方式。

4. 提出恰当的咨询建议

（1）根据咨询情况向来访者介绍解决问题可能采取的几种方法并分析其利弊，让来访者了解并认同相应的方法。提出合理建议的过程既是向来访者询问的过程，也是向来访者传播知识的过程，还是让来访者进行自我评价和方法选择的过程。例如，让来访者评价自己夫妻关系的模式，帮助来访者分析影响夫妻关系的主要因素，指导来访者选择适合自己的夫妻关系模式，指导来访者学会调整自己夫妻关系模式的方法。

同样，在为来访者提供解决与子女的关系、法律等方面的问题时，大体也要经历这样一个过程。

（2）为来访者提供可行性建议或确定可行性方案。在上述工作的基础上，可以为来访者提供较为科学的可行性建议或确定可行性方案。当然，这只是初步的建议或方案，在后续的咨询过程中，还需要不断地修改和完善可行性建议或方案。

5. 结束咨询

（1）暂时性结束咨询。

在咨询过程中，根据咨询提纲已经完成询问，基本了解了来访者的问题后，如果已经超过约定的时间，或来访者感到疲惫，则可以结束访谈。此时，应征询来访者的意见，约定第二次咨询的时间。

（2）阶段性结束咨询。

咨询结束时要进行恰当的总结。总结是指对来访者提供的诸多信息进行分析并简要地复述，使来访者再次认识到问题所在。要肯定来访者在咨询中取得的新认知，并对其选择的愿意改变现状的方向加以肯定。要鼓励来访者按照已确定的方向去努力。

（3）结束语要简明扼要。

结束语要尽量简明扼要，同时，还要询问来访者是否还有其他想法。最后，要对来访者表示感谢。

三、老年人结婚周年庆典服务礼仪

很多人会选择在特殊的年份纪念结婚周年，如10年、20年、25年、50年等。对于老年夫妻，对金婚周年纪念比较重视。举办老年人结婚周年庆典一般可以采取以下活动形式。

（一）宴会式

夫妻二人可以共同的名义邀请亲朋好友，特别是参加过自己婚礼的人来聚一聚，可以是正式宴会，也可以是一般家庭晚宴。会上，来宾应向夫妻二人表示祝贺并送上祝福。如果有纪念仪式应更正式，仪式流程安排和来宾的服装也应更考究、正规。纪念仪式可以是他人为夫妻二人举办，也可以是夫妻二人自行举办。宴会式结婚周年庆典仪式一般委托专业的庆典公司和庆典服务人员承办。

庆典现场督导人员，是庆典进行中把握"节奏""进程"和"方向"的管家。督导就是督促、指导庆典过程的每个细节，将职责贯穿于整个庆典的始终，将每个过程都处理得井井有条，为客户提供庆典现场全程贴身服务。

庆典现场督导人员要细心地帮客户处理好各个环节，不让客户为小细节烦心、留有遗憾。作为专职人员，要知道在庆典的每个环节需要做什么，不需要做什么。庆典现场督导人员同时是一位协调员、建议师、礼仪师，可以提供一整套优良服务。

庆典现场督导人员应该是全方位的人才,对庆典现场督导人员的要求如下。

①仪。作为庆典当天指引礼仪规范的指挥者,首先自己的礼仪和仪表要规范,服装要正式,动作要规范。如站立、行走、手势、眼神、距离等的规范。

②专。作为庆典当天现场所有仪式环节的衔接者,对庆典的各个部分、程序和道具等都应有专业的理解和协调能力。

③言。作为庆典当天现场的主要协调者,应具备相当强的语言能力和沟通能力。

④敏。作为庆典当天现场的全场总负责人,应具备相当强的反应能力和预知能力,果敢机敏,反应迅速,要有预知风险和解决风险的能力。

⑤聚。作为庆典当天现场的全场执行人,为保证庆典的顺利进行,必须与整个庆典服务团队密切合作,与所有有关人员密切配合,把大家凝聚在一起,共同完成整个庆典仪式。

1. 庆典现场督导人员服务礼仪的要求

(1)服装要正式。

庆典现场督导人员一般要出现在客户的庆典仪式中。按照惯例,越是正规的场合,越讲究穿单色西装。因此男性庆典现场督导人员要穿单色西装,女性庆典现场督导人员要穿单色西装和裙装。

(2)细心,注意细节。

细心、注意细节是督导人员最需要具备的素质。庆典是由一个个小细节组成的,只有做好每个细节,庆典才会完美,所以庆典现场督导人员应该是一个细致周到的人。庆典现场督导人员要指挥整个庆典(庆典前和庆典进行时)的运作,并做好人员分工、时间安排、整体运行等。因此,除了在妆容上要遵循庆典现场督导人员服务礼仪,还需要注意以下细节。

①庆典现场督导人员工号牌要戴在左胸前,保持衣服整齐干净;纽扣要齐全扣好,不可敞胸露怀,不能将衣袖、裤子卷起;鞋子要洁净,并且方便活动。

②庆典现场督导人员在庆典现场接触人员较多,要求妆容淡雅,牙齿洁净,没有口臭;身体干净,没有异味;香水味道适宜;手、指甲干净;不要戴夸张佩饰。

(3)真诚沟通,协调各方关系。

作为庆典现场督导人员,要协调好与酒店相关的各项事宜,包括桌椅的摆放形式、舞台布置、需酒店提供的设备、签到台的摆放等。要协调好灯光音乐控制人员,安排好音响的接驳问题。要协调好场内灯光调节、音乐播放顺序等相关事宜。要协调好庆典程序等相关事宜。在庆仪过程中要调度进场人员的次序,安排其他工作人员的位置,安排摄影、摄像、礼仪人员等各自的位置及职责等。因此,庆典现场督导人员在与相关人员和庆典服务团队的协调沟通中,要真诚并做到以下几点。

①要发自内心地微笑,给人以亲切感。

②和庆典服务团队工作人员、酒店服务人员、客户等交谈时声音要柔和,态度要委婉。

③对庆典服务团队工作人员、酒店服务人员等要坦诚相待,不卑不亢,给人真诚感。

④和庆典服务工作人员、酒店服务人员协商时要神情坦然、轻松、自信并沉着。

⑤对于庆典中的突发事件要镇定、不急不躁、神态沉着，给庆典服务团队以镇定感。

2. 庆典现场督导人员与庆典策划师的沟通

庆典现场督导人员在与庆典策划师沟通时必须注意以下几个方面。

（1）仔细听，即仔细听庆典策划师所策划的庆典程序和细节。

（2）认真记，即认真记录庆典策划师交代的策划方案以及应当注意的地方。

（3）适当问，在与庆典策划师进行沟通时，必须问明白不清楚的地方。

（4）真领会，从策划方案的思路和角度来理解督导任务。

（5）除成见，不能从督导的角度来看庆典策划师，不能用庆典策划师的部分失误否定其能力。

（6）会理解，要综合理解庆典策划方案和策划流程以及主要细节。

3. 庆典现场督导人员与庆典执行团队工作人员的沟通

（1）与庆典执行团队沟通应当遵循的原则。

①质量要求要一致，执行规则要一致。庆典现场督导人员与庆典执行团队的沟通必须建立在对相同执行规则的认知基础上。也就是说对待客户的庆典质量要求要一致，执行规则要一致，否则就会造成规则不明确的混乱局面。

②必须拥有共同的愿景。拥有共同的愿景，是庆典现场督导人员和庆典执行团队沟通的一个必要条件，就是沟通双方必须建立在具备共同目标愿景的基础上。当然，不管庆典现场督导人员的愿景多么宏伟，如果不能与庆典执行团队的切实操作能力联系在一起，同样难以产生信任，引发共鸣。

③制度保障。庆典现场督导人员与庆典执行团队的沟通必须得益于制度保障。

（2）与庆典执行团队工作人员的沟通方式。

①庆典现场督导人员与庆典执行团队沟通要使用温和自信的语气。

②善于向庆典执行团队工作人员询问并善于倾听。

③善于体谅庆典执行团队工作人员的过错行为。

④适当地提示庆典执行团队工作人员的工作进程或工作方式。

⑤有效地告知庆典执行团队工作人员的错误所在。

⑥明确庆典执行团队每人分派任务的内容，即做什么，为什么做这些事（重要性、必要性），做成什么样，怎么做，关键控制点（注意事项）是什么。

⑦留意庆典执行团队工作人员对任务的反映，并主动有效地沟通。

⑧庆典遇到困难或意外时，不能对庆典执行团队工作人员发脾气，要了解事情原委，寻求指导，寻找资源。

4. 不厌其烦、无微不至

庆典现场督导人员要将相关工作表单发放到相关人员手中，安排各方面工作，对处理不到位的地方及时协调解决。对于性急、挑剔的庆典执行团队工作人员及客户、来宾，更要不厌其烦、无微不至。

对于性情急躁、爱发脾气的人员要温和，对于理解慢、反应迟钝的客户，庆典现场督导人员必须有耐心，通过谈话方式与对方沟通，促使其接纳最合适的项目。对于爱挑剔的来宾或客户，则忌多言，言多必失，切忌与其恶言辩论，要耐心听取其批评和意见，了解其偏执挑剔的原因。

庆典现场督导人员作为庆典现场的总指挥，除了要果敢机敏、反应迅速，还要有预知风险和解决风险的能力。如果遇到突发状况，要冷静、稳健地把问题处理好，以保证庆典顺利进行。

5. 善始善终

善始善终是指做事情有好的开头，也有好的结尾。庆典督导服务是一个过程，"始"的问题和"终"的问题在服务过程中尤为重要。庆典现场督导人员要做到善始善终，把工作顺利完成。

（二）团聚式

在金婚纪念日，儿孙们要主动与老年人团聚，合家庆贺老年人的金婚纪念日。这天，儿孙们可以给老年人送上敬贺镜框，上面可写象征爱情长久、婚姻幸福之类的贺语，在老年人的居室里悬挂。可以全体家人，也可以适当邀请亲密的友人参加家宴，由亲友及晚辈向老年人敬酒祝福，可以拍摄全家福，以及为夫妻二人合影留念。

（三）缅怀式

在金婚纪念日时，如老年人不愿大肆张扬，甚至不想让儿孙们知道，而只愿在平静的气氛中，以夫妻二人对爱的深沉理解表示庆祝的，则可采用此方式。缅怀式又可以分为两种。

1. 重游旧地

可以循着双方年轻时恋爱、新婚的轨迹，来一次旧地重游。这样睹物思情，可重现当年情景，加深感情，其纪念意义也更大。

2. 叙谈式

如夫妻二人无条件重游旧地，亦可举杯共饮，相对抒怀，共同追忆当年恋爱、结婚的情形，抚今追昔，共诉衷肠，双方再饮一杯百年好合酒，这也是夫妻二人欢度金婚的一种形式。

（四）旅游式

如若身体条件许可，当地又有旅行社组织这种活动，夫妻二人也可报名参加，但一定要周密准备，妥善安排，以安全为前提。所有这些活动，都可以拍摄照片作为留念，这样也更能增添纪念的情趣。

知识链接

老年人再婚的礼仪

"少年夫妻老来伴"是指老年人有相互照顾和慰藉的需要。对于离婚或丧偶的老年人来说,他(她)们也可以重新择偶、重新组织家庭。老年人再婚举行的婚礼一般以简朴、务实、不讲排场、不搞繁杂的形式为主。

其主要的形式大致有以下几种。

1. 家宴式

由双方的子女为父母举办家宴,但除了至爱亲朋,一般不再邀请别的客人参加。在家宴上,双方子女中的长子或长女可带头为父母敬酒,祝贺老一辈找到共同生活的伴侣,祝愿他们获得晚年的幸福。

2. 婚宴式

也可按照一般婚姻习俗,在酒店举行婚宴,但规模可以小些。除家人外,双方关系亲密的亲戚朋友也可邀请参加。席间,可由亲友中声望较高者致祝辞,并带头向再婚夫妻二人祝酒庆贺。

3. 发糖式

再婚夫妻二人最简单的一种婚礼,是买几斤喜糖,在街坊邻里或亲戚朋友中发一下。这不过是表示告知众亲友,让大家知道再婚这件事。

4. 茶话会式

由组织或领导关心而结合的再婚夫妻二人,一般可采取这种形式。即由双方所属单位或居民委员会出面主办。会上,可略备糖果、香烟、茶叶,由本单位领导或居委会负责人主持婚礼。大家向夫妻二人表示祝贺,并赠送纪念品。再婚夫妻二人也可谈谈自己的感想和表示感谢。

5. 旅行式

如双方身体条件许可,交通也方便,旅行路程并不远,也可采用此形式,但一般以参加旅行社组织的集体旅行为佳,以减少旅途中的许多麻烦。

项目六 老年服务的沟通原则

【知识目标】

◇ 了解老年服务过程中应遵循的尊重、接纳、共情三个基本原则。
◇ 理解尊重、接纳、共情三个基本原则在老年服务沟通中的重要意义。
◇ 掌握尊重、接纳、共情三个基本沟通原则在实际操作中对老年服务从业人员的要求，以及各原则的运用技巧。

【能力目标】

◇ 运用尊重技巧，初步解决老年服务沟通过程中，老年服务从业人员没有把老年人作为独特个体，而影响沟通效果的问题。
◇ 运用接纳技巧，初步解决老年服务沟通过程中，老年服务从业人员不能客观接受老年人现有的认知、情感、行为等问题。
◇ 运用共情技巧，初步解决老年服务沟通过程中，老年服务从业人员不能站在老年人的角度深刻理解其言谈举止背后的意义等问题。

【素质目标】

◇ 深入老年群体，在与老年人开展实际沟通的过程中有意识地运用尊重、接纳、共情三个原则。
◇ 与小组成员分享学习经验，以反思、交流的形式巩固老年服务沟通三个原则的相关知识和技能。

项目六 老年服务的沟通原则

任务一 尊重

一、尊重的基本概述

（一）为何要尊重老年人

1. 尊重老年人是我国的传统美德

尊重老年人，自古以来就是中华民族的传统美德，是我国优良道德传统的精华。几千年来，不管是处于盛唐还是当今社会，人们一直把尊老作为一种责任和行为规范，这也是现代人应养成的基本修养。

尊老源于原始社会，当时生产力低下，在氏族公社的内部为了人类的繁衍和文明的延续，对丧失劳动能力的老年人和尚无劳动与生活能力的小孩都一样分配劳动果实，实行抚养义务。由此逐渐形成尊老、爱幼这种朴素的道德观念，并被继承下来。春秋战国时期，伟大的思想家孟子就说过："老吾老，以及人之老；幼吾幼，以及人之幼"。讲的就是我们不仅要尊敬自己的父母，还要尊敬别的老年人；不仅要爱护自己的孩子，还要爱护别人的孩子。他还说过："挟泰山以超北海，此不能也，非不为也；为老人折枝，是不为也，非不能也"，从这句话中能看出，我们不是不能为老年人做事，只是不愿意，这也从侧面鞭策我们要尊重老年人。在我国古代，还有很多诗人用优美的诗句表达对老年人的尊重和敬仰之情，至今仍为人们所传颂，如"莫道桑榆晚，为霞尚满天""落花不是无情物，化作春泥更护花""垂头自惜千金香，伏枥仍存万里心"……毛泽东还专门写了一首名为《采桑子·重阳》的词，其中"一年一度秋风劲，不似春光，胜似春光，寥廓江天万里霜"，表达了他积极乐观的心态。

1986年，根据老龄问题全国委员会的建议，国务院决定将每年农历九月九日的重阳节定为"中国老年节"，希望借助传统的重阳节，祝愿全国老年人健康长寿。时至今日，虽然我国的政治、经济发生了翻天覆地的变化，但是作为一名中国人，"尊老敬老"的传统美德不能丢，而且尊敬不仅表现在口头上，更应体现在实际行动中。作为老年服务从业人员，更要把尊重老年人作为自己开展工作最基本的价值准则。

2. 尊重老年人是建立良好专业关系的基础

在开展老年服务的过程中，老年服务从业人员对老年人的尊重是彼此建立良好专业关系的基础，且贯穿老年服务的各个环节。因为老年人经历了很多，对生活会有自己的看法，他们希望受到尊重，且他们对国家、社会和家庭也做出了贡献，理应受到尊重，有的老年人自尊心很强，如果得不到尊重就很容易受到伤害。然而，事实上，由于他们年事已高，部分生理功能出现了退化，甚至还伴随老年病，与年轻人相比，他们做力所能及的事情也受到了很大的局限。因此很多老年人便心存不甘，不能接受这个事实，认为自己没用了，是别人的累赘，而且社会上也有一部分人会因此对老年人产生歧视，这些因素导致老年人心理落差较大，非常自卑，直接影响到了他们的生活质量，在与人沟通时也会出现抗拒、自我封闭、随意应答等沟通障碍，这也为开展老年服务工作造成了一定的阻碍。

作为一名老年服务从业人员，尊重老年人，就是要为他们创造一种安全、温暖的氛围，使其最大限度地达到放松状态，以便让其在与自己沟通时可以毫无顾虑地进行自我表达与自我探索，要让他们尽可能地感受到尊重和接纳，进而获得一种自我价值感。特别是对那些急需获得尊重、接纳、信任、肯定的老年人来说，尊重具有明显的效果，可以创设良好的沟通环境，促进老年服务工作的顺利开展。

（二）尊重的概念

1. 学者们对"尊重"的界定

伊根曾强调尊重不单是一种态度，不单是对人的一种看法，而是一种价值，换言之，是用行动表达出来的一种态度。

罗杰斯在1957年提出"无条件的尊重"这一理念，并认为"无条件的尊重"是促使服务对象发生建设性改变的一个重要条件。在他看来："尊重是无条件的，就是说这份尊重并不决定于服务对象的行为，因为当我们接纳一个人时，是整体的接纳，不但包括他的长处，连短处也都一起包括在内。"

陶慧芬、李坚评、雷五明等学者认为，第一，尊重首先意味着完整地接纳一个人；第二，意味着一视同仁；第三，意味着以礼待人；第四，意味着信任对方；第五，意味着保护隐私；第六，尊重应以真诚为基础。所谓无条件的积极尊重，是指绝对地、不加以判断地把对方作为一个独特而有价值的人对待和接纳。

由中国社会出版社出版的《社会工作综合能力（中级）》中提出，"尊重"的含义不仅在于对服务对象保持符合社会文化习俗的礼节和称谓，更重要的是要认识到服务对象自身的生命价值和其他基本权利，充分保障他们获得基本的资源和可靠的专业服务的权利，帮助他们解决困难，满足他们生存和发展的需要。对社会工作人员来说，尊重不仅是思想上的一种认知，还是道德上的一种实践。

2. 本书对"尊重"的界定

本书主要围绕老年服务沟通过程中的尊重原则，对象是老年群体，这一群体有其独特性。在开展老年服务的过程中，要求老年服务从业人员在接触并与老年人沟通的过程中保持尊重的态度与方式，尊重老年人表达自己的观点、意见或决定的权利，不把自己的意见或建议强加给老年人。

基于此，本书将对老年人的尊重界定为：尊重是指老年服务从业人员在与老年人沟通和提供服务的过程中，要树立积极的老年服务价值观，把老年人当成独特的个体，认同他们享有自决权和其他基本权利，承认老年人对社会的价值，充分信任老年人，真诚地为其表达自我和展现自我创设良好的条件，进而为建立专业关系奠定基础。

二、老年服务从业人员应如何表达对老年人的尊重

（一）老年服务从业人员尊重老年人的要求

1. 尊重老年人，最低限度是老年服务从业人员不能指责、嘲笑和贬抑老年人

作为老年服务从业人员，首先要能客观地认知老年人的生理、心理与社会性特征，个体在进入老年之后最明显的特征就是"老"，而人的老化首先体现在生理上，这种生理上的老化不仅体现在老年人的外观形态上，如弯腰驼背、手指哆嗦、行动迟缓、皮肤粗糙缺乏弹性、运动障碍等，还反映在他们内部的细胞、组织和器官以及身体各功能系统的变化上，这些系统出现不同程度的功能性退化，进而导致老年病的出现。了解了这些客观存在与老年人身体的变化后，老年服务从业人员就不能因外在特征而嘲笑老年人，不能因功能退化、不再身形矫捷而贬抑老年人。

老年人应被视为有价值的人，他们不仅过去做出了贡献，而且具有老年群体所特有的价值。中国有句俗语"家有一老，如有一宝"，因此老年人要受到尊重。老年服务从业人员不能嘲笑、贬抑老年人。嘲笑与贬抑不仅会极大损害双方的专业关系，不利于双方沟通，而且是对老年人人格的侮辱，甚至会对老年人的心理造成灾难性的影响。

2. 尊重老年人，要向老年人表达对其身体的关注与心灵的关注

老年服务从业人员在与老年人沟通时要学会采用积极的关注和倾听技巧，在实际工作中，有的老年人由于耳聋、反应迟缓，可能不会及时回应老年服务从业人员发出的信号，会存在一定的延时，或会反复让老年服务从业人员重复其讲过的话，这时就需要老年服务从业人员有耐心地解释，静静等候老年人的回应，而不是催促甚至无视老年人的感受，要尊重老年人的表达权，让老年人从内心感受到老年服务从业人员对其的关注。

关注也是表示尊重的一种方式。相反，如果老年服务从业人员在与老年人沟通的过程中东张西望、心不在焉或随意浏览其他东西、不耐烦地打断老年人讲话，都是对老年人不尊重的表现。只有当老年服务从业人员对老年人有兴趣，强烈希望给予老年人关心和帮助，他才可能表现出全神贯注的态度，对老年人的一言一行都细加体会。

积极而热衷的倾听者通常会以一种有兴趣而且情绪高昂的姿态面对并靠近对方，让对方知道"我正很有兴趣地用我所有的感官接收你希望传达给我的信息""我对你的叙述很感兴趣，很乐于继续听下去"。专注的倾听者维持着兴趣盎然的表情，还不时做出一些鼓励的肢体语言（如点头、微笑、竖大拇指等），这种肢体语言表达了对另一个独立个体的关注。

3. 尊重老年人，要表现出对老年人思想、情感、行为的接纳

老年服务从业人员在与老年人沟通的过程中，要学会接纳老年人的思想、情感和行为。有的老年人会出现记忆力变差的情况，总是丢三落四，出门经常忘记带钥匙；有的老

年人做饭时把握不好佐料的量，要么过淡要么过咸，自己虽然觉得还行，但家人接受不了；有的老年人看电视时，会不自觉把电视声音调大，引来家人抱怨，可调小了，老年人自己又听不清；等等。与年轻人相比，老年人总会做出一些让周围人"不可理解"的甚至是可笑的事情。可殊不知，这对于老年人来讲都是正常的表现，老年服务从业人员在与老年人沟通的时候要接纳老年人，主要是指接纳老年人的一切。

许多学者强调并指出，接纳是尊重的先决条件，若没有接纳，就谈不上对老年人的尊重。泰勒认为："接纳主要包含了两个方面，其一是我们愿意承认每一个体在任何一方面都是不同的；其二就是认识到每个人的人生过程都是一个很复杂的奋斗、思想和感受的模式。"

老年人的思想、情感和行为即使有时候是负面的、消极的，但只要在整体上相信老年人的本性是善良的，他们是具有向好的动力与潜能的；而此时此刻所表现出来的不良情感与行为一定是其生活中的种种原因导致的，可能是来自其自身，也可能是来自周围环境，老年服务从业人员是可以接纳老年人的。只有这样，才能把老年人本身与他的具体表现分开，在尊重其作为人的价值的同时，要无条件地接纳其具体表现。

接纳是容忍和理解，即相信老年人的表现有其理由与无可奈何之处。接纳也表现在老年服务从业人员对老年人的非评估性、非审判性和非批评性的态度上。判断是非曲直是审判者的职责，而老年服务从业人员不是法官。老年服务从业人员更像一个医生，关心的是如何救治病人，而不是追查导致病人患病的责任。通过接纳，老年服务从业人员要给老年人提供一个安全的环境，让老年人可以自由地探讨自己的内心世界，表达自我，必要的时候给予一定的建议。

在与老年人沟通的过程中，老年服务从业人员有不同于老年人的看法是常有的事，那么老年服务从业人员是否允许表达这种与老年人不同的意见，如果表达出来是否违背接纳原则呢？学者们在这点上的看法相当一致，认为在老年服务的过程中，老年服务从业人员可以表达不同的意见，但有一个前提，就是必须考虑老年服务从业人员与老年人是否已经建立起较为稳固的专业关系，他们之间的关系强度是否能经得起这样的考验。只有当老年服务从业人员与老年人建立了相当良好的关系，在沟通时探索到某些核心问题时，老年服务从业人员才会采用对质的方法处理老年人的不合理的思想、情感与行为。但是如果老年服务从业人员与老年人刚刚认识，沟通较少，专业关系刚刚建立，还不牢固，老年人对老年服务从业人员还不是非常信任，还存在许多猜忌，这时老年服务从业人员在沟通时要学会多倾听老年人的叙述，而不是过早下结论或质疑他们。

4. 尊重老年人，要表现出对老年人的温暖、关心与喜爱

老年人往往会感觉内心很孤单，有的老年人患有糖尿病且病情严重导致双目失明，常年以收音机为伴，只有在万不得已的情况下，才由家人陪伴出门，情绪非常低落，原先开朗的性格了无踪影，随之而来的是自暴自弃和自我封闭；有的老年人想与子女聊天，可子女总是以工作忙、很累等理由拒绝老年人，老年人只好自己呆呆地坐着，而不再去打扰子女。老年人可能会因各种落差而情绪哀伤。老年人特别需要他人给予自己温暖、关心与喜爱，而不希望让他人感觉自己老了，不中用了，是别人的累赘。

这就要求老年服务从业人员在与老年人的沟通中，要对老年人给予情感上的付出。温暖、关心与喜爱也是表示对他人尊重的方法之一。但温暖、关心与喜爱已经突破了一般性的尊重，是尊重的较高境界。卡科贺夫认为，温暖是表达尊重的重要条件之一。根据罗杰斯的观点可以得出以下结论：在做到无条件接纳时，老年服务从业人员应对老年人有温暖的表现，老年服务从业人员要感受到自己对老年人有温暖的态度。要喜欢老年人、关心老年人并且尊重老年人。盖兹达更是将温暖视为建立专业关系的一个促进因素，他对温暖的界定是：“一个以身体表达共情和尊重的方法，通常是通过不同的方式来传达，如身体手足的姿态、声调、抚摸和面部表情等。"当然，在表达温暖的过程中，要注意在不同文化中非语言表达的特点。例如，东方人与西方人相比，要含蓄内向得多，如果使用西方人习惯的拥抱、抚摸，甚至亲吻等来向老年人表示亲切与关心，往往会导致误解，引起不良后果。这就需要老年服务从业人员要了解老年人的性情、喜好，采用他们熟悉的方式给予其温暖。当彼此建立了较好的专业关系后，也可以采用如拥抱、亲吻等新方式向老年人传递温暖。

温暖、关心与喜爱的表达都需要老年服务从业人员有感情投入。一方面，老年服务从业人员要防止情绪过分投入，以至于干扰了正常的专业关系，而让老年人产生误解等；另一方面，也要认识到温暖、关心与喜爱在帮助老年人感知自己的价值上有重大意义。温暖、关心与喜爱是老年服务从业人员向老年人表示尊重的积极方式，这不仅对老年人建立自信有极大的好处，而且可以使老年人在专业关系中有一种安全感，从而可以积极地面对自己和人生，有助于老年服务从业人员工作的开展。

5. 尊重老年人，要表现在尊重老年人的自决权上，不能随意操纵老年人

老年服务从业人员在与老年人沟通的过程中，要保持尊重的态度，尊重老年人表达的观点、意见或做出的决定，不把自己的意见或建议强加给老年人，要尊重老年人的自决权，自决权是开展老年服务工作的职业操守准则。老年人有自决权，在合理的条件下可以做出对自己有益的决定。在自决的前提下，老年人会获得与选择相关的一系列数据信息，并有机会自由地做出决定。在照顾老年人时，老年服务从业人员应有专业的伦理责任协助老年人行使自决权。如果不能为老年人提供充足的信息而导致老年人的选择机会减少，这也是不尊重老年人自决权的做法。例如，有位89岁的老年人在接受全面髋骨手术后，在所有人反对的情况下坚持要返回家中，因为她不愿意到其他疗养院，认为一旦进入疗养院，便不可能有机会回家。这时老年服务从业人员应尊重这位老年人的自决权，在同意其返回家中后，老年服务从业人员要考虑的问题是如何在居家养老和社区养老的模式下，继续为老年人提供便捷、专业化的上门服务，以保证该老年人的生活质量不会因此受到影响。因为无论老年服务从业人员或家人同意与否，自决都是老年人的权利，都要予以尊重。

这就要求老年服务从业人员要时刻意识到老年人是一个独特的生命，有自己处理问题的方式和权利，要尊重其选择，他们有权利选择是进入养老机构还是居家养老，有权利选择是保守治疗还是手术治疗，等等。操纵与控制都倾向于把老年人视为一个不成熟的、缺乏理性的，需要他人为其做定向选择的人，实际上老年人生活阅历丰富，积累了宝贵的经验财富,他们对于事情的判断往往更具综合性和合理性。

6. 尊重老年人,要表现在尊重老年人的个人隐私上

在大多数社会服务环境中,服务对象被要求公开个人生活最隐私的一些方面。大多数服务对象都会积极保护内心深处的个人信息,对于那些从来没有接触过社会服务部门的老年人来说,老年服务从业人员获取深层次个人信息的做法可能会被认为是无礼的、不合适的。老年服务从业人员进行沟通评估时,询问有关健康、社会交往和财务情况等问题是必不可少的,而这些问题可能会让老年人感到很不舒服。例如,向一个刚认识不久的陌生老年服务从业人员承认自己小便失禁,这对老年人来说可能是无法忍受的;又如,老年人出于对阿尔兹海默病的恐惧,可能否认自己出现相关症状,这些都会导致老年人错失最佳治疗时期,增加健康风险。对于老年人来说,可能最敏感的就是涉及财产的问题。如果一位老年人忌讳询问别人的经济情况,同时也不希望别人打探自己的收入,那么让这样的老年人来向老年服务从业人员谈论金钱问题,就可能是极端困难的。因此,作为老年服务从业人员,在与老年人沟通时,当彼此还未建立良好的专业关系时,要尽量避免谈到老年人最敏感的隐私问题,即使后期彼此已经建立了良好的沟通关系,也要谨慎提问关于隐私的问题,并对老年人的隐私保密,除非涉及老年人的身心健康问题。

在实际生活中,有些老年人的行为让人无法接受。例如,有的老年人乘坐公共交通工具时,如果没有人给其让座,便会不分青红皂白地破口大骂,站在道德的制高点谴责车上的年轻人,认为他上车就一定要有人给其让座,等等。由于这些人的行为直接影响老年服务从业人员对老年人的看法,会让他们很难相信每个老年人都是有善心、通情达理的,因此,老年服务从业人员在自己的主观思想上很难认可并尊重他们,但是,作为一名老年服务从业人员,工作原则要求其必须相信老年人的价值与潜能,理解老年人面临的困难与烦恼。如果不着眼于老年人是一个"怎样的人",而只是着眼于其是一个"人",那么就更容易接纳他们,要学会接纳一个价值观和自己不同,甚至差距很大的老年人,并能与之平等交流,进而对其表示出应有的尊重。

所以,老年服务从业人员对老年人的尊重程度,根本上取决于老年服务从业人员所持的人性观。如果老年服务从业人员对老年人的看法是完全负面和极端悲观的,就会对老年人持排斥和歧视的态度,视他们为社会和家庭的负担,觉得他们老朽、昏庸、无能,那么就根本无法从事老年服务工作。只有从观念上接纳和尊敬老年人,并相信他们有能力改变自己的生活而不是冥顽不化,才会有信心帮助他们改变生活环境,提高他们的生活质量,使他们拥有幸福的晚年。因此,老年服务从业人员在这个最重要的问题上,一定要有坚定而积极的信念,这样才能在开展老年服务工作中,有效地帮助老年人。老年服务从业人员只有相信老年人作为人的价值与自我实现的潜能,才能在与老年人接触的过程中始终尊重他们。老年服务从业人员必须具有积极、正面的人性观,至少要相信人的可塑性和可改变性。老年服务从业人员应该对自己所持的人性观进行反思,以符合开展老年工作的原则。

假如老年服务从业人员能够将自己对老年人最真挚的尊重传达给他们,让他们感到自己是个有价值的人,是个有潜力的自由个体,是有用的人,就会促使老年人的改变。根据

盖兹达的观点，如果老年服务从业人员能够相信老年人是有价值的，同时又能将自己的信任传达给老年人，给予其积极的暗示，老年人便会因此觉得自己是有价值的，会开始重拾信心，克服自己的不足，改正先前错误的看法或行为，这样他们才可以与老年服务从业人员合作，积极地投入，给予有效的反馈，树立生活的信心，配合老年服务从业人员顺利完成各项工作。

（二）老年服务从业人员应掌握衡量尊重的尺度

老年服务从业人员即使掌握了在沟通中如何尊重老年人的理论知识，但在具体的实践操作过程中，由于自身的知识能力、理解能力、反应能力等方面存在差异，就尊重效果而言会因人而异。秦炳杰等学者就如何在人际关系沟通过程中更好地表达"尊重"，衡量"尊重"的程度和效果，划分出五个层次，根据其观点，我们将老年服务从业人员在沟通时应掌握的"尊重"的尺度，划分如下。

第一个层次：老年服务从业人员在与老年人沟通时表现出老年人的感受不值得考虑，不能采取建设性的行动。

第二个层次：老年服务从业人员的回应很机械，在沟通中对老年人的感受和潜能很少表示出尊重。

第三个层次：老年服务从业人员在沟通中表达出对老年人的感受和潜能的尊重，鼓励老年人建设性地处理问题。

第四个层次：老年服务从业人员在沟通中极其尊重和关心老年人的感受和潜能，使老年人能肯定自我，体会到做人的价值。

第五个层次：老年服务从业人员在沟通中表现出对老年人极大的尊重，使老年人能最有建设性地采取行动，最充分地表露自己。例如：

有位吵着要和老伴离婚的爷爷来到老年服务从业人员这里寻求帮助，以下是老年服务从业人员和老年人的部分沟通内容。

老年服务从业人员：听您刚刚讲的，老伴经常指责您，和您吵架，您觉得这段时间日子过得不容易，所以想离婚！

爷爷：是的，我过得不痛快。心里总是平静不下来。

老年服务从业人员：恕我冒昧，您如此坚决地要和老伴离婚，以至于坚决到再不同意就打算搬出去住，这是您对两个人的沟通状态感到束手无策或者说感到厌烦而想到的最简单的解决办法吗？

爷爷：可以这么说。年轻的时候忙工作，说不通，就继续忙工作，这事就过去了。现在我退休了，她还经常指责我，两个人整天在一起，我实在无法忍受了。

老年服务从业人员：看来问题的形成不是一天两天的，但您能找到我，说明从您内心来讲还是想解决问题的，是想和老伴好好过日子的，对吗？

爷爷：是的，毕竟老夫老妻了，真离婚了，也会让子女、邻里笑话。

老年服务从业人员：您和老伴还是有感情的，也很在意他人的想法，那您有尝试过哪些解决办法呢？

……

在这个案例中，老年服务从业人员在与老年人进行沟通时较好地采用了尊重的原则。当得知老年人想要离婚的时候，老年服务从业人员并没有表现出惊讶、不认同等态度，语气也一直很平和，并且能够专注地倾听老年人的讲述，给予积极的回应。这些都会让老年人感觉到老年服务从业人员没有歧视他，而是把他讲的话听进去了，理解他的选择，接纳他的现状，也在帮助他分析问题，彼此之间建立了良好的信任关系，既为下一步让老年人打开心扉畅所欲言做好了铺垫，也为解决问题打好了基础。

任务二 接纳

一、接纳的基本概述

（一）接纳的概念

1. 学者们对接纳的界定

郑轶认为，接纳就是一种用非批判的态度进行沟通的思想和一种处理个人和个人行为之间不同的能力。接纳是社会工作者对待当事人的一种行动原则，包括接纳服务对象的优点、缺点以及与社会工作者不相投的一些特质，接纳服务对象积极的和消极的情绪，建设性和破坏性的态度和行动，保持对当事人天赋人权的尊严和价值的尊重。

翟进、张曙两位学者认为，接纳是指在双方交流与沟通时，社会工作者持有不做任何判断的态度，即不对服务对象本人和服务对象的行为以个人的价值标准做评价和判断，不论服务对象的优缺点、言谈举止，我们都相信他、接受他而不去批评他。这是一种对人尊重的态度。

杜景珍认为，接纳是指社会工作者对服务对象持有一种非评断和非批判的尊重态度，对服务对象显示出信任并尊重其能力和价值，相信他有能力成长和改变。

许莉娅认为，接纳的原则要求承认服务对象有自由表达情感（包括负面情感）的权利，社会工作者应投入地聆听，既不阻止，也不责备。在服务对象过去的生活经验中，这些感受未能充分表达，积压在心头，扭曲了服务对象对自己和他人的看法，因此，社会工作者应有意识地让服务对象表达其内心的感受。

由中国社会出版社出版的《社会工作综合能力（中级）》中提出，在专业服务过程中，社会工作者要从内心"接纳"服务对象，将他们看作是工作过程中的重要伙伴，对服务对象的价值偏好、习惯、信仰等都保持宽容与尊重的态度，绝不因为服务对象的生理、心理、种族（或民族）、性别、年龄、职业、社会地位、信仰等因素对他们有任何歧视，更不能因上述理由而拒绝为服务对象提供社会服务。

2. 本书对接纳的界定

从学者们对"接纳"这个词的界定中，可以看出，接纳要求老年服务从业人员能够不进行主观评断地看待接纳服务对象的一切，包括其积极的和消极的价值观、行为方式、表达方式等存在于服务对象身上的一切既成事实。老年服务从业人员应该相信服务对象目前不合理的行为或所遇到的困难不是其一个人造成的，是有深刻的历史、现实原因的，是可以理解的。接纳可以帮助老年服务从业人员了解最为真实的服务对象，使服务对象产生安全感、温暖感和自由感，进而帮助老年服务从业人员获得服务对象的信任，使服务对象恢复生活上和行为上的信心，激发服务对象重新审视自己，肯定自己的个人价值，从而提高服务的效率。

本书重点是围绕老年服务从业人员在与老年人沟通的过程中遵循接纳的原则而展开的，服务对象是老年群体，区别于儿童、青少年群体，这个群体在生理、心理、社会性等方面都有其自身的特点。结合学者的观点，本书认为，老年服务过程中的接纳是指老年服务从业人员要接受并理解老年人的生理功能退化或病变，心理认知、情感、个性等方面呈现的变化，社会角色、社会地位与家庭角色的转变，要接受由于这些改变而形成的优点或缺点，不对其做出评断，表现出对老年人的尊重，并相信老年人有自我实现的潜能。在老年服务从业人员的帮助下，老年人能提升生活质量。

（二）接纳与赞同的区别

接纳并不等于赞同，赞同是一种价值判断，而接纳是中性的，既不表示同意，也不表示反对。这意味着老年服务从业人员不需要赞同老年人的价值观和行为，而是基于一种对人的价值和信念的尊重，相信他们当前的思想与行为具有复杂的历史和现实原因，并相信其有能力成长和改变。相信老年人难免会因能力不足、判断力不成熟、资源缺乏、机会被剥夺等各种原因而暂时处于问题或困境之中。所以，接纳老年人，不论他们的优缺点如何，言行举止如何，所说的内容是什么，老年服务从业人员都要相信、接纳他们，而不去批判和怀疑他们。

接纳的本质包括非批判的尊重、温暖、关怀、个别化、敏感性，以及成长的期望和了解等。表达接纳最好的方式之一，就是专注倾听服务对象对问题的叙述并试图了解服务对象的处境和感受。尊重与接纳老年人，能够为老年人创造安全、温暖的氛围，使其最大程度地表达自我与探索自我，使其感到自己被尊重、被接纳，从而获得一种自我价值感。要做到尊重与接纳，老年服务从业人员必须尽力站在老年人的角度，用老年人的价值标准理解与衡量其感受、思想及行为。例如：

老年人："我偷偷从银行卡里取了1万元去买按摩保健床，我家里人都不知道。他们一直反对我买，说这是专门欺骗老年人的。可我不这么认为，我觉得那个推销员看上去挺面善的，我年纪这么大了，还能看错人？哼，他们就是怕花钱！再说了，我身体好了，对子女不也好嘛，不用拖累他们。"

老年服务从业人员："您家人不同意您买按摩保健床，可您非常相信推销员讲的话，于是您就偷偷从银行卡里取了钱，打算去买按摩保健床。您认为这也是为子女考虑吗？"

老年人："是的，难道不是这样吗？"

老年服务从业人员："我理解您的初衷。可您对那个产品了解多少呢？"

……

在这个案例中，虽然老年服务从业人员可能事先已经从媒体报道中得知现在有很多不良商家专门盯准老年人，认为他们不仅手里有钱，而且特别在意自己的身体健康，为了健康很舍得花钱，很多人打着"健康"的幌子招摇撞骗。老年服务从业人员虽然不赞同老年人的行为，但在与老年人的沟通中并没有表现出对其的批评，而是用理解的语言与老年人进行沟通，获得老年人的信任，进而为后面帮助老年人行为的改变做好铺垫。

二、接纳的要素

依据康普顿和盖乐威关于接纳要素的界定，在老年服务的沟通过程中，老年服务从业人员的接纳主要包括以下三个基本要素。

（一）了解

其实，每位老年人的行为背后都有其独特的原因和目的，所以老年服务从业人员必须全面、积极地了解老年人，努力理解老年人的现实、经历、价值观、需求和目的，并获得关于老年人的生活及其参考框架的概念。只有了解老年人的行为目的，才能真正了解其所作所为。当然，这种认识与了解并不会评判其行为的对错与好坏。例如：

刘先生退休之前在单位是位大忙人，找他办事的人络绎不绝，经常电话铃声不断，几乎没有闲着的时候，但是自从退休之后，前簇后拥的人没了，偶尔有电话响起，不是广告就是打错了，他心里一下子落空了，没着没落的刘先生把矛头指向自己的老伴，经常无故找茬与老伴吵架，而且经常做一些反常的事，如总认为自来水不干净，天天去超市买矿泉水，脾气变得越来越古怪。刘先生退休前后，简直判若两人，家里人也很苦恼。

这时，老年服务从业人员在与刘先生沟通时就不能仅从其现有的行为表现加以评判，而是要通过沟通了解其现实行为背后的意义，进而帮助其适应角色的转换，顺利完成过渡。

（二）个别化

每位老年人都有其独特的生理特质，包括感受、想法、经验、价值观和处境等。所以，老年服务从业人员在接纳老年人的同时要把他作为一个独特的个体，同时，对老年人个体的假设一定不能建立在关于一个群体、阶级或种族的概化基础上。例如：

一位老年人，老伴去世了生活尚能自理，自退休后一直居住在上海，退休金颇丰，物质生活无忧，唯一的儿子在国外的一家知名企业担任高管，是行业精英，要钱有钱，要地位有地位。周围朋友和邻居也常常称赞老年人生了个好儿子，可是他却一点也不开心，因为一年到头也见不到儿子几面，但老年人对儿子非常理解，支持他的事业。

作为老年服务从业人员就要采用个别化的方式去理解该老年人为什么不开心，在别人看来自己身体好、有退休金、儿子事业有成,可他却还是整日闷闷不乐。原来该老年人是缺乏来自家人的精神慰藉,而不是其他的需求,只有了解了老年人的特殊需求,才能有针对性地帮助其制订服务计划,解决其问题。

(三)信任和期望

老年服务从业人员要相信老年人有自我决定和自我引导的能力,并且能够努力实现已定下的目标和方向。例如:

一位女性老年人,68岁,她的老伴在10年前因病去世,现在3个子女均已结婚生子,成家立业。该老年人此前也一直在帮忙带孙子,或到子女家做一些家务活。近年来,孙子渐渐长大,对她的依赖在减少,她去子女家的次数也在减少,自己的身体越来越差,患多种慢性病,她越发觉得自己是子女的累赘。她看到周围有的老年人找了新的老伴,搭伙过日子,且生活得还不错,于是自己也萌生了这样的想法。

这时,作为老年服务从业人员,在与该老年人沟通时,面对老年人的这种想法,不能妄加非议,而是要耐心聆听老年人的想法,帮助老年人综合分析其可能会面临的来自子女、邻里的反对和非议,让老年人自己做出选择,并告知老年人在其遇到问题的时候,随时都可以找老年服务从业人员。要相信老年人可以并有能力自我决定,并对自己的行为负责,老年服务从业人员要帮助老年人解决其遇到的困难。

三、老年服务从业人员应如何表达对老年人的接纳

(一)老年服务从业人员要明确自身的局限性

要做到接纳并不容易,对于初学者而言,练习之初可以将接纳作为一种工作的方法或技巧。而在实践中,接纳是老年服务从业人员的一种底色,甚至是一种道德操守,只有出于自己真诚的内心,才能算是一种真正的接纳而不是一种技术的应用。为了学习接纳,老年服务从业人员需要了解自己的局限性,因为研究发现,对老年人接纳的障碍常常来自老年服务从业人员自身的局限,这些局限主要包括以下几方面。

1. **知识盲区**

有些老年服务从业人员会对未知的事物产生恐惧,这些负面感觉会阻碍其对老年人的接纳。如在电影《金刚》中,人们不了解这只名为金刚的巨大猩猩,所以对它非常害怕,直到动用军队将它消灭才能安心。老年服务从业人员大都是青年人或中年人,没有经历老年期,不了解老年病对老年人的负面影响,如不能理解为什么有的老年人会无缘无故发脾气,为什么有的老年人会失眠,为什么教老年人很多遍如何使用智能手机,他们就是学不会,等等。老年服务从业人员不了解人在进入老年期后身上所发生的一系列变化,不了解更年期、认知功能障碍等与老年人有关的知识,因此老年服务从业人员要针对老年群体从生理、心理和社会性方面进行全面了解,把握他们的需求,知晓针对这个群体可采取的有效的工作方法等。很多老年服务从业人员在实践工作中不能很好地开展工作,就是因为对

这个群体不了解，如果这时要求他们接纳老年人，就会很困难。

2. 自身经验

老年服务从业人员自身的成长经验也会影响对老年人的接纳程度，例如一位老年服务从业人员，小的时候经常无缘无故遭到一位有认知障碍的老年人的追打，常常被吓哭，所以不敢一个人出门，直到这位老年人去世后，她才解开心结，敢一个人出门、逛街了。后来，她到养老机构上班后，所照顾的老年人也是一位有轻度认知障碍的老年人，这时，她儿时的记忆经常浮现在脑海中，因此在与这位老年人沟通的过程中总会受此影响，从而降低对这位老年人的接纳程度。

3. 不能接纳自己

老年服务从业人员对自己的接纳程度有时也会影响对老年人的接纳程度。例如有的老年服务从业人员一直对自己的身材非常不满，有的不喜欢自己少言寡语的性格，那当他们遇到因为肥胖而身患疾病，需要他人照顾的老年人时，或遇到的老年人不善于与人沟通时，如无论自己怎么努力与之沟通，对方给予的就是"嗯""不知道""行"这些简单的应答，而没有给予有效的回应，他们又该如何去理解、接纳老年人呢？因此，老年服务从业人员首先要能充分地认识、了解、接纳自己，这样才能更好地接纳所服务的老年人。

4. 偏见与成见

每个人在成长的过程中都会对社会中的人、事、物形成特有的看法与想法，这些看法和想法能帮助我们处理日常生活中的问题，但有时这些想法未必是客观正确的，这就是偏见与成见。在中国的传统价值观里，"老年人"常常会与"衰老""负担""死亡"之类的字眼联系在一起。因此，如果当老年人的想法与老年服务从业人员有较大差异时，老年服务从业人员会因自己的偏见或某些刻板的印象评判老年人，阻碍与老年人建立信任的专业关系。例如，老年人有一件已经穿了10年的外套，这件外套几乎被洗褪色了，且还有补丁，每个月子女都会给老年人生活费，并说过很多次让老年人别要这件外套了，可老年人就是舍不得扔，还经常穿着，老年服务从业人员会觉得这个老年人真的是太抠门了，那么有钱，难道买不起一件新衣服吗？其实，这就是老年服务从业人员自己存在偏见，认为老年人是守财奴，只有抠门的人才舍不得换新衣服，殊不知这件衣服对老年人的意义。因此，老年服务从业人员在学习与工作中，要努力扩充自己的知识面，并时刻提醒自己在与老年人沟通时不要受自身偏见与成见的影响，而是努力做到价值中立，接纳老年人的异常表现。

（二）对老年服务从业人员做到接纳的要求

作为一名老年服务从业人员，尤其是初学者，往往会感到困惑，如果对老年人什么事情都接纳，那不就没有原则了吗？难道对他们不好的行为甚至是触犯了法律的行为也要接纳吗？对于老年服务从业人员来说，就没有好与坏的标准吗？这个时候，我们有必要再次明确接纳的内涵是"接受事实"或"承认那是真的"，接纳不等同于"认同"或"赞同"。接纳不是接纳老年人的偏差态度和行为，不是接纳"不好的"，而是接纳已经发生的事实。对于一个由于身患癌症，性情大变的老年人，在家里常常对家人大发雷霆，导致家庭矛盾重重，接纳的回应是："我相信你发脾气、愤怒是有原因的，但这种大吼大叫的方式真的帮助你解决问题了吗？也许我们可以讨论一下当你自己内心感到苦闷的时候我们还有哪些选择"，而不应给予的回应是："你真的很牛，大家都怕你……"

老年服务从业人员在践行接纳原则时，切记不要批评或谴责老年人本人或其行为，尤其在处理老年人与其家人或朋友相处的问题时更要注意。因为批判的态度只会使老年人运用防御机制，抗拒与老年服务从业人员的合作，从而阻碍问题的解决。较有效的工作方法是接纳老年人，对他所做的一切给予正面的反应。例如，当婆婆不断责骂儿媳妇万般不好时，老年服务从业人员应耐心地说："看来您的儿媳妇确实令您烦躁不安，但是一直埋怨下去也不能解决您的愤懑，不如讲讲您希望她如何照顾您。"只有等老年人将期望具体说出来，才能找到真正其排斥儿媳妇的原因。很多时候，对老年人照顾不周只是表面现象，极可能是老年人对这段婚姻不满，或不满儿媳妇唆使儿子婚后迁出祖居的行为。

老年服务从业人员在与老年人进行沟通时，在开展服务的过程中，要想做到接纳，应注意以下几点。

1. 绝对接纳老年人

在老年服务沟通过程中，不论老年人的种族、年龄、性别、职业、身份、社会地位、文化程度、身体状况、经济状况、人格特征、心理特质等是什么，老年服务从业人员都要把每位老年人视作平等的人，视为有价值的、独特的人，没有任何理由轻视对方。老年服务从业人员不仅要具备这样的认知，在情感表达和行为举止上更应充分地体现出来，要做到绝对接纳老年人。

2. 完整地接纳老年人

完整接纳，一是把老年人的几个方面作为一个独特整体的组成部分全面接纳，并不仅仅接受其光明的一面和长处而拒绝其阴暗的一面和短处；二是指老年服务从业人员不能依据自身的价值观和习惯爱好对老年人的信息予以接纳和排斥。因为在老年服务过程中，老年服务从业人员很容易有取舍地接纳老年人，如对老年人自身积极的方面或自身价值观相吻合的内容表现出理解和接纳，而对其他方面却不自觉地表示不理解，甚至厌恶、反感。完整地接纳老年人，并不意味着要求老年服务从业人员统一、迎合、赞成老年人的一切行为，只是需要老年服务从业人员承认存在的事实并如实地接受这些事实。

例如，对于老年人的强制他人让座等问题，虽然不可理解，甚至可能是反对的，但它既然出现在老年人身上，老年服务从业人员就应该正视它、承认它、接受它，至于在帮助劝导过程中指导老年人合理认知、正确处理这些问题则是另外一回事。否则，这也不能算是真正接纳老年人。

3. 充分信任老年人

老年服务从业人员必须确立"老年人是一个有价值的人"的信念。有价值的人和其个别行为的价值是两回事，即有价值的人完全可能发生愚蠢的行为。信任老年人就意味着不因为某个（些）行为价值而对其作为人的价值产生怀疑，甚至否定。信任老年人，也意味着老年服务从业人员坚信老年人具有自我发展和自我完善的潜力，只要为其提供必要的条件和帮助，有的老年人完全有能力解决现在的问题，获得充分的发展。因此，老年服务从业人员也能对老年人充满信心，同时，在整个老年沟通与服务过程中始终与老年人平等相处，既不代替老年人做决定，更不代替老年人解决问题，而是设法充分调动老年人自身的力量，让其自己去改变现状，获得发展。

此外，信任老年人还意味着老年服务从业人员相信其在反映自身问题时所抱有的态度。有时候，老年人在反映自身问题时有顾虑或出现矛盾，没有说出真实情况，对此老年服务从业人员应给予充分的理解。其原因是老年人对老年服务从业人员还缺乏信任感，或者是对自身的真实问题并不了解，等等。对此，老年服务从业人员不能视之为老年人不诚实，而应通过建立积极的沟通关系，有效地引导他们，以便澄清、解决问题。老年服务从业人员只有充分地信任，才能换取老年人对这份信任的回报，配合老年服务从业人员有效解决问题。

4. 尽量关爱老年人

接纳意味着关爱，接纳需要通过关爱来体现。关爱老年人，就是要对老年人拥有无私的爱心、热情、耐心、细心和礼貌相待，维护老年人的权益，保护老年人的自尊和隐私，为老年人排忧解难、出谋划策、尽心尽力，以老年人为中心，提供审慎、积极有效的沟通服务。老年服务从业人员因自身因素而不能为老年人提供很好的服务，而需要将老年人介绍给能为其提供实质性帮助的老年服务从业人员时，这也是在关爱老年人，是从老年人自身的处境出发，是为其着想。

老年服务从业人员在与老年人接触之初，老年人可能会将个人性格弱点或行为习惯投射到老年服务从业人员身上，表现出敌意的怀疑、公然的或隐藏的愤怒，或者出现退缩或自我隔离的反应。对此，老年服务从业人员必须意识到自己作为助人者的角色定位，接纳老年人的感受与行为，并试着寻找老年人行为背后的深层原因。接纳不是自然发生的，而是基于老年服务从业人员的价值理念，相信每位老年人都有内在的价值和尊严，因此，无论一个人过去、现在的生活方式和行为如何，都应该得到尊重，根据系统理论，个人之所以出现问题，是各种复杂的环境系统互动的结果，并非老年人一人之过。老年人问题的发生，常常与其资源的缺乏、机会的剥夺以及基本需求未能满足有关，所以，老年服务从业人员接纳的是事实，即接纳老年人，无论他是怎样一个人，都要接受他，而不要批评和怀疑他。

另外，从干预的角度讲，处于求助阶段的老年人一般比较缺乏自信，自卑情绪比较严重，有些非自愿的老年人，本来就可能因为自己的行为遭到批评、嘲讽甚至侮辱，对老年服务从业人员持有一种抵触或怀疑的态度，如果老年服务从业人员对他表现出批评或轻视等态度，只能更加强化他的抵触防御心理，这显然不利于实现改变的目的。相反，对老年人非评断的接纳和尊重，能给老年人以安全、温暖和被尊重感，不仅可以获得老年人的信任，而且可以协助老年人获得生活和行为上的信心，有助于老年人肯定自己的价值，进而进行有效的自我协助。

老年服务从业人员可以创造一种自由的气氛，使老年人畅所欲言，坦诚地披露个人的观点。这种气氛，对开展老年服务沟通工作是十分有益的。通常，老年人求助的时候，当他叙述自身的遭遇和问题时，可能表现出压抑、愤怒、怨恨、自卑等情绪，老年服务从业人员的接纳态度，有助于老年人放下思想包袱，不再掩饰自己，逐渐放弃防御心理，有利于工作者更深入地了解情况，更有针对性地开展工作。因此，老年服务从业人员应当允许老年人充分地表达内心的感受，包括各种不良的感受，带着耐心和同情心去倾听老年人的叙述，不但不应阻止或干扰老年人叙述内心感受，而且必要时要给予鼓励。老年服务从业人员在倾听过程中随时表现出接纳的态度，会使老年人感觉受到尊重，从而接纳自我，经过一番自我反省和探索之后，能够重新培养信心去处理问题。

任务三 共情

一、共情的基本概述

（一）共情的概念

1. 学者们对共情的界定

"共情"（Empathy）一词，中文有多种译法，如同感、同理心、投情等，此字源于德文 Einful-ung，意思是"感受进去"（Feeling into）。

罗杰斯对共情的定义十分清楚，他认为共情是一种进入另一个人的情感和经验世界的能力——知道另一个人感觉着什么、体验着什么——又不失去过程中的自我，也就是说共情是对服务对象的内心世界有准确甚至如同亲身体验的了解，要感受服务对象的内心世界如感受自己的一样。

基斯·卢卡斯认为，共情是理解他人对环境的感受，从内心深处体验服务对象那种不安和绝望的感情。

布洛克尔强调了社会工作者的共情对服务对象自我认识的作用。他认为社会工作者需要把共情传达给服务对象，这种共情的了解与传达，会促使服务对象对自己做出更实际透彻的探讨，从而增加其自我认识，达到更大的自觉。

齐隆鲲认为，共情是指咨询者试着将自己融入当事人的感觉世界中，设身处地地从当事人的立场体会当事人所察觉及未曾察觉到的经验，并将此种了解用咨询者自己的词汇反映给当事人，使之了解咨询者已经知道其感受与经验，同时，也促使当事人进行更深入的自我探讨，以达到自我了解的目的。

张雄认为，共情是指社会工作者能够体会服务对象的感受，也能够敏锐地、正确地了解这些感受所代表的意义，并且能够把这种了解传达给服务对象。所以共情包括两个方面：一是体悟；二是体悟的传达。当然，首先必须有体悟，然后才谈得上体悟的传达，但仅能够体悟，并不表示能传达体悟，传达体悟本身需要一些特殊的技巧。

杜景珍认为，共情是指社会工作者站在服务对象的立场上，以服务对象的角度看待事物，感觉世界，从而对服务对象的情感和体验有一种感同身受的了解，并有效地将这种了解传达给对方。

刘静林认为，同情是指老年人经历过许多人生故事，有的很精彩，有的可能比较痛苦，作为老年服务从业人员，必须对老年人心理感受比较强烈的事情表示出同感，让老年人感受到老年服务从业人员与自己的心灵相通。

由中国社会出版社出版的《社会工作综合能力（中级）》中提出，共情是指社会工作者设身处地体会服务对象的内心感受，理解服务对象的想法和要求，是个案会谈中的一种支持性技巧。

2. 本书对共情的界定

本书探讨的是老年服务从业人员在从事老年服务沟通工作时所应遵循的原则，对象是老年群体，共情是老年服务从业人员在与老年人个体沟通时，所应掌握的一种沟通原则，共情技术的运用可以帮助老年服务从业人员更深层次地理解老年人认知、行为背后的意义，进而采取积极有效的方式，以帮助老年人及时解决问题。

根据学者们对共情的理解，结合老年人这个特殊的沟通对象，本书将共情界定为：共情是老年服务从业人员站在老年人的角度，客观地深层次理解老年人的言谈举止，了解其背后的思想和感受，并且把这种理解反馈给他们，不断激发老年人进行自我发现、自我探索，与他们相互传递信息，进而深入了解老年人的一种支持性沟通技巧。

（二）共情与其他概念的区别

1. 共情与同情的区别

共情是有别于同情的。同情是在感情上过分投入与认同，双方完全包容在情绪中，又包含着怜悯的意味。这两点都会损坏社会工作者与服务对象之间的专业关系。共情源于这样一种假设：在那种情况下，你的感受和我一样，所以我了解你那种感受。所以，同情是一个人对他人问题主观经验的投射，会阻碍他的思考和感受，使其完全沉浸在自己发生类似事情时的感受中。在同情的态度中，社会工作者与服务对象的地位是不平等的，社会工作者只有处于一种优越的地位才有"资格"去同情别人。

共情是把自己放在对方的感觉和内在参考架构之中，同时又能保持客观性。由于共情具有其客观性，社会工作者只能进入服务对象内，在知觉世界中去体会和了解其感受和思维，不会失去自我，并且随时可以从服务对象的感受和思维中跳出来。共情要求社会工作者全神贯注地投入服务对象的内心世界，与他一同感觉身处的情况，分享他的"主观世界"，同时必须保持自己的独立性，坚守自己助人者的角色。如果在感情上过分投入，把服务对象的问题当成自己的困扰，就无法协助服务对象了解他的问题所在。在共情中包含着对服务对象的尊重，所以社会工作者与服务对象的地位是平等的。

我们急需培养共情，但绝对不要有同情出现。有些人认为处于问题困扰中的共情需要同情，其实不然，因为当服务对象需要别人帮助时，通常有一段时期自我形象会偏低，而且常常会过分敏感，害怕别人轻视自己，所以同情对专业关系的形成是有损的。尤其当服务对象是老年人时。老年人是社会的弱势群体，他们由于生理机能退化，资源缺乏，而呈现出疾病缠身、经济匮乏、精神空虚的状态，这些状态很容易让老年服务从业人员对他们产生同情和怜悯，所以作为老年服务从业人员一定要准确运用共情，不要感情用事，以达到良好的沟通效果。

　　2. 共情与一般了解的区别

　　帕森斯认为，共情不同于一般了解，一般了解是人们对一些事物的主观认识，至于共情则并不只是对服务对象有一定认识，而是能体会到其感受与思想，了解其如何看自己、看周围的世界。帕森斯强调，共情不从客观或外在的参照标准来看事物，而是社会工作者放下自己的参照标准，设身处地地从服务对象的参照标准来看事物。

　　在一般了解中，只要勾勒出事件的轮廓就可以了，而共情则必须体会到服务对象的感受、体察他的思想。换句话说，一般了解只需站在客观的立场上，保持中立的态度，而共情则必须站在服务对象的立场上，与服务对象达到一定程度的感情共鸣。共情还需要了解服务对象感受背后的意义，也就是为什么服务对象会有这样的感受，这样才能完整地探索服务对象的内心世界。

　　这就要求老年服务从业人员在与老年人沟通时，不要仅仅看到老年人的表象，而且要深层次理解老年人为什么会这样。例如，老年人和老年服务从业人员沟通时表达了子女工作忙，让其转告子女就不要去看望他了。采用一般了解的方式，我们会认为老年人还挺通情达理的；但如果是共情，就需要进一步与老年人沟通，深入了解老年人不愿意让子女看望有没有其他的原因，会不会是通过这样的方式来表达对子女的不满等，这时就需要老年服务从业人员采用共情的技巧去了解老年人的真实想法，以便为下一步的服务提供科学依据。

二、老年服务从业人员运用共情的重要性

　　强调共情，是因为人们认识到客观世界在每个人的主观世界中的反映是不同的，所以同样的事件会引起人们不同的情绪、感受与反应。例如，有的老年人可能会因为入住养老机构而情绪低落，认为是被子女抛弃了，自己无法照顾自己了，可有的老年人却可能因为入住养老机构而开心不已，因为省去了每日买菜做饭做家务的烦恼，还有专门的人为其进行健康检查，有同龄人可以聊天。于是同一件事，引起的情绪与反应是不同的。共情的出发点必须是老年人的感受，也就是老年人看事物的眼光。不管这种看待事物的眼光是积极的还是消极的，正确的还是错误的，对老年人来说都是实实在在的，这就是他们眼中的世界，就是他们真真切切感受到的。所以，了解老年人的感受是进入老年人内心世界的必要步骤。学会并能正确地使用共情，对老年服务从业人员来说是必需的，共情在老年服务沟通中具有重要的意义。

　　首先，共情是建立良好专业关系的前提之一。共情使老年人意识到自己被理解、被接

纳,从而感到满足、愉快,增进双方情感,产生遇到知己的温暖感、亲近感、信任感,因而有助于良好专业关系的建立。如果老年服务从业人员与老年人没有建立良好的专业关系,老年服务从业人员与老年人沟通时是面无表情的,语言是冷冰冰的,那么不仅得不到老年人的信任,甚至会招来老年人的反感,进而影响服务品质。老年人经历过许多人生故事,有的很精彩,有的可能比较痛苦,作为老年服务从业人员,必须对老年人的心理感受表示共情,这会让老年人感受到其与自己的心灵相通。

其次,共情有助于双方沟通,使老年服务从业人员更准确、全面地掌握老年人的情况。共情是对老年人问题的准确反应,这种能力不仅是掌握老年人问题所需要的,而且能促使老年人更深入地探索自己、表达自己——老年人意识到自己的表达正在被理解和接纳便会增强其继续表达的兴趣和勇气,而高层次共情能激励和引导老年人对尚未感知和隐喻表达的部分进行探索。只有这样,老年服务从业人员才能全面准确地掌握相关情况。

最后,共情有助于协助老年人进行自我表达、自我探索和自我了解,达到治疗的效果。共情为老年人提供了倾诉的机会,从而使积压的能量得以释放,大大缓解紧张情绪。共情使其意识到有共鸣、被理解,有助于消除孤独感,增强力量感,促使老年人自我接纳。通过反映或道出老年人此时此刻的内心感受,尤其是那些他极力想避开、不敢承认的感受,如恼怒、嫉妒等,老年人会感到老年服务从业人员很了解他,从而有一种舒畅和满足感,而这种感受会促使他继续自我剖析,从而使他表达一些较为隐晦的感受和未清楚意识到的情绪,把感受的领域扩展。老年服务从业人员在与老年人沟通的过程中,也要思考老年人面临的问题是实质性的,还是只需要倾诉和发泄。一位老年人和老年服务从业人员诉说老伴的缺点,从年轻时期一直讲到老伴去世,其实该老年人是希望能找个人倾诉,需要别人的聆听,因为老伴已经去世,两人之间的矛盾已无从化解,但她需要找个人听听她的委屈,并能理解她,因此,宣泄和共情对她来讲就是一种治疗手段,可以疗愈内心。

三、老年服务从业人员如何在与老年人的沟通中达到共情

(一)对老年服务从业人员的要求

共情是一种过程、态度、能力等,而并非纯粹是一种技巧,老年服务从业人员只有通过对老年人的尊重,才能尝试进入老年人的内心世界。一个具有共情能力的人,不会让对方觉得自己不应该这样或那样,会允许对方有自己的想法和感觉,同时又试图去了解对方。恰当的共情不仅有助于专业关系的建立,而且能帮助老年人释放被压抑的情绪,增进其自我了解和解决问题的能力。处于问题情境的老年人,其内心充满了冲突和矛盾,如果老年服务从业人员能以温暖的态度、专注的倾听、非批判的理念使其感受到被充分接纳,并在此基础上对其表现做出恰当反应,就能使老年人感到安全和自信,从而有助于专业关系的形成和发展。如果老年服务从业人员有意愿了解老年人,但无法表现出对老年人情绪和感受的真正了解,可能会使老年人怀疑其能力和协助意愿,从而逐渐失去对老年服务从

业人员的信任。

为了达到共情，老年服务从业人员首先要放下自己的参照标准，设身处地地以老年人的参照标准来看待事物，将自己放在老年人的地位和处境中尝试感受其喜怒哀乐，经历其所面对的压力，并体会其做决定和采取行动的原因，但要真正做到共情并不容易，因为我们习惯了主观地看事物，往往以自己的经验和感受来做判断，以至于无法与老年人达成共情，无法接纳老年人的看法和立场。老年服务从业人员和老年人之间较大的差异是达成共情的阻碍，彼此在性别、年龄、宗教、社会经济地位、教育水平与文化上的差异都会阻碍共情的发生。例如，一位老年服务从业人员是在奶奶的唠叨下长大的，当她面对长时间倾诉自身经历的老年人时，可能就会想起自己小时候的经历和感受，从而无法对老年人产生共情，她无法耐心倾听老年人的叙述，无法做到体悟。因此，作为专业助人者的老年服务从业人员，必须不断反省，澄清自己的内心感受，认识到自己的局限，以达到相当程度的自我了解与自我控制。

老年服务从业人员在实际工作中对共情的学习与掌握受两个因素的影响：一是老年人固有的对困难的理解模式，二是运用沟通符号，如语言、姿势及报告表达他人感受的能力。真正做到共情，依赖于老年服务从业人员的敏感和直觉，以及将老年人的各种情况有效地融合在一起的能力和助人知识与经验的积累。为了达成共情，老年服务从业人员必须摒弃偏见。当老年服务从业人员发现自己无法控制偏见，可能妨碍提供专业服务时，应该及时回避，更换其他老年服务从业人员继续提供服务。

能否达成共情与老年服务从业人员的人格有很大的关系。老年服务从业人员必须是一个心理健康、人格完善的人，他在生活中不会因惧怕而逃避，他有较强的自信心，敢于接受生活的挑战并不断成长。总之，老年服务从业人员首先必须是一个对自己的人生感到满足的人，这样才能真正关心他人，与他人达成共情。老年服务从业人员有时是靠内在人格力量促使老年人发生改变的。因此，老年服务从业人员在日常生活中也要以共情的原则与人交往。共情是一种普遍有效的人际交往的原则，一个在日常生活中经常对人做出主观批判与责难的人，在与老年人的沟通中是不会很好地与老年人产生共情的。因此，老年服务从业人员有必要在日常与人交往中，实践共情原则，这为老年服务从业人员共情能力的提升提供了练习机会，便于其在工作中更好地做到共情。

（二）共情的技巧

共情包含两个方面：一是体悟；二是体悟的传达。当然首先必须有体悟，然后才谈得上体悟的传达，但能够体悟，并不表示能传达体悟，传达体悟需要一些特殊的技巧。要求老年服务从业人员能够从老年人的语言与非语言沟通中推断出其内心的感受、信念和态度。共情强调的是对语言背后所隐藏的信息的把握，即从老年人说话中体悟到语言背后所包含的意义。在老年服务沟通中如果缺乏共情的运用，就很难达成助人的目标，进而影响专业关系，主要体现在：当老年人觉得老年服务从业人员不了解自己时，就会觉得老年服务从业人员不关心自己，就会感到失望，这样自我表达的欲望就会减弱甚至消失；老年服务从业人员没有共情，大多是因为没有放下主观的看法，这样就容易评判老年人，使老年人反感和受伤害；老年服务从业人员不能充分了解老年人时，会做出不恰当的回应，这会影响对老年人后续服务方案的制定；甚至当老年人觉得老年服务从业人员对其没有正确的了解时，很可能会终止与老年服务从业人员的专业关系。

因此，老年服务从业人员在表达共情时不仅要正确地了解老年人的内在经验与感受，而且必须运用口头语言与肢体语言表达出来。依据舒尔曼的观点，人们将在与老年人沟通中要达到共情所涉及的技巧分成三个部分。

第一部分是用心感受老年人的感受：老年服务从业人员要能"设身处地"，站在老年人的角度，理解老年人的所作所为、所思所想，尽其所能地接近老年人的经验。

第二部分是对老年人的感受表示理解：老年服务从业人员在与老年人的沟通中，如果发现引发质疑的内容，要暂时放下所有的怀疑或类似的反应，用语言、手势、表情、身体姿态或肢体接触来表示对老年人所表达情感的理解。

第三部分是将老年人的感受转化为语言：当老年人不能表达某种感受时，这就显得尤为重要，因为他们没有完全理解这种情感或老年人不知道有这样的感受对不对，应不应该和老年服务从业人员分享。

老年服务从业人员要能借助老年人的言谈举止，深入其内心去体验他的情感思维，并借助知识经验，把握老年人的体验与其经历和人格间的关系，以便更好地理解问题的实质，并叙述给老年人，以影响老年人并取得反馈。为了达到准确的共情，老年服务从业人员应引导老年人把某些过分抽象的表述具体化。例如，老年人对老年服务从业人员说："我真感到晴天霹雳似的。"对于这样抽象的表述，老年服务从业人员往往很难形成共情，所以必须要引导老年人对"晴天霹雳"做出详细、具体的描述，即要求老年人具体地说出这些词语背后的感受。这种进一步的阐述有利于老年人对自己的感受有更清晰的了解，而对老年服务从业人员来说，经过这一步骤，达到正确的共情就比较容易了。

同时，老年服务从业人员不能肯定自己的了解是否正确，是否达到真正的共情时，可以用尝试性、探索性的语气来表达，征询老年人的意见并做出修正。依据罗杰斯的观点，为了保证共情正确，老年服务从业人员在与老年人的沟通过程中有必要询问老年人自己所理解的问题是否正确，并做出调整。

（三）共情的层次

在开展老年服务时，共情是老年服务从业人员对老年人的一种"感同身受"和投入理解。一方面，老年服务从业人员站在老年人的立场上，从老年人内在参照体系出发，去感受、理解老年人表达和尚未表达、感知和尚未感知的内容和情感。在这里，设身处地，以老年人的感知出发而放弃自己的立场、思维方式、价值观是共情的前提。共情不仅要对老年人自身已觉察和表达的经验有所反应，还应进一步对其未觉察或表达的经验做出反应，这样才能深刻理解老年人，才能通过反馈帮助老年人更深入地了解自我，更准确地反映自我。共情不仅要能准确复述老年人的内容，而且应将其情感以及情感的程度准确地反映出来。另一方面，老年服务从业人员不仅要感知、理解老年人的思维和情感，还需要用自己的语言和非语言方式（如表情、动作等）准确地表达出来并反馈给老年人。这样才能使老年人意识到老年服务从业人员已了解、认识自己，意识到老年服务从业人员与自己产生了共鸣。

在实际老年服务中，共情存在程度的差异，共情的程度反映了共情的质量。共情有高低层次之分。低层次的共情仅仅表明老年服务从业人员只是进入了老年人浅层的内心世界，并对老年人的感觉与理解进行了一定的表达。而高层次的共情则是在良好的专业关系基础上，老年服务从业人员尝试运用专业的力量去影响老年人，引导老年人从更客观的角度看待自己的问题，同时能够察觉出潜在的、隐含的部分并对此进行有效沟通。

依据学者们在社会工作和心理咨询过程中的经验，可以将共情的程度划分为五个层次。

第一层次：老年服务从业人员的反应与老年人的感受无关，好像根本没有留意老年人所说的话，其回应只是以自己对问题的理解为主，而不是以老年人内在经验为主。这时，老年人会感到困惑而出现防御性行为，阻碍专业关系的建立。

例如，在沟通中，老年人迷茫甚至消沉时，老年服务从业人员说："只要你照我说的去做，我想你一定会成功的。"这种回应看似是老年服务从业人员给予老年人建议，其实做出的反应和老年人的感受无关，不是以老年人的内在体验为主。

第二层次：老年服务从业人员的回应虽然在内容上和老年人所说的一致，但只能反映老年人表面或部分感受。由于了解得不够全面，老年服务从业人员可能会以不恰当的修饰词来形容老年人的感受，如可能、好像、有点等。虽然该层次的同理反应仅反映了老年人的部分感受，但也传达了老年服务从业人员了解的意愿，因此，不会完全阻碍与老年人的沟通或影响问题的解决。

例如，在沟通中，如果老年服务从业人员说："我知道你内心很乱，但你应该多点耐心。"这里老年服务从业人员用"乱"来形容老年人此刻的情绪，但比较模糊，若能找出像"焦急""生气""烦恼"等更具体的形容词，就可以更准确地反映老年人的内在体验。

第三层次：老年服务从业人员能够正确反映老年人陈述的事实内容，掌握老年人信息中的表面感受，但并不能对老年人隐藏于语言背后的感受做出反应。这虽有不足之处，但可以产生治疗功能。

例如，在沟通中，老年服务从业人员说："你对最低保障金申请进度较慢好像很生气，而且对能否拿到钱也表示怀疑。""我看得出来，你觉得很失望，甚至反问自己，儿子真的可以回到你身边吗？"在这两个例子中，老年服务从业人员都能正确反映服务对象所陈述的事实和表达的感受，但仅限于老年人表达的范围，没能揭示隐藏在老年人语言背后的感受和含义。

第四层次：老年服务从业人员反映了老年人陈述中细微或隐藏的信息，将隐藏于语言背后的感受表达出来，使老年人了解内在更深的情绪，促进其自我觉察，但并没有探究行为的目的和意义。

例如，在沟通中，老年服务从业人员说："你对最低保障金的申请没有进展感到懊恼，你也开始怀疑是否要和我这个年轻的老年服务从业人员继续合作。"这个回应不仅表达了老年人目前的情绪，而且指出了老年人内心深处对老年服务从业人员能力的怀疑。正确反映老年人陈述中隐藏的情绪和内容，可以使老年人觉察到内在体验。

第五层次：老年服务从业人员能够反映老年人每个细微的情绪，并且随着老年人的情绪变化，使用恰当的表达方式，把对老年人外在和内在反应的了解，在正确的时机传达给老年人。与此同时，老年服务从业人员将老年人的情绪与表达内容结合起来，指出老年人隐含的行为模式、主题和目的等，可以明确老年人努力的方向。

例如，在沟通中，老年服务从业人员说："你现在还没有找到解决婆媳紧张问题的办法，让你觉得很受挫折，从你的谈话中，我觉得你好像不太确定是否我们还要继续努力，甚至对我们有些失望，我希望你能相信，我们会尽全力帮助你，而且只要你努力是有可能成功的。"在这个回应中，老年服务从业人员反映出老年人每个细微的情绪，还为老年人解决问题指明了方向。

（四）共情的结构

要做到第三或以上层次的共情，老年服务从业人员必须能够了解共情的结构，以便准确地把老年人陈述的内容和感受表达出来。共情的一般结构如下。

你觉得_____ 关于_____
　　（老年人真实的感受）　　　　或
　　　　　　　　　　　　　　　因为_____
　　　　　　　　　　　　　　　　　（老年人指明的情境或事件）

在共情的表达过程中，有些老年服务从业人员习惯用刻板、有限的谈话方式作为开始，而且不断地重复使用。例如"你觉得""我听到你说"等，这不仅让老年人觉得机械、无趣，而且让人觉得虚伪或冷漠。要对老年人表达互动、自然的共情，可以参考以下起始语，如"你看起来有点……""我很担心，如果我错了，请告诉我，但是我觉得……""如果我没听错的话，你说……""你的意思是不是……""当你想出这件事你就觉得……""可以，以你的立场而言……""你或许觉得……"

共情技巧是老年服务从业人员与老年人沟通过程中需要普遍运用的技巧之一。它不仅在沟通初期有助于和老年人建立良好的互动关系，而且在以后的服务过程中有利于维持和老年人的心灵接触，在老年人遇到障碍时，运用共情，可以及时疏导老年人的负面情绪，引发老年人的深入思考。当然，老年服务从业人员有时会担心自己能否每次都正确地反映老年人的感受，担心因此而伤害到老年人。事实上，在共情过程中，更为重要的是老年服务从业人员表现出了解老年人感受的真诚努力，即使有些时候的反应不够正确，但老年服务从业人员开放、非防御性以及真诚地理解老年人的态度同样有助于服务进程，而不会产生负面影响。

项目七　老年服务中的语言沟通技巧

【知识目标】

◇ 认识语言沟通在老年服务过程中的重要性，了解语言修养的相关知识。
◇ 理解倾听与表达、赞美与批评、说服与拒绝六种沟通技巧的使用原则。
◇ 掌握老年服务工作过程中语言沟通技巧的使用策略。

【能力目标】

◇ 能够结合老年服务工作的实际，准确把握沟通过程中老年人的心理需求。
◇ 能够在老年服务工作过程中灵活、恰当地运用沟通技巧，改善沟通效果。

【素质目标】

◇ 结合理论知识，反思与老年人沟通的实际经历，明确自身与老年人沟通过程中的优势与不足，并有意识地加强学习。
◇ 与小组成员分享学习经验，以团队协作的形式巩固老年沟通的相关知识和技能。
◇ 在老年服务工作过程中，充分尊重、理解老年人，乐于与老年人沟通并善于运用技巧满足老年人的沟通需求。

老年服务礼仪与沟通技巧

任务一 语言修养

一、语言修养的概述

（一）语言及语言的作用

语言是人类进行思维和传递信息最重要的交际工具，是以语音为物质外壳，以语义为意义内容，音义结合的词汇建筑材料和语法组织规律的体系。狭义的语言包括口头语言、书面语言和内心语言三类，以词和句为基本单位。广义的语言还包括体态语言，关于体态语言本书项目八中会有专门论述，本任务不做详细阐述。

语言是人们交流思想、表达感情、传播信息的工具，在人类生活中有着极其重要的作用。

（1）对于群体而言，语言是人类最重要的交际工具，推动着人类文明的进步。

语言是人类所创造的，只有人类才有真正的语言。许多动物也能够发出声音来表达自己的感情或者在群体中传递信息，但是这都只是一些固定的程式，不能随机变化。只有人类才会把无意义的语音按照各种方式组合起来，成为有意义的语素，再把为数众多的语素按照各种方式组合成话语，用无穷变化的形式来表示变化无穷的意义。因此，语言不仅是人类最重要的交际工具，还是与其他物种相区别的根本标志。语言是人们在社会劳动过程中，适应交流思想、传递信息的需要而产生的。随着人类社会的不断进步与发展，语言也在不断地丰富、更新。没有语言，人类社会的文明就很难有所进步。

（2）对于个体而言，语言起到了沟通交流和调节情绪的作用。

美国心理学家艾伯特·梅瑞宾认为，在一条信息的传递效果中，词语的作用占7%，声音的作用占38%，而面部表情占55%。人类社会发展至今，语言随之不断完善、丰富，人们用不同的语音、语调输送着不同词语和句子，辅以丰富的体态语言，传递着不同的信息，交流着不同的思想，同时也传输着丰富的情感。

所以，语言对于个体来说，既是与他人建立连接的主要工具，又是在人际互动过程中传递和调节情绪的媒介。

（二）语言修养

修养一词，出自唐朝诗人吕岩《忆江南》："学道客，修养莫迟迟，光景斯须如梦里。"修养是指修行（修行是对内心思想和行为的改造）后的表象，是通过修行后表现出来的一种状态，是道家修身养性之意；现人们多用有修养一词泛指一个人的综合素养高。

狭义的语言修养，侧重在语言的运用能力和技巧上，是指熟练地掌握和灵活地运用某种语言的自我锻炼过程，以及由此达到的运用某种语言来精确、清晰、系统和生动地表达思想、感情和意愿的一定程度或水平。广义的语言修养则强调语言背后所体现的个体的文化修养和精神风貌。

综合而言，语言修养是指通过个体的语言表现出来的文化素养及精神风貌，是个体综合素质的外在表现。它既包括语言的运用能力和技巧，更与一个人的自身修养以及综合素质息息相关。在老年服务工作过程中，一个人语言修养的高低，既决定着他在人际交往互动过程中的沟通能力，又是个人综合素养和精神风貌的体现。

二、语言修养的影响因素

（一）思维与语言表达能力

思维是人脑对客观事物的间接、概括的反映，是一种包含物质内容的心理现象；而语言则是由一定的物质形式与概括内容所构成的符号系统。思维是一种包含精神内容的物质现象，是思维的物质外壳或思想的直接显示。

语言同思维相互依存、共同发展。语言是思维的载体和物质外壳，是思维的直接显示，它以声音、文字等物质形式表示客观事物，表现思维内容。思维必须借助语言才能表达出来和正常进行。具体来说，思维与语言的关系如表2所示。

表2 思维与语言的关系

	区别		联系
功能不同	（1）语言是人类社会最重要的交际工具，促使人们沟通达到相互了解的目的。 （2）思维是认识客观世界的积极过程，使人们更深刻认识和反映客观世界，进而能动地改造世界	从思维的特点来看	因为语言具有间接性、概括性和社会性等特点，思维才能对客观事物进行间接和概括的反应
层次不同	（1）语言是低层次的。 （2）思维是高层次的	从思维的内容和结果来看	思维借助于语言、词来实现。但语言也离不开思维，语言要依靠思维的内容和结果予以充实、发展
规律不同	（1）语言具有民族特性，各民族语言体系各不相同。 （2）思维是客观现实规律的反映，为全人类共有	从思维的个体发展历史来看	儿童思维的发展表明，儿童掌握语言的过程，也是抽象思维发展的过程。抽象思维是借助语言实现的。个体在2岁左右掌握语言之后，抽象思维才逐渐发展起来
范畴不同	（1）语言的单位是词和句子。 （2）思维的单位是概念、判断、推理		

若没有思维，语言将是空壳，将是一段无意义的声音或一串没有生命的符号。我们常常会说出一些不着边际的话，也即一种不知所云、表达不规范的语言，一般学者称这类语言为"乱相"。这些"乱相"主要表现在词类使用不当、表意含混不清、句式不规范等方面。所有这些语言"乱相"都是跟思维缺失有关系的。比如，某广播电台有一则公益广告如此说："我不认识你，但我谢谢你！"稍微动用思维，或可对这句话产生怀疑：认识不认识跟谢谢不谢谢之间没有关联。

综上所述，所谓语言表达能力的培养，语言表达水平的提高，其实质是培养人们的思维能力，培养人们运用内部语言的能力，培养人们观察事物、思考问题的能力，培养人们的内省能力。唯有如此，语言表达才能思之有物，言之有物；才能使内部语言更接近外部语言；才有望达到"我手写我口，我口述我心"的境界。

（二）文学与语言修养

文学是一种语言艺术，是话语蕴藉中的审美意识形态。诗歌、散文、小说、剧本、寓言、童话等不同体裁，是文学的重要表现形式。文学以不同的形式（即体裁），表现人们的内心情感，再现一定时期和一定地域中的社会生活，表达作者对人生、社会的认识和情感，以唤起人的美感，给人以艺术享受。

1. 文学作品是学习语言的宝库

掌握一门语言从积累词汇开始，词汇的积累除了初级拼音、笔画、组词的训练，更多的是在日常的口语实践和文字的阅读理解过程中完成的。

欣赏文学作品，可以扩展人们的词汇量，人们可以在文学作品中一边体会不同的语言所描绘出的生动形象的效果，一边创造性地使用语言。

2. 文学作品可以提升个人的素质和修养

文学作品具有认识、教育和审美三大基本社会作用。文学作品将人们的情感经历和时代感受进行折射，是丰富人类文化知识的精神支柱，是提高个人素质及修养的基本所在。文学作品，写出了一代又一代人的胸怀气度和精神气质，如《背影》中老父亲苍凉的背影、《骆驼祥子》中描绘的世态炎凉、《老人与海》中令人折服的进取精神和硬汉性格，等等。这些生动的文学作品，更能加深人们对人间百态的体会，拨动人们心弦，洗涤人们心灵，从而提升人生境界。

（三）人格与语言风格

人格是指一个人与社会环境相互作用表现出的一种独特的行为模式、思维模式和情绪反应的特征，包括性格与气质两部分，是一个人区别于其他人的特征之一。在心理学中，还经常运用"个性"一词表达人格的概念。

语言风格，是指人们在进行交往时，根据不同的交际场合、目的、任务及交际者的秉性和素质而采用的不同的语言素材和方式。若要掌握一种语言，我们有必要了解不同的语言风格，这样才能更透彻地理解他人的意思和更准确地表达自己，以达到更好地理解语言和使用语言的目的。

不同性格气质的人,语言风格多有不同。活泼外向的人语言积极、率真直接;腼腆内向的人小心谨慎、委婉含蓄。人们在日常语言沟通过程中都有自己习惯的语言风格,语言风格本身没有好坏之分;只不过在日常语言沟通过程中,人们需要根据语言沟通的情境以及沟通对象的不同,有意塑造自己的语言风格,因人而异、因时而异、因地而异,这样才能达到有效沟通。

(四)普通话与语言修养

普通话作为我国最为规范的现代交际用语,在日常口语表达和书面沟通中有着不可替代的作用。语音是语言的物质外壳,从20世纪50年代开始,我国在全国范围内推广普通话,今天普通话已成为中外文化交流的重要桥梁和外国人学习汉语的首选语言。

从某种程度上来说,中国人所说的语言修养中所指的语言就是官方的普通话,所以就提升语言修养来说,我们必须学好普通话。

三、老年服务工作中语言修养的塑造

(一)老年服务工作中自身修养和综合素质的提升

1. 加强老年服务从业人员的理论修养

(1)人文学科知识。

人文学科的主干可以用人们常说的"文"(文学)、"史"(历史)、"哲"(哲学)来指称,或者再加上艺术。广义的人文学科还可以包括现代语言和古典语言、语言学、考古学,乃至含有人道主义内容并运用人道主义的方法进行研究的社会科学。人文学科知识的学习并不是针对某种特定职业而进行的能力教育,而是培养学习者的人文素养。它培养的是人们对民俗常识和社会历史的了解,培养人们具备批判思想以及分辨是非的能力,而这些是个人成长以及社会个体参与公众事务的先决条件,是所有职业人员必须不断提升的。

只有加强人文学科知识的学习,老年服务从业人员的语言表达能力才能更加完满,才能在老年服务工作中为行业的高质量发展与生命文化学科的建设提供理性基础。

(2)老年学知识。

老年学是研究人类老化规律的学科。是以自然科学、社会科学和自然科学、社会科学相互交叉渗透的科学的理论和方法,研究人的个体老化和群体老化及由此而引起的社会的经济和自然的诸问题,以及老化现象本身规律的一门综合学科。

作为老年服务从业人员,老年学知识是本体性知识,只有掌握了基本的老年学知识才能客观理性地认识老年人,理解老年期各种生理上的变化,对老年人以及老年服务行业有更加深入的了解,从而在老年服务工作中做到心中有数。

(3)心理学知识。

心理学是研究人的心理现象及其规律的一门科学。人的任何实践活动都是在心理调节下进行的,因此,与老年人交谈需要用心理学知识进行指导。

老年服务从业人员要加强心理学知识的学习,以了解老年人和自己,在此基础上再加上良好的语言艺术,就能说出老年人愿意接纳、能够接纳的语言,从而不断提高老年服务工作水平。

一般来说,影响老年人沟通的主要心理特征有老年期的认知和情绪情感的变化,我们在与老年人沟通的过程中,需要对此有深入的了解,然后有针对性地调整自己的沟通策略。老年人一般心理变化及语言沟通技巧如表3所示。

表3　老年人一般心理变化及语言沟通技巧

一般心理变化		语言沟通技巧
认知变化	听觉减退	(1) 说话声音大一点、说话速度慢一点,重复重要内容; (2) 面对面交流,让老年人能观察到口型的变化; (3) 鼓励老年人戴助听器; (4) 运用手势、表情或者图片等辅助交流
	视觉减退	(1) 不要轻易挪动老年人居所的物品; (2) 向老年人介绍周围的人物及环境; (3) 给老年人佩戴老花镜; (4) 老年人阅读的材料要放大字体
	味觉、嗅觉、肤觉迟钝,机体觉、平衡觉下降	理解老年人饮食无味、易冻伤和烫伤、易摔倒等,在日常服务过程中不要以自己的感觉水平去批评、责怪老年人,而是耐心解释
认知变化	记忆力下降	(1) 重要的事情要经常提醒老年人,如吃药、锁门及关电源、煤气等; (2) 不要用"你还记不记得我"这类话语开始交谈,而是主动自报家门; (3) 当老年人不断重复一个话题时,要有耐心
情绪情感的变化	抑郁、孤独、自卑等消极情绪较多;情绪体验深刻,持久	(1) 耐心倾听老年人; (2) 主动找老年人唠家常,为其解闷; (3) 多宽慰老年人,对老年人在意的各种丧失事件,多从积极方面进行劝导

(4)老年康复、老年护理等医学知识。

医学康复是指尽可能改善由疾病或外伤所引起的生理或心灵的损伤,不论在躯体上还是在精神上都能最大限度地使患者提升个人的能力,使其功能逐渐恢复,以重返家庭和社会的正常生活。老年康复及老年护理的基本职能包括保存生命、减轻病痛和促进康复三个方面。

老年期伴随着各种生理机能的退化,只有具备基本的康复及护理学知识,才能用高度同情心、责任心服务于老年人,才能在语言沟通过程中充分显示出尊重、接纳、共情。

（5）社会学知识。

社会学是从变动着的社会系统的整体出发，通过人们的社会关系和社会行为来研究社会的结构、功能和发生、发展规律的科学。社会学知识为老年服务从业人员处理老年服务行业与社会的关系、老年人与社会的关系，提供了非常有力的理论工具。

（6）法律学知识。

老年服务从业人员只有学习行业相关法律文件和管理规章制度，才能不断规范自己的言行，这样，不仅可使自己做的事合理合法，而且可以在受到诬陷时，依法维护自己的合法权益，同时，还可以监督其他人员是否遵纪守法，以利于在具体工作过程中把握谈话的权威性。

（7）其他学科知识。

除以上主要学科知识，其他如哲学、经济学、管理学等知识都可有所涉猎。正所谓"腹有诗书气自华"，丰富的知识储备是提升个人修养的必要条件。

2. 加强老年服务从业人员的思想道德修养

道德修养是人的道德活动形式之一，是指个人为实现一定的理想人格而在意识和行为方面进行的道德上的自我锻炼以及由此达到的道德境界。一般来说，包括思想观念、价值取向、道德修养和行为习惯等。

俗话说"言为心声"，语言是思想的外衣。在人际沟通过程中，老年服务从业人员的思想、胆识、气质、思维品质等都是借助语言这个工具表达出来的。老年服务从业人员只有加强自己的思想道德修养，培养"尊老、敬老、爱老"的价值观念，增强"老吾老以及人之老"的社会责任，才能不断抵制、克服和消除自身不符合社会主义道德规范要求的道德观念和各种消极因素。下面从社会公德、职业道德、家庭美德、个人品德四个角度出发，结合老年服务工作与生活实际进行阐述。

（1）文明礼貌，助人为乐。

在工作生活中，要与他人和谐相处，举止文明，以礼相待，互相关心，相互帮助。要知道，爱人者人恒爱之，信人者人恒信之。在工作和生活中，对待老年人，要尊重、关怀，使用文明用语，积极热情，乐于帮忙，自觉杜绝说脏话、随便猜疑、欺骗他人等恶习。

（2）尊老爱幼。

我国自古以来就倡导"老有所终，幼有所养"，形成了尊老爱幼的良好家庭道德传统。在家庭生活中，作为晚辈，我们要多与老年人交流，除了照顾他们的物质生活，还应在精神上给予更多的关心和体贴，使他们充分享受天伦之乐，特别是对丧偶或离异的老年人。

（3）忠于职守，乐于奉献。

老年服务工作本质上是一种职业化的助人活动，若要做好工作，除了学习职业技能、坚守工作岗位，还需要真正走到老年人心里，体会他们的孤独和无助，用爱心和责任心温暖他们。

（4）诚实守信，勤劳善良。

在与老年人交往的过程中，心存善意，积极主动，在对老年人许诺后，信守诺言，这样才能充分赢得他们的信任，以使工作顺利开展。

（二）老年服务工作中语言沟通能力的培养训练

沟通的成效就像照镜子，受双方的互相影响。若要达到良好的沟通效果，需要双方共同努力。对于老年人这个特殊的群体，若要沟通取得成效，需要主动沟通的一方更努力。我们需要对这个群体的特殊性有深入了解，在沟通过程中，进入对方的频道，不仅要善解人意，而且要懂得表达自己。

1. 善于学习，注重积累

（1）向老年人学习。

在当前的养老机构中，经常会出现老年服务从业人员忙于工作，面对老年人提出的要求时，脱口而出"别跟我说话，正忙着呢"等，让老年人无言以对，默然离开。

其实，每个老年人都是一本书，有着自己的精彩故事，他们曾经可能是各行各业的行家里手，他们身上有太多的实践经验和人生感悟，在与他们沟通的过程中，不要觉得自己工作忙、没时间、没精力理会他们，更不要觉得陪他们聊天就是浪费时间，表现得没有耐心，要从心里尊敬他们，向他们学习。

（2）向专业书籍学习。

学习老年学、心理学、医学相关知识，加深对老年人生理机能和心理特征的了解，加强对各种老年疾病的认识，尽可能学习一些老年人的养生方法以及简单的老年康复、护理知识。只有充分把握沟通对象的特殊性，才能真正理解老年人，懂得他们的需求，找到沟通的话题。除此之外，还要学习人际交往、沟通方面的一些知识和技巧。

（3）向工作伙伴学习。

虽然已经有意识地学习了很多知识和技巧，但在真正的工作实践中，总有各种具体的情况让我们应接不暇。这时我们需要的是工作伙伴的引导帮助。老年服务工作不是一个人在做，行业里不乏有经验的同行。我们要向他们学习如何有效地与老年人沟通，不断思考，经过消化、吸收、改造，最后形成自己的沟通风格。

2. 总结经验，掌握技巧

（1）在老年服务工作过程中，妨碍语言沟通的因素。

一方面，研究表明，老年人在语言产生过程中经常出现命名性失语、话题重复、词汇量和平均语句长度缩小、每日平均语言表达量下降、语法复杂度下降，言语失误多等问题。即使许多语言产出能力正常的老年人也存在言语辨识、感知和理解方面的困难。老年人对语言的理解能力受到认知老化的制约，记忆能力下降，对于新触及的事物或者人名、地名、数字等遗忘得非常快，词语检索和信息处理速度慢，导致听、读能力的双双下降。

另一方面，我们在实际工作过程中，接触到的老年人种类很多，有患耳聋、失明等生理疾病的，也有处于各个阶段的失智老年人，还有临终老年人等。每种状态都会使我们在沟通过程中产生不同的障碍。

老年服务从业人员需要了解这些因素，并运用一定的技巧来克服其不利影响，消除与老年人之间的隔阂,从而实现有效沟通。

(2)与老年人语言沟通的一般技巧。

①耐心、用心。

老年人听力、语言表达、理解能力、记忆力等功能都会衰退,所以一定要有耐心。耐心倾听,用心去交流,只有这样才能打开老年人的心扉,迅速加深双方的信赖关系。敷衍式的谈话是不会得到老年人的真心回应的。

要耐心倾听,设身处地去了解老年人的想法,用心分析其所说的话背后的意思。学会从老年人的语气、谈话方式、情绪、精神状态等方面判断老年人的心情,贴心地选择话题,让老年人能愉快沟通。

②主动了解老年人的基本情况。

在与老年人沟通前,应了解一些基本情况,如老年人的姓名、年龄、籍贯、爱好与特长、家庭情况、个人经历、生平的得意之事、禁忌话题等,以便在语言沟通过程中能选择合适的话题。

③选择合适的时机用合适的词语。

比如,在老年志愿活动中,老年人多数记性不好,要避免问"你还记得我吗?"这类的问题,因为老年人不愿别人说他记性差;改说"我又来看你啦!"这样老年人会觉得自己受到了重视,会高兴很多。又如,当察觉到老年人对话题不感兴趣时,可利用身边的事物转换话题,可以说"您穿的衣服很有特色,非常适合您,是谁给您买的?"

此外,使用老年人的方言,对老年人来讲是更容易交流和建立亲密关系的一种沟通方式。

④运用合适的语速、语调和音量。

老年人的认知退化,普遍存在言语辨识、感知和理解方面的障碍,在与老年人沟通时,需要控制自己的语速,根据谈话对象的具体情况,观察对方的表情和反应,选择适当的语速、语调和音量,适时停顿,确保老年人能接收到我们的信息。

例如,对认知障碍老年人讲话要慢一些;遇到听力不好的老年人,大声讲话时要注意语调,不要让他们误会你在责骂他。

⑤有效利用闲聊和唠家常。

一般来说,老年服务中的沟通主要是为了工作,因为不这样做就得不到所需要的信息,不过值得注意的是,除了一般的工作沟通,也要学会利用闲聊或唠家常,一方面,可以培养彼此的感情;另一方面,多给老年人一些表达沟通的机会,会排解他们的寂寞情绪,也有利于他们能力的锻炼。

比如,社会工作者和老年人沟通之前,一般会进行简短的"三分钟问候"——面带微笑,用柔和的目光看着老年人,言轻语缓地对老年人说:"奶奶,您好!我来看您来了,虽然今天天气有些冷,可您老气色看起来不错……"

⑥说话简洁清晰。

据心理学家研究,在一般的沟通过程中,人们的话语压缩到45秒之内最易于理解,最长1分30秒,超过了这个限度,听者便开始感到"冗长";如果超过2分10秒,不论听者还是讲者,都会感到不易理解。老年人在认知老化的影响下,语言理解能力变差,因此在与老年人沟通的过程中要尽量用字简单、具体，句子组织要简短。如想劝说老年人注意饮食健康，可以用"每餐吃两种蔬菜"代替"多吃有纤维的食物"等。

此外，对于认知障碍逐步加重、话语越来越少的老年人，交谈的原则是简单易懂。因为，话语越多，越会引起老年人理解上的混乱。

⑦巧妙利用肢体语言。

a. 眼神：保持眼神的接触，传达真诚。

b. 表情：代表不同的心情，表情要丰富，甚至可以夸张。

c. 姿态及举止：如点头、适当的手势、适当的座位安排，不要让老年人抬起头或远距离跟你说话，那样老年人会感觉你高高在上、难以亲近，应该近距离弯下腰与老年人交谈，这样老年人才会觉得与你平等和你很重视他。

d. 触摸：如握着手、拍拍手背、搭着肩膀、拥抱等（注意：必须顾及对方的性别及双方的关系，以配合适当的触摸）。

e. 图片及实物的运用：如面对有语言障碍的老年人，若示意老年人去洗澡，可利用花洒的图片示意。

（3）建立"以老年人为中心"的谈话模式。

正如哲学家恩贝托·埃柯所说的："了解别人并非意味着去证明他们和我们相似，而是要去理解并尊重他们与我们的差异。"另外，在老年服务工作过程要建立"以老年人为中心"的沟通模式，尊重并关注老年人的偏好、需求和价值观。

与老年人进行语言沟通时，要给予老年人充分的尊重，不断揣摩老年人的心理，研究老年人在不同情况下的音调、用词和表情，以提高自己的观察能力，积累谈话经验，从而更准确地把握谈话时机，选择合适的谈话内容，最终达到谈话目的。

3. 讲究方法，综合训练

（1）训练听的能力。

听是指听别人怎么说以及听别人说什么。在日常工作生活中，多用心听老年人之间的交谈，听他们在说什么，对什么感兴趣，逐渐养成爱听、多听、会听的好习惯。

（2）训练看的能力。

多看可以为多说提供素材和示范。通过看电影、短视频、报纸、电视中的谈话类节目，或者现实生活中各种生动而感人的场景，积累谈话素材。多留意他人的语言表达，他人是怎么把一件事说得绘声绘色、引人入胜的，从而学习他人的说话方式、技巧和内容。

（3）训练背的能力。

背诵不但可以强化记忆，还能形成良好的语感。我们可以尝试多背一些诗词、格言、谚语等，它们的内涵丰富、文字优美，能提升我们整体的语言修养，又能让老年人迅速找到共同话题。如果我们背得多了，不仅会在情感上受到滋润、熏陶，还可以慢慢形成自己的语言风格。

（4）训练说的能力。

说是语言表达能力的最高体现。想要说好话，说对话，需要在日常生活中不断地练习、反思、改正。老年服务从业人员可以多和家里的老年人沟通，在实践过程中锻炼自己说的能力。另外，对于重要的讲话或演讲，需要提前打好草稿，并一遍遍演练，如果不好意思对着别人练习，就打开手机录音，先说给自己听，寻找不足以进一步提升。只有说得多了，我们的语言表达能力才会迅速提高。

总而言之，良好的语言修养在老年服务工作中可起到积极作用，可明显提高老年人对服务的满意度。因此，作为老年服务从业人员，不仅要具有高尚的情操，还要充分运用语言的艺术，成为老年人喜欢和信赖的人，从而在工作中满足老年人的需求，实现有效沟通。

知识链接

老年服务从业人员的说话技巧

所谓会说话，就是指善于在会话中自然地引入对方感兴趣的话题，通过引入对方感兴趣的话题，使交流变得更容易、更轻松。

1. 询问老年人情况时，首先谈谈自己

为了引出老年人的话题，首先试着谈谈自己，"其实我也……""我也不……"等，引出话题，然后尽量谈对方感兴趣的内容。

如老年服务从业人员："我很怕热，您呢，怕热还是怕冷？"

老年人："我也怕热。"

老年服务从业人员："我听说冬天出生的人比较怕热，您的生日是？"

这样引出话题，将沟通进行下去。

2. 和老年人沟通时，要预先对老年人的情况有所了解

对于要服务的老年人，先要了解他的基本信息，这样在沟通时比较容易引出话题。

3. 询问老年人后要记住他们说的话

老年人在讲话时，老年服务从业人员一定要认真记住。如果老年服务从业人员根本没有在意老年人的讲话，老年人发觉后就会想："他根本没有好好听我说话，根本没有在意我。"所以，最好在工作日记上记好谈话要点，防止忘记。老年服务从业人员对谈话要有一定的记忆能力。

4. 用适合老年人的讲话方式进行沟通

根据社会地位和过往的经历，老年人会有自己喜欢的谈话方式。例如，比较喜欢对方使用礼貌用语，喜欢对方用谦逊的讲话态度，想以父母和孩子之间的谈话方式来交谈，想以双方平等的立场来交谈等，因为老年人的年龄较大，老年服务从业人员必须使用郑重的、尊敬的语气进行交谈，交谈时，老年服务从业人员要一边观察老年人的表情，一边寻找容易让老年人接受、喜欢的谈话方式。

此外，老年服务从业人员还要考虑老年人是否能够接受自己谈话声调的高低、声音的大小等，要注意观察老年人的表情（高兴或不悦），并据此判断对方现在的心情，然后选择恰当的语调并考虑交谈的语速等。

老年服务礼仪与沟通技巧

5. 掌握好谈话的节奏和时机

有的老年服务从业人员为了把谈话进行下去，一般只会按照自己的谈话节奏，一个话题接一个话题地提出，以防止冷场，但大部分老年人很难跟上这种快速的谈话节奏。老年人需要一定的时间去理解谈话的内容。所以老年服务从业人员要给老年人留有足够的时间，把握好谈话的节奏，这样可以更好地和老年人沟通。

6. 要注意老年人的心情

当老年人注意力不在谈话上或心情不好时，可能在谈话时不愿有太多回应，此时不要勉强老年人继续交谈。应该等到老年人心情舒缓后，对谈话感兴趣时，再慢慢交谈。

7. 引出老年人话题的窍门

（1）接受与认可老年人的话。

全面地接受、认可老年人所说的话，不用自己的价值观单方面地判断或否定老年人的话。老年服务从业人员要学会仔细倾听，即使不能解决老年人的诉求问题，这样的态度也会使老年人感到"他在认真地听我说话，这样的谈心真的很好"，这有助于建立起互相信赖的关系。

（2）同理心。

学会换位思考，能够站在老年人的角度和位置上理解老年人的内心感受，并且把这种理解传达给老年人，也就是人们常说的"将心比心"。不否定老年人的谈话，能够和老年人分享心情，站在老年人的角度考虑问题，认可老年人的观点和感受，建立相互理解、相互信赖的关系。

（3）重述。

再重申一遍老年人说的话，一方面，可以确认老年人的谈话内容；另一方面，可以表达对老年人谈话内容的理解和认可。

（4）概括。

把老年人说的话进行简单的概括"也即是……""也就是说……"等，通过这种简单、清楚的概括，向老年人表达"我已经了解了您想表达的核心内容"，这可以帮助双方进一步拓展谈话内容。

（5）引出话题。

在谈话中加入"比如……""然后……"等引出语，能够进一步引出老年人的话题。

——摘自微信公众号"中国养老联盟"

任务二 倾听与表达

人际交往中的语言沟通包含倾听和表达两部分,从语言的角度理解也就是听、说、读、写的能力。很多人都明白"说"的能力的重要性,只有说出自己的想法,展现自我,才能让别人认识自己、了解自己、喜欢自己,从而获得丰富的人脉。"听"的能力则是很多人容易忽视的。有研究表明,平均正常人对听、说、读、写的时间分配是:45%的时间用于听、30%的时间用于说、16%的时间用于读、9%的时间用于写。

随着自然衰老,老年人或多或少都会出现听力下降、口齿不清、反应速度减慢等情况。据统计,我国60岁以上人群中有1.13亿存在听力障碍。美国北卡罗来纳州杜克大学医学中心的研究显示,65岁及以上人群中,近1/2有某种程度的听力损失,约1/3还存在嗓音问题,并导致沟通障碍。

老年人的这些认知变化,使人们在与他们进行语言沟通时也有了自身的特点。下面从倾听和表达两个方面详细介绍老年服务工作中的语言沟通。

一、倾听的概念和作用

(一)倾听的概念

倾听作为一个汉语词语,最早出自《礼记·曲礼上》:"立不正方,不倾听。"《孔颖达疏》中写道:"不得倾头属听左右也。"一是指侧着头听,二是指细听、认真地听。

狭义的倾听是指凭借听觉器官接受言语信息,进而通过思维活动达到认知、理解的全过程;广义的倾听还包括文字交流等方式。人际沟通中的倾听是一个过程,是包含言说者和倾听者在内的一个动态的、相互影响的过程,倾听者通过听觉、视觉和大脑来接受和理解言说者的思想、信息和情感,是包含着倾听者的注意、觉察、解释、评价和反应等一系列的相互联系的生理和心理反应过程。

不过,值得注意的是,倾听不仅是要用耳朵听言说者的言辞,还需要全身心地感受言说者的谈话过程中所表达的言语信息和非言语信息。听是一个生理过程,而听见则是一个心理过程,它需要倾听者用精力来捕捉所听的含义。所以,话说了不等于能够被人听到,听到不等于被人理解,倾听也因此有了有效和无效之分。

(二)倾听的作用

在与老年人的语言沟通中,由于双方认知能力水平差异,人们往往容易失去耐心,产生着急、烦躁的情绪,出现抢话和催促的现象,所以倾听就显得更为重要。

1. 激发谈话欲望，促进沟通

倾听能激发言说者的谈话欲望。对于老年人来说，认真、有耐心的倾听会让他们感到自己的话有价值，他们会愿意说出更多有用的信息。好的倾听者会使老年人的思维更加活跃，当他们感觉到你在以友好的方式听自己讲话时，会很快全部或部分卸下戒备心理，对你产生好感，从而有利于双方建立关系。

另外，从人际应酬角度来说，认真的倾听者，会让老年人反过来更有效地听你讲话，更好地理解你的意思。

2. 倾听可以获取重要信息

只有通过认真的倾听，才能够获取对方要传达的信息，理解对方的感情，据此推断对方的性格、目的和态度等，所以倾听是获取信息的重要方式。老年人的思维和记忆能力都与年轻人有所不同，他们在表述过程中经常出现啰唆、词不达意、张冠李戴或重复话题等现象，与他们交流的过程中需要耐心倾听，这样才能获取正确的信息。

只有经常交流、耐心倾听老年人的人，才能很好地理解老年人的需求、明白老年人的喜好，从而更好地为他们提供服务，满足他们的需求。

3. 倾听有利于问题的解决

第一，养老机构中，倾听老年人有利于管理者做出正确决策，尤其对于缺乏经验的管理者来说，倾听可以减少错误。第二，与老年人沟通的过程中，相互倾听对方所讲的话是解决异议和问题的最好办法，这并不意味着必须相互同意对方的观点，只需要表明互相理解对方的观点。第三，仔细倾听本身就能解决很多老年人的问题，因为有些老年人需要的只是有人安静、用心地陪伴自己。

二、倾听的过程与层次

（一）倾听的过程

倾听的过程首先是接收信息，接着是对所接收的信息进行分析、加工和理解，再对信息做出评价和反应。倾听可以分为预测、接收、选择、理解、内化和评价六个阶段。

1. 预测

倾听不是简单的"只是听听"，它伴随倾听者的主动参与，因此，倾听往往是有准备的听。预测是倾听的准备性阶段，是倾听过程中接收一个潜在的刺激之前的过程。

通常，人们在倾听老年人讲话前，会对老年人可能言说的内容、态度及对自己的回应进行预测。从而有利于调整自己的状态并向言说者传递准备倾听的信息，包括倾听的姿势、眼神、表情等。

2. 接收

接收的信息不仅包括言语信息，还包括非言语信息。言语信息除言说的内容，还包括言说的语气、语调、情感等。非言语信息包括目光交流、面部表情、手势语、体态语等。研究表明，对于一般的人际交流来说，接收的信息里，20%属于言语信息，80%属于非言语信息。但与老年人交谈的过程中，也会根据倾听者的生理状态而有所不同，比如对于偏瘫的老年人来说，非言语信息不明确，倾听者能接收的更多是言语信息。

3. 选择

言说者语词的选择，语音、语调、语气、语速等都会影响倾听者的选择。非言语信息也会影响倾听者的注意和选择。许多时候，言说者的表情、姿势、动作等都会影响倾听者对某些信息的选择和注意。比如，一位数学老师在描述"射线无限长"时，放慢拉长"无限"的发音，并将手由体前向外伸出，用眼神向远处凝视。特定的语调、动作、眼神就会被选择甚至模仿来促进倾听者对"无限"这一信息的有意注意与记忆。

倾听者对进入短时记忆中的刺激如果不断进行练习（默念、有声重复、在刺激上集中精神），就能储存到想要的时长。此外，一个人拥有的偏见、预先的设想和日常的习惯往往会影响对所接收的信息的选择。正如克里希那穆提所说的，"我们听到的实际上是我们自己的声音，而不是说话人的声音。"因此，抛弃偏见、保守的观念，养成良好的习惯对改善倾听是非常重要的。

4. 理解

通过解读，倾听者对信息有了初步的了解，完成这个过程后，就进入"思考加工"阶段了，即"对信息进行思考，做出更详尽的推论，对言说者及其传递的信息进行评估和判断等"。

5. 内化

理解了所接收的信息后，就进入了倾听的下一个阶段——内化。内化并不是把理解的信息全部纳入自己的认知结构，而是首先经历一个价值判断的过程，是抛弃还是强化存储。倾听者总是先决定理解的信息是否值得内化，这就要根据自己的价值标准来判断这些信息的分量、探询说话者的目的、质疑信息的思想、怀疑信息的有效性，把言说者的观点与自己的标准相比较。内化是将理解后的信息进行价值判断再筛选后对已有认知结构实现同化或顺应的过程。

6. 评价

倾听者根据倾听开始时的预测以及自己对所听到信息的理解，对倾听的整个过程做出评价，得出结论，这些评价成为自己的经验，存储在认知结构中。倾听者对所听到的内容的评价可能是肯定的，也可能是否定的。这些评价将通过倾听者的言语或非言语信息反馈给言说者。言语反馈可以是对所听到内容的释义、补充、完善、拓展、优化，也可以是对所听到内容的否定、批判、纠正、立异等。非言语反馈可以是点头、微笑、鼓掌、摇头、皱眉及手势语等。

倾听的六个阶段是一个相对完整、全面的过程，并不是所有倾听都必须经历的过程，其中接收、选择、理解是三个基本的组成部分，其他几个阶段的存在则与倾听的需求，倾听者的准备、状态、习惯等有关。各个阶段表现水平的差异则体现出倾听能力的差异。

（二）倾听的层次

史蒂芬·科维博士认为，按照影响倾听效率的行为特征，倾听主要有五个连续的层次：听而不闻、敷衍了事、选择地听、专注地听、有同理心地听。一个人从第一层次成为第五层次的倾听者的过程，就是其沟通能力、交流效率不断提高的过程。

1. 第一层次：听而不闻

"听而不闻"是纯粹生理上的听，如同耳边风，有听没有到，完全没听进去的。在这个层次上，倾听者完全没有注意言说者所说的话，假装在听其实却在考虑其他毫无关联的事情或内心想着如何辩驳。他更感兴趣的不是听，而是说。这种层次上的倾听，导致的是关系的破裂、冲突的出现和拙劣决策的制定，是最低层次的倾听。

2. 第二层次：敷衍了事

"敷衍了事"是被动消极的听，倾听者会有"嗯、喔、好好、哎……"等反应，但其实是心不在焉。在第二层次上，倾听者主要倾听言说者所说的字词和内容，但还是经常错过言说者通过语调、身体姿势、手势、脸部表情和眼神所表达的意思。这将导致误解、错误的举动、时间的浪费和对消极情感的忽略。另外，由于倾听者是通过点头同意来表示自己正在倾听，而没有询问澄清问题，所以言说者可能误以为所说的话被完全听懂并理解了。

3. 第三层次：选择地听

"选择地听"，只听合自己的意思或口味的信息，与自己意思相左的一概自动消音过滤掉。这种倾听者在言说者的信息中寻找"有用的信息"，他们通常会聚焦于言说者所说的某一点而忽略其他部分，在其感兴趣时会有一些积极的肢体语言，如身体倾向言说者、点头以及目光接触等，但是并不持久，一旦言说者所说内容对其没有吸引力了，就会脱离对话，回到上一个层次，即"敷衍了事"层次，被动且消极。

4. 第四层次：专注地听

"专注地听"，全神贯注地倾听，主动积极地听言说者所说的话，能够专心地注意言说者，聆听言说者的话语内容。处于这一层次的倾听者表现出一些优秀倾听者的特征，他们会始终如一地保持积极的姿态，还会经常重复言说者说的内容，这种"主动式""回应式"聆听，能够激发言说者的注意，从而更积极地投入言说。但是，这种倾听还是局限于倾听者自己的角度，虽然言说者的每句话或许都进入了其大脑，但能否听出言说者的本意、真意，仍值得怀疑。

5. 第五层次：有同理心地听

"同理心"是一个心理学概念，等同于"设身处地理解""共感""共情"，是指设身处地对他人的情绪和情感的认知性的觉知、把握与理解，泛指将心比心、换位思考。有同理心地听，不是一般的"听"，而是用心"听"，是站在言说者的角度去听，而不是站在自己的角度去听。通过这种方式理解对方，才能够真正地了解对方，并建立双赢的关系。在这样的对话之下，言说者感受到被理解与被支持，于是在很短的时间内，就会有一种遇到"知己"的感觉。

一般人聆听的目的是做出最贴切的反应，根本不是想了解对方，而有"同理心"地听的出发点是为了"了解"而非为了"反应"，也就是透过交流去了解别人的观念、感受。他们不急于做出判断，而是对对方的情感感同身受。他们能够设身处地地看待事物，总结已经传递的信息，质疑或权衡自己所听到的话，有意识地注意非言语线索，询问而不是辩解、质疑言说者。他们的宗旨是带着理解和尊重积极主动地倾听。这种感情投入的倾听方式在形成良好人际关系方面起着极其重要的作用。

据统计，在日常的沟通交流中，大概60%的人只能做到第一层次的倾听，30%的人能够做到第二层次的倾听，15%的人能够做到第三层次的倾听，达到第四层次、第五层次的倾听最多只有5%的人能做到。因此，每个人都应该重视倾听，提升倾听技巧，学会做一个优秀的倾听者，不断创造积极、双赢的沟通过程。

三、倾听的技巧

（一）培养倾听的兴趣和习惯

一次有效倾听，倾听者会在倾听过程中伴随思考，他们一般会思考以下问题：言说者谈话的主要内容和观点是什么？采取了什么样的表达方式？哪些内容和观点对自己具有借鉴价值？从言说者身上自己能够学到什么？这些问题既能让倾听者在倾听过程中学到很多知识，也能帮助其逐渐培养倾听的兴趣，进而养成倾听的习惯。

大部分老年人比较爱唠叨，一件事可以说很久，这既是他们记忆力衰退的一种表现，也是缺少交流而导致孤独心理的一种表现。在与老年人沟通的过程中一定要养成倾听的习惯，既要集中注意力、保持良好的精神状态，又要以开放的心胸和积极的态度，多一些理解和宽容，充满爱心地倾听老年人说的话，并试着从中提取正面的和有趣的信息。事实上，在交谈过程中，没有无趣的话题，只有无趣的人，关键在于自己能否善于发现。

（二）设身处地理解言说者

设身处地理解言说者，既是想他人所想、理解至上的一种处理人际关系的思考方式；也是达成理解必不可少的心理机制。从客观上来讲，它要求我们把自己的内心世界，如自己的情感体验和思维方式等，与对方联系起来，换位思考，从而与对方在情感上得到沟通，为增进理解奠定基础。

简单来说，设身处地理解，就是"如果我是他，我现在站在他的位置，我怎么看待这个问题，我怎么做出决定？"然而每个人都习惯利用自己的思维方式思考问题，以自我经验为中心，在倾听过程中总是习惯从自己的角度去思考和理解问题，有意无意地用自己生活中的事件作为回应，比如他会说："那让我想起，我……"，打断言说者的思路，甚至无意中引开话题。而且从倾听的层次来看，有同理心地听是倾听的最高层次，日常生活中达到的人少之又少。

所以，在与老年人沟通的过程中，想达到最有效的倾听效果，在学习各种具体的表达技巧之前，更重要的是从内心尊重、接纳老年人。要克服"自我中心"思维，设身处地地站在老年人的角度去理解他们。即使对老年人所说的话感到失望，也不要打断，更不要指责和顶撞，尽可能站在他们的角度去思考。不以自己的好恶去评判，说错了也没关系，我们不需要发表什么意见，也少进行指导。总之，不管老年人说什么，都要让他们感到你理解他。

（三）及时地给予反馈/回应

有效倾听是倾听者和言话者的互动过程。倾听者在倾听的过程中适时地做出反馈是极其必要的。一方面，倾听者的反馈能让言说者感觉到被倾听、被关注，从而激发更强烈的诉说欲望；另一方面，言话者也会根据倾听者的反馈来检查自己的行为结果，判断自己所说的是否被准确接收和理解，从而对后面的表达内容做出相应的调整。倾听者的反馈包括非言语性反馈和言语性反馈两个方面，它们彼此配合、相互印证。

1. 非言语性反馈

非言语性反馈是由身体姿态、动作及面部表情来传达的。人的身体姿态会暗示出对当前谈话的态度和兴趣，研究发现，自然开放性的身体姿态，如身体前倾、用手托腮、赞许性的点头、恰当的面部表情（时而微笑、时而皱眉）、积极的目光接触等，显示出倾听者在全神贯注地跟随言说者，能让言说者感受到支持与信任，从而更认真地投入交谈。

我们在听老年人讲话时，要与他们有眼神交流，可以不时点点头。在交流过程中，可以握一握老年人的手，或者拥抱老年人，这些都可以让老年人感到自己被关心和尊重。

2. 言语性反馈

这里所说的言语性反馈包括简单的口语化的回应和复述。

简单的口语化的回应，如"呃""噢""我明白""是的""有意思"等，表示认同对方的陈述；"说来听听""我们讨论讨论""我对你所说的很感兴趣"等，表示鼓励言说者谈论更多内容。复述是指用自己的话来重新表达言说者所说的内容。如"我听你说的是……""你是否想表达这个意思？"等，是想向言说者求证自己听到的内容与言说者所要表达的是否一致，确保倾听的准确性；如"就像你刚才所说……""我非常认同你所说的……"等，是用对方的观点来说出自己的想法，让言说者有被认同感。

在与老年人沟通的时候，要放慢语速，语言要简洁清晰，一定要用老年人听得懂的方式去沟通。若老年人听力不好，可以适当放大音量，或者贴近他的耳朵说话。

（四）适时适度的提问

任何事情都有一定的适用范围，如果超出了这个范围，事情就会变质。提问也不例外，在与老年人沟通的过程中，提问需要适时适度，否则不但起不到积极推动作用，还容易引起反感，影响沟通效果。综合而言，提问时需要注意以下三点。

1. 提问的内容和数量要适当

提问的内容需要围绕谈话主题而开展，如果所提内容与当前谈话内容无关，老年人会认为你没有认真倾听，从而对你产生误解，影响继续谈话的兴趣。此外，倾听过程中提问数量需要适宜，过多会打断言说者思绪，引其厌烦；过少，则言说者会因为得不到相关信息的反馈，同样对倾听者的倾听效果和态度产生疑问。

对于有认知障碍的老年人来说，当他们不能表达或表达不清楚时，适时的提问可以帮他们把想说的话说出来，从而更准确地表达其所要表达的内容。

2. 提问的语速和语气要适度

语速、语气会传递情绪情感。在倾听过程中，倾听者需要依据沟通的场所和特定的情境以及提问的对象来确定速度的快慢。提问时如果语速过快，语气过急，对方很可能听不清你的问题或者无法做出及时的反应，无形中营造了一种紧张的氛围。如果语速过慢，语气过缓，则会引起对方的不耐烦，失去继续沟通的兴趣。

整体而言，在与老年人沟通时，提问的语速相对要慢一点，语气不要过急，否则会让老年人产生焦虑情绪。

3. 提问的方式要适宜

提问有两种方式：一种是开放式提问，一种是封闭式提问。开放式提问常常以"什么""怎样""为什么""能不能""愿不愿意告诉我……"等形式发问，这种方式的提问给对方回答的空间比较大，能得到比较多的信息，但回答所需的时间也比较长。封闭式提问是可以用"是""否"等一两个字简短回答的提问，通常用"是不是""要不要""会不会"等形式提出，它得到的答案比较明确，回答的时间也比较短。

在具体倾听的过程中，要依据倾听对象的特点、谈话的具体需要和谈话时间来安排适宜的提问方式，也可以将两种方式结合起来一起使用，充分利用两种提问方式的独特优势，分别弥补各自的不足。

（五）抑制反驳的念头

倾听的目的是"听"而不是"说"，倾听的关键是"多给别人耳朵，少给声音"。在沟通中，人们难免会出现不同的认识和看法，当言说者的观点与倾听者不一致时，倾听者一定要学会控制自己的情绪，尽量抑制内心争论的冲动，这一点在年轻人与老年人沟通时，尤为重要。

一方面，对于老年人来说，在面对晚辈时，长期采取"说一不二"的行事态度，而随着年龄的增大，身体机能不断下降，他们内心深处是充满恐惧和焦虑的，所以此时会刻意把自己伪装得非常强大，对"反驳"的抵触情绪比年轻人更加强烈。另一方面，老年人看问题与年轻人的角度不同，有一些观点是过时的，让年轻人忍不住要"反驳"。

所以，在倾听老年人讲话的过程中，一定要尊重对方，要有耐心，放松心情，要等对方把话说完，再找合适的时机表达自己的看法和见解。

四、表达的技巧

（一）选择适合老年人的表达方式

1. 放慢语速，说话简明易懂

"你就不能快一些吗？"这种催促式的语言或者急切命令式的语言都会增加老年人的抵触情绪，特别是有认知障碍的老年人，他们会更加依赖环境和气氛去理解、判断对方的意思，此时就更容易产生焦虑感或自卑感。另外，多次重复同样的话也不好，不如放慢语速，选择合适的用词，这样更能明确传达信息。

在老年服务工作现场，经常会看到这样的场景：有的老年服务从业人员和老年人交谈时比较紧张，或者害怕冷场，所以不断地寻找话题，急切地提出话题。其实只要老年服务从业人员能够放松下来，慢慢交谈，想要表达的意思自然而然就会表达到位。

2. 坐在容易和老年人交谈的位置

坐在老年人正对面交谈容易使老年人紧张，如果并排坐在老年人侧面（两人面朝同一方向），能够让老年人感到亲切，但交谈时最佳的位置是：老年服务从业人员和老年人坐在同侧，把身体转向老年人约45度的位置，这样不但能让老年人感到老年服务从业人员对他的关心，而且也便于老年服务从业人员观察老年人的表情。

对于偏瘫的老年人，老年服务从业人员要坐在其健侧进行交谈，因为坐在其瘫痪侧进行交谈非常不便，所以老年服务从业人员必须提前了解和确认老年人的身体状况。

3. 创造使人心情平静的谈话环境

在过于明亮的场所，人们往往无法放松下来，所以一定要用心营造一个不过于明亮且不过于昏暗，可以让人放松心情的照明环境。另外，过于安静的场所，也会让谈话变得难以进行。

（二）选择恰当的话题

人到老年期后，由于生理、心理的退行性变化以及退休后角色地位、社会交往的变化，比较容易产生忧郁、孤独、衰老和自卑等消极情绪情感。所以在和老年人沟通的过程中，提前了解老年人的人生经历，如老年人的籍贯、曾经从事的工作、家庭关系、兴趣爱好、人生观和社会观等，才能加深对老年人的了解，扩大话题范围。

1. 多聊聊他们年轻的时候

老年人通常爱聊自己的过去，忆苦思甜是老年人最爱做的事情。如果老年人重复过去的事情，倾听者也不要感到无聊，其实认真倾听，也许会发现很多有趣的或让自己感动的事情。此外，如果老年人总是重复一个话题，说明那个事情对他个人非常重要，这时候倾听者可以主动询问老年人当年的情况，老年人一定会非常热情地回应。

2. 灵活运用家乡的话题

如果可以灵活运用老年人家乡的话题（如老年人家乡的旅游景点、名胜古迹、特产、风土人情等），那么对这位老年人来讲，就容易引出更加亲近的话题或回忆往事的话题，为进一步加深沟通提供更广泛的话题。

3. 避免可能"有风险"的话题

对老年人本人不愿意触及的话题（如家庭不和、伤心的经历等），一定要根据谈话的时机和情景避开。如"你有多少个子女？他们对你好不好啊？""平时会不会有很多人来探望你？""有没有回家过节？"等话题，需要根据一些日常线索提前对谈话者的情况进行初步预估，然后慎重选择，以免勾起悲伤的记忆，让他们陷入忧郁、孤独之中……

（三）巧妙结束话题

老年人因特殊的社会角色，对各种"丧失"体验深刻。社交圈的缩小，让他们在人际交往中往往处于被动、等待的地位，他们中的大多数人内心是很期待与别人建立联系的，所以对结束谈话常会表现出依依不舍。因此，在与老年人结束谈话的时候，注意别再让他们认为你即将展开一个新的、可以聊很久的话题。要巧妙地告别，如"差不多到吃饭时间了，不耽误您了，下回再来看您啊！""我们聊了这么久，您休息一下吧……（看表），我们下回继续聊啊！"等，这样既不显得仓促，又从对方的角度考虑，让他们感受到你对他们的关心，使他们内心愉悦，同时还让他们对下次交谈有了期待。

任务三 赞美与批评

赞美是发自内心的对于自身所支持的事物表示肯定的一种表达。恰如其分的赞美能使人们更好地与他人交往，从而增进感情。批评则是指对他人的缺点和错误提出意见。著名作家毕淑敏曾说："批评就像是冰水，表扬好比是热敷，彼此的温度不同，但都是疗伤治痛的手段。"在日常沟通过程中，二者都有着非常重要的作用。

一、赞美的一般原则和技巧

赞美就是通过对他人的优点做肯定和积极的反应，有效缩短人与人之间的心理距离，实现双方良性情感交流和心灵沟通的一种积极交际方式。美国著名心理学家威廉·詹姆斯说过："人性深处最大的欲望，莫过于受到外界的认可与赞美。"赞美就像润滑剂，可以调节人际关系。

在与老年人沟通的过程中，要多夸奖老年人，比如夸老年人精神好、气色好等，老年人受到肯定后，会很高兴，然后再交流具体的事情，就更顺利了，但要注意的是，也并不是所有的赞美都能让人心情愉悦，赞美需要掌握一定的原则和技巧。

（一）赞美的一般原则

1. 真诚原则

真诚是赞美的前提和基础，是赞美的第一要义。真诚地赞美他人是这个世界上最温暖、最快乐的艺术，它不但会使他人心情愉悦，还可以使自己经常发现他人的优点，从而使自己对人生持有乐观、欣赏的态度。

若要做到真诚，除了在沟通过程中眼睛要平视对方，语气要中肯，神态要自然等外在表现，更重要的是赞美的内容要基于事实、发自内心。这就要求我们在日常生活中注重培养自己的正向思维，用积极的眼光看待周围的人和事，只有对生活充满热爱，才能取悦自己，悦纳他人，做到真诚、有力量。

2. 适度原则

高尔基曾说："过分夸奖一个人，结果就会把人给毁了。"赞美别人要蜻蜓点水，点到为止，不可翻来覆去地说赞美的话，坚持适度原则；使用过多的华丽辞藻，过度的恭维，空洞的吹捧，有故意赞美和有意讨好之嫌，使被赞美者产生戒心。

3. 适时原则

所谓"美酒饮到微醉后，好花开到半开时"。赞美他人要灵活把握时间，注意场合，要学会见机行事。比如，当老年人计划做一件他认为有意义的事情时，开头的赞扬能增强他的兴趣和积极性，促使其开心地按照计划执行，当中间遇到困难或懈怠的时候，适时赞美有益于对方再接再厉，结尾的赞扬则可以肯定成绩，让其增强自信心和价值感。

4. 具体化原则

笼统、模糊、夸张、抽象的赞美之词起不到赞美的效果，赞美的语言应该具体、明确、重视细节。赞美的语言越具体，越能显示出你对对方的了解和重视，让人感觉真实可靠。

要想达到具体化的赞美，一定要从细节入手，从细微之处进行赞美。比如，可以赞美老年人今天的穿着搭配不错（如衣服款式好）、精神状态不错。也可以赞美其说的某句话有道理等，切记太过笼统。

5. 差异化原则

人的素质有高低之分，年龄有长幼之别，优点也各有不同，不能把同一个型号的衣服，穿在所有人身上，而是要用心去发现每个人身上与众不同的亮点。对于做生意的人，可以称赞其头脑灵活，生财有道；对于干部，可以赞美其为国为民，廉洁清正；对于知识分子，可以赞扬其知识渊博、宁静淡泊。对于年轻人，一般可在他的事业、精力、仪表、风度上找话题；而对于老年人，要在他的健康、阅历、经验、成就上做文章，他们一般总希望别人不忘记他"当年的雄风"，所以我们在与老年人交谈时，可以多多赞美他最引以为豪的过去。

（二）赞美的技巧

在人际关系中，赞美是一件好事，但绝不是一件容易实现的事，适当地赞美他人能够取得良好的交际效果。但是，我们要么很吝啬自己的赞美，要么把握不住赞美他人的度，反而显得很尴尬。所以开口之前一定要先找一些技巧。

1. 赞美对方最看重的地方

每个人都有自己最看中的东西，人与人千差万别，看中的东西自然也大相径庭，这就要求在赞美他人之前，首先要摸清对方的兴趣、爱好、性格、职业经历等背景状况，抓住他最重视、最引以为豪的东西，将其放在突出位置加以赞美，这样才能最大限度地满足对方的心理需求。离退休老年人的人际交往从"以工作为中心"向"以家庭为中心"转变，对他们来说，关注的重点也随之转移到家庭人际关系中，所以与他们沟通时可以赞美子女孝顺、有出息，老伴体贴等。

2. 在背后赞美他人

面对面真诚赞美他人固然好，但若用词不当，则有可能引起对方的不快，或给其留下漫不经心、缺乏热情的印象，或有恭维奉承之嫌。相反，你在背后赞美他人的优点时，如果被赞美者听到，他会觉得你是发自内心地赞美，而不是出于目的，从而起到事半功倍的效果。

3. 借他人之口，间接赞美对方

权威人士或机构提供的评价是最令人信服的，同时也是最令对方感到自豪和骄傲的，因此引用权威的言论来评价对方无疑是一种很好的形式。即使无法获取权威人士或机构的言论，借用他人对对方的评价也会产生不错的效果。

4. 使用反语，明贬实褒

有时，赞美可以采取正话反说的方式，表面上看是否定其实是在逆向地肯定和赞美，这种赞美会给人出其不意的感觉，比正面的褒奖更能让人铭记于心。

5. 巧妙利用对比赞美

所谓对比赞美，是指贬低自己，抬高他人。在与他人沟通的过程中，适当贬低自己，是一种谦虚、礼貌的体现，与老年人沟通时更是如此。可以采用请教的方式进行沟通，这样既能满足人们好为人师的天性，让对方觉得自己有价值，在相比之下，也会觉得自己比你聪明，从而对你产生兴趣和好感。

6. 遇物加价，逢人减岁

买东西时，人们都希望用"廉价"购得"美物"。例如，你花300元买了一件衣服，而别人认为这件衣服肯定值500元，你听了之后往往会有一种很有面子的感觉，认为自己很会买东西。"遇物加价"这个方法很能讨得人们的欢心，操作起来也很简单，你只要按原物1.5~2倍的价格估算就可以了。此外，把别人的年龄尽量往小说，会使对方觉得其年轻漂亮，保养有方，从而产生一种心理上的满足。

"遇物加价"与"逢人减岁"是针对人们的普遍心理而采用的两种赞美技巧，而对于老年人来说更加实用。一方面，老年人大多省吃俭用，喜欢物美价廉的物品；另一方面，老年人都有怕老的心理，内心有着强烈的"死亡焦虑"，于是，"逢人减岁"这种赞扬技巧就让其非常受用。不过切记"加价""减岁"都要把握好度，否则就违背了"真诚原则"。

二、赞美的注意事项

（一）尊重老年人，用心赞美

每个人都渴望自己被肯定。老年人有时候像小孩一样，喜欢被表扬、夸奖，所以，真诚、慷慨地多赞美他们，他们就会高兴，从而谈话的气氛就会活跃很多。

在与老年人沟通的过程中，应避免表现出心不在焉、虚假敷衍、漠不关心的态度，要用心观察老年人各方面的表现，从中发现可表扬、赞赏的地方，真诚表达赞美。真诚的赞美会让老年人感到被鼓励和支持，从而积极与你沟通。

（二）创造向老年人表达感谢、赞美的机会

在养老机构中，当老年人得到老年服务从业人员周到体贴的服务时，大都会向其说声"谢谢"，继而会对老年服务从业人员更加信赖，然而，老年人并不希望自己每天只能接受他人的照顾，这样会逐渐产生自卑心理。所以，老年服务从业人员要重视和理解老年人这种心情。

老年服务从业人员可以拜托老年人做一点力所能及的事情，从而创造向老年人说"谢谢"的机会，但要注意所拜托的事情是老年人可以轻松做到的。例如，老年服务从业人员用轮椅推老年人外出时，在老年人允许的情况下，把较轻的物品放在老年人膝盖上，到达目的地后拿回物品，然后对老年人说"谢谢"；用餐完毕后，如果老年人帮助擦桌子，老年服务从业人员也可以对老年人的行为表示赞美和感谢。

（三）不要胡乱夸奖老年人

老年服务从业人员和老年人之间的关系，是成年人之间的伙伴关系，有时即使想表示夸奖，也不要说"哎呀，真听话啊"这种对孩子才使用的夸奖方式，因为老年人不是孩子，即使需要他人的照料，也不要忘记老年人也是成年人，受到这种不恰当的夸奖后，有的老年人会觉得自己被视为傻瓜或无用、低能的人，这样反而会损害双方的关系。

三、批评的一般原则和技巧

如果赞美是抚慰人灵魂的阳光，那么批评就是照耀人灵魂的镜子，能让人更加真实地认识自己。批评是一门艺术，其出发点在于如何让对方虚心接受劝告，正确行事。掌握批评技巧，可以使自己的人际关系更加和谐。俗语说："良言一句三冬暖，恶语伤人六月寒。"研究与实践证明，批评的效果，在很大程度上取决于批评的方法和技巧。

（一）批评的一般原则

1. 实事求是原则

批评他人要坚持实事求是原则，在批评之前要弄清事实，做到有理有据；捕风捉影是极不负责任的表现，只有建立在事实基础上的批评才可能让他人接受。

2. 对事不对人原则

虽然批评的是对方，但本质上是对行动所造成的结果——也就是一件事进行批评，批评的目的是希望纠正错误，以期下次可以做得更好，这是原则和立场。千万别因为对人不对事而徒增矛盾。

3. 真诚宽容原则

批评不是吹毛求疵，也不是为了看他人的笑话。批评是为了使人进步，要在这个善意的动机下指出他人的缺点和毛病。在批评他人的时候，要有真诚的态度和宽容的心，这样的批评才容易让他人接受。

4. 适时适度原则

（1）不要在公众场合批评他人。

人都需要自尊和面子，不要在公众场合批评他人。一方面，这样容易伤人自尊，让受批评的人伤面子，更会因此而失去批评的意义，使批评适得其反。另一方面，如果对方抗压能力、理解能力差，在众人面前批评他，会因此衍生出更多问题。

（2）批评的内容适度得体。

批评他人要学会留有余地，掌握好语言的分寸，坚持适度得体的原则。用尖酸刻薄的语言批评他人、嘲笑谩骂、贬低人格和中伤他人自尊，不但有失自己的风度，还达不到批评的目的，容易让对方产生反感，抵触沟通。人人都有自尊心，在批评时要注意给他人留有"情面"，让忠言不至于给他人带来伤害。

（二）批评的方法和技巧

1. 批评前最好有铺垫

美国著名学者戴尔·卡耐基说过："矫正对方错误的第一个方法——批评前请先赞美对方。"人都有害怕批评的情绪，如果很快进入正题，被批评者可能会产生不自主的抵触情绪，即使表面上接受，却未必表明你已经达到了目的。在批评前，先抓住对方的长处给予由衷的赞美，会让对方产生一种积极愉快的情绪体验，化解与批评者的对立情绪，从而在融洽的气氛中接受批评。

2. 批评中表达方式要委婉

通常，被批评者的心理处于紧张、压抑的状态，要么焦虑、恐慌，要么对立、抵抗，抑或沮丧、泄气。这些不正常的心理状态会成为双方交流思想感情的心理障碍，降低沟通效果。所以批评他人之前需要根据批评对象的特点慎重选择表达方式，对多数人来说，都比较能接受委婉的批评，而不能接受直截了当的正面批评。具体来说，委婉的批评有以下几种表达方法。

(1) 幽默批评法。

用诙谐幽默的语言进行批评，能缓解被批评者的紧张情绪，使对方在笑声中自我反思，增进相互间的感情交流。这样的批评不但能够达到教育对方的目的，同时也能为双方创造轻松愉快的沟通氛围。

(2) 暗示批评法。

暗示批评法是指采取一些形式，避开正面的批评，旁敲侧击地暗示对方，对方知道你用心良苦，不但容易接受，而且会从内心感激你。暗示批评法所采取的形式比较灵活，可以是眼神、动作等非语言形式，也可以是故事、笑话等语言形式。比如，当老年人用餐结束后，嘴角残留饭粒，作为老年服务从业人员如果直接当众指出，会让老年人很不好意思，觉得没面子，如果你随手拿出纸巾递给老年人说："奶奶，您今天胃口真好，来，擦拭一下，然后去院子里转转"或者直接帮她擦拭（根据老年人的身体状态而采取不同的方式），这样很自然地就把问题解决了。

(3) 先己后人法。

先己后人法是先谈论自身的错误，然后再批评对方。这种方法可以带给对方一定程度的认同感，拉近彼此的距离，营造心胸开阔、坦诚相见的良好批评氛围，从而使对方更容易接受。

(4) 以问代责法。

以问代责法是将批评谴责的话用疑问句的形式表达出来，让对方认识到错误。

3. 批评后提出相应的改正方法和建议

批评他人时不能一味地强调其错误，而要相应地给予你认为可行的改正方法和建议，要告诉对方为什么错了，哪里错了，可以怎么改进以及下次该如何避免相同的错误，要让对方明白你提出批评不是刁难，而是为了能促使其进步。

四、批评的注意事项

(一) 一般注意事项

1. 打人莫打脸，揭人莫揭短

每个人都有不愿被人提及的一面。每个人心里对自己的缺点都会有所避讳，平时藏在内心深处，在社交中极力回避。如果你直接去揭人短，肯定会引起别人的愤怒，就算当时不说，过后也会记恨你，等到哪天你有事求到他，估计会让你很难堪。

2. 批评他人之前，先批评自己

人的能力有高有低，经验有深有浅，人们在某一方面积累了丰富的经验后，总是喜欢按照自己的水平去指责谩骂新手。比如，年轻人在接受新事物方面比老年人快，所以总是站在自己的角度、根据自己的水平去指出老年人所犯的错误，对他们不耐烦或厌弃。其实我们在批评之前应该先站在对方的角度去思考。

所谓人无完人，就算是要批评人，也要先看看自己是否也存在错误，如有，请大胆承认，批评他人之前，先批评自己，这样做不仅可以让事情快速解决，还可以让你的包容心和开放态度更强，更有利于今后的人际关系乃至个人发展。

3. 人前表扬，人后批评

表扬他人要在人多的时候表扬，让大家都看到。批评他人要在没人的时候交谈，给其留足面子，也给谈话留有回旋的余地。

（二）批评老年人时的注意事项

1. 多接纳认可，少批评指责

不管是选择居家养老还是机构养老的老年人，都属于被照顾的一方，在他们内心多少都有一点自卑、无用、无助之感，这种情感体验深刻而持久，所以在与老年人沟通的过程中，应尽可能对他们多一些接纳、认可，少一些批评、指责。

老年人对于在身边照顾自己的老年服务从业人员的一举一动其至表情都会特别地在意和关注，这就要求老年服务从业人员在与老年人接触的过程中，不管工作多么繁忙，心情多么急躁，都要学会控制自己的情绪，学会平缓自己焦虑的心情，不要让老年人发觉，更不能向老年人发脾气。对老年人的一些不当行为不要当场喝止，或者不断地进行指点，特别是在众人面前，这些都会损害老年人的自尊，给他们带来伤害。此时，应该默默地在旁边观察老年人，只在有必要的时候再提供帮助和指导。

2. 根据与老年人的关系，决定批评的内容和形式

有些时候，为了老年人的安全和健康，必须指出他们的错误行为时，一般要根据与老年人之间的关系，决定批评的内容和形式。我们常说"一家人不说两家话"，当你要沟通的老年人和你关系很好的时候，批评的内容和形式可以随意一些。如果老年人对你还不是很信任，你的批评需要更加慎重。

知识链接

罗森塔尔效应（赞美的力量）

罗森塔尔效应，又名期待效应，是指热切的期望与赞美能够产生奇迹——期望者通过一种强烈的心理暗示，使被期望者的行为达到他的预期要求。

有这样一个实验，1968年的某天，美国心理学家罗森塔尔和助手们来到一所小学，他们从一至六年级中各选出三个班的学生进行所谓"预测未来发展的测验"。之后，罗森塔尔以赞许的口吻将一份"最有发展前途"的名单交给了校长和相关老师，并对他们说："这些儿童将来大有发展前途"，并叮嘱他们务必要保密，以免影响实验的准确性。实际上这些学生是随机抽取的，结果八个月后，对这些学生进行智能测验，奇迹出现了——凡是上了名单的学生，每个人的成绩都有了较大的进步，且性格活泼开朗，自信心强，求知欲旺盛，更乐于和别人打交道。

实验中，罗森塔尔对老师的暗示，左右了老师对名单上学生的能力评价，而老师又将自己的这一心理活动通过自己的情感、语言和行为传染给学生，使学生变得更加自尊、自爱、自信、自强，从而使各方面得到了异乎寻常的进步。

罗森塔尔效应给我们这样一个启示，赞美、信任和期待，有一种能量可以改变人的行为，当一个人获得另一个人的信任、赞美时，他便感觉自己获得了社会支持，提升了自我价值，变得自尊、自信，同时，获得了一种积极向上的动力，并尽力使自己达到对方的期待，以免让对方失望，以此维持这种社会支持的连续性。

任务四　说服与拒绝

一、说服的概述

（一）说服的定义和阶段

说服是指在一定的情境中，个人或群体运用一定的战略战术，通过信息符号的传递，以非暴力的手段去影响他人的观点和行动，从而达到预期目的的一种交际表达方式。社会心理学家 H. 卡尔曼（Herbert Kelman）指出，一个人从接受说服到态度转变，大致需经过层次递进的三个阶段：服从、认同、内化。

1. 服从阶段

接受说服者的观点，表面上转变自己的看法，改变了态度，其实其"态度"中的认知和情感成分并没有变化。

2. 认同阶段

主动接受对方观点，转变态度和行为。

3. 内化阶段

真正从内心深处相信和接受对方的观点，彻底改变自己的态度并把对方的思想观点纳入自己的价值体系，使之成为自己态度体系中的有机组成部分。

整体而言，说服的层次递进的三个阶段，说明被说服者内心对于说服信息的接受程度。在日常沟通过程中，最好让老年人主动接受观念，或者从内心深处认同观念；否则只是简单的服从，虽然表面上达到了说服的目的，让对方接受了自己的观点，但老年人内心其实是反感和排斥的，长此以往，会不利于双方良好关系的建立。

（二）影响说服效果的因素

1. 说服者的因素

心理学研究表明，有效的说服和说服者的个人因素有着密切的关系，对于一个说服者来说，他人是不是相信他的话，受专家资格、受欢迎程度、可靠性判断三个因素的影响非常明显。

一般情况下，专家学者的观点更具说服力，同时，人们经常会改变自己的态度，使其与自己喜欢的人保持一致。此外，如果人们认为说服者能从自己倡导的观点中获益，便会怀疑说服者的可靠性，此时即使他的观点很客观，人们也不太会相信。正如"王婆卖瓜，自卖自夸"一样，瓜未必不好，但是人们会因为其意图而拒绝买瓜。

2. 说服信息的因素

首先，说服信息所倡导的态度与被说服者原有态度之间的差距影响说服的难度。大家都感觉让一个有"勤俭节约"习惯的老年人"铺张浪费"是非常困难的。

其次，说服信息所唤起的恐惧感，可以激发被说服者产生改变。比如，通过激发老年人对肺癌的恐惧，可以更好地说服老年人戒烟。

再次，信息呈现的方式对说服的效果也不同。对于一般说服的信息来说，视觉最佳，听觉次之，书面语最差。

除此之外，说服信息所呈现的顺序和关联性也能影响说服的效果。

3. 被说服者的因素

说服也受到被说服者的影响，与被说服者有关的因素如表4所示。

表4　与被说服者有关的因素

与被说服者有关的因素	具体阐述
被说服者的人格特性	比如自尊心较低的人往往对自己缺乏信心，对自身的不足之处比较敏感，较容易说服
被说服者的心情	心情好的人在争论出现时卷入较少，不愿意进行深入的探讨，所以比较容易说服
被说服者的卷入程度	如果被说服者自身经历过强烈的情绪体验，说服的成功率可能就会增加，比如与老年人亲近的人因肺癌去世，会让他更容易被说服戒烟
被说服者自身的免疫情况	如果预先的说服过多，会让被说服者产生免疫力，从而使态度的改变变得困难
被说服者自身在说服中的角色	研究者认为，人是不可能说服他人的，除非他人愿意改变自己的态度。自我说服会让人们参与感加强，相比于被他人说服，被动消极的态度、自我的论据更让人们容易接受
被说服者的个体差异	如认知需求、自我检控以及年龄、性别等，研究表明，18~25岁的最容易被说服，老年人被说服相对较难

4. 情境因素

影响说服的情境因素包括预先警告和分散注意两个方面。预先警告对态度的改变与人们事先对这个问题的了解程度有关，如果个体事先对问题了解较少，预先警告有利于态度的改变；相反，如果个体事先对问题有较多的了解，预先警告会起到抗拒作用。此外，研究还表明，在说服过程中分散被说服者的注意力，有利于其减少抗拒，有利于其态度的改变。

二、说服的基本策略和技巧

说服是在交际中人们经常进行、具有广泛用途的一种言语活动。说它犹如"春风化雨""苦口良药"，是很有道理的。任何一种言语活动都要注重一定原则，运用一定技巧，否则就会适得其反，说服也不例外。

1. 培养感情，建立信任

信任是说服的基础，若没有这个基础，任何说服都不会取得理想的效果。所以，若要说服老年人，就要让老年人对你有足够的信任。另外，建立感情更是建立信任的基础，感情好了，很容易就能赢得老年人的信任和理解。在说服老年人之前，需要用心培养和老年人的感情，建立信任关系。在与老年人沟通的过程中，以下几点可以拉近双方的情感距离。

（1）得体称呼表善意。

得体的称呼就是对方愿意接受的称呼，是缩短双方心理距离的第一步。如果称呼不得体，必然引起对方的不良心理反应，在准备说服对方之前就引起了对方的反感。

一般我们根据老年人的年龄和性别选择不同的称呼，可以是爷爷奶奶，也可以是叔叔阿姨。有时候我们还可以通过刻意"减龄"的称呼让对方开心。

（2）巧用寒暄造气氛。

中国人讲寒暄，讲礼让，觉得这样能让对方心情好，有利于营造轻松的交流氛围，对老年人更应如此，沟通时不要急于说出交流的目的，耐住性子，先通过闲聊（如问最近的身体怎么样、吃饭香不香）让老年人感受到你的关心和重视。

（3）寻求相似套近乎。

在说服之前，为了让内容不显得那么突兀或更容易让老年人接受，可以寻求相似点。比如，想说服老年人不挑食，可以说"奶奶，其实我小时候可不爱吃××了，每次都是妈妈威逼利诱，现在长大了每次吃××的时候都会想起妈妈，想家"等，让老年人感觉你很亲切，从而开心地接受你的建议。另外，还可运用老年人家乡的话题（如老年人家乡的旅游名胜、特产、风土人情等）让老年人找到熟悉的、亲近的感觉。

2. 提前准备，增加了解

所谓"知己知彼，百战不殆"。准备说服他人之前，必须对说服对象的性格、特点、兴趣、爱好有所了解，捕捉从对方的思想、态度等方面流露出来的点滴信息，从而清楚症结所在，让说服有的放矢。

首先，要了解老年人身体状态、年龄、子女情况、家庭情况等基本信息；其次，了解老年人的人生经历，如老年人的出生地点、曾经从事的工作、家庭关系、兴趣爱好、人生观等，对于加深了解、收集信息、说服角度的选择会起到很好的作用。此外，老年服务从业人员还要细心掌握：怎样和老年人打招呼他会高兴？老年人和其他人交流时常用什么样的方式进行回应？老年人平时喜欢和他人谈论什么话题？等等。

值得注意的是，老年服务从业人员一般会通过老年人的信息登记表来了解老年人的情况，这样并不全面。在日常的交流中，老年服务从业人员要学会用自己的眼睛和耳朵进一步了解老年人的情况。例如，老年人喜欢什么样的谈话方式和沟通方式，仅凭登记表上的文字是无法获知的。另外，即使相同的语言，如果口气不同，要表达的意思也会发生改变。

3. 认真倾听，获取信息

只有善听才能善言。如果在老年人刚开始表达自己想法的时候，你就急于表达自己的观点，根本无心思考他在说些什么，甚至在对方还没有说完的时候，就在心里盘算如何反驳，这样交谈是难以合拍的。只有善听才能更好地说服他人，因为你能从他的话语中发现他的弱点，从而找到说服对方的关键信息和契机。此外，你在认真倾听的同时也会让人感到你充分考虑了他的需要和见解，增加了对方认同的概率。

4. 委婉表达，情理兼容

心理学研究表明，当一个人处于愧疚、自责、害怕、焦虑等情绪中时，较容易接受说服。因此，说服者应该设法通过具体、生动的现身说法，典型实例分析，利害关系的强烈对比等感染和警示对方，晓之以理、动之以情，从而让对方接受自己提出的意见。

三、说服的注意事项

由于生理机能的退化，老年人对事物的接受和理解会相对较慢，再加上觉得自己是老年人，不应该被晚辈约束管制，所以许多年轻人的好心劝告可能会起到相反的作用，尤其是当你计划说服老年人改变某种不良习惯时，往往困难重重，稍不小心就容易让老年人的自尊心受到伤害，引发其更强烈的反击。在日常沟通中，若要说服老年人，需要特别注意以下几点。

（一）少讲道理，多讲事例

许多人会有一种感觉，觉得老年人越老越固执，一点也听不进去劝告，最爱说"我走过的桥比你走的路都多，我说得没错"等。遇到这样的情况，建议年轻人在和老年人沟通时少讲道理，多讲事例。有些老年人明知道自己的做法不太合理，但通常还是希望维护自己的自尊，因此不愿意承认。这时，作为晚辈，何必和他们一争高下呢。暂时由着他们，找到机会，用他人的故事讲出建议，这样他们更容易接受。

但值得注意的是，举例子需要注意用正确的人、正确的事去打动老年人。正确的人，主要是指与老年人年龄相仿的人，不论是身体状况还是思想观念，彼此都更加接近，从而

老年服务礼仪与沟通技巧

让老年人产生亲切感。正确的事，就是与老年人有相同的遭遇，这容易让老年人感同身受，觉得可信度高，从而消除戒心。

比如，你希望老年人多出去锻炼身体，发展爱好，不能和他说某个运动员锻炼身体，也不能说你自己怎么锻炼身体，而是可以给他们讲讲你在公园里看到的：一位78岁的老大爷，天天去公园里打拳、唱歌，身体倍儿棒，精神状态也好，基本上不和医院打交道；另一位阿姨，每天在公园里写地书，虽然已经72岁了，但看起来也就60岁的样子。老年人听到有这样鲜活的例子，就会比较心动。

又如老年慢性病患者，往往有不少不良的习惯，如果只拿着枯燥的理论对他们说教，老年人或许根本听不进去；倘若拿周围与他们患有相同疾病的人成功康复作为榜样，或者失败的案例作为警醒，这时老年人往往会主动反省自己的行为。这样，既让老年人做出了改变，又维护了他们的自尊心，可谓一举两得。

（二）与其说服，不如认可

说服是想让对方了解一些在道理上正确的事情，建议对方理性地接受正确的事情，或者让对方接受主观上不情愿但必须去做的事情。老年人如果内心不情愿，也就不会行动，即使做一些正确的事情，如果违背了老年人自身的意愿，他也会拒绝去做。有时，迫于"必须这样"的要求，老年人没办法，也许会听从老年服务从业人员的安排。可是这样的"说服"只会损害双方的亲密关系。所以，老年服务从业人员要学会尽量让老年人发自内心地、自愿地去做某件事情，这一点非常重要。因为老年服务工作的一项重要职责就是想方设法激励老年人自主做事的积极性，老年服务从业人员要学会换位思考，多设想一下，这件事情如果换成自己能否接受，然后再要求老年人接受。

尤其是有认知障碍的老年人，如果感情上不能接受，就不会回应。此时，适当地给予激励或应用一些技巧，甚至用善意的谎言，只要是真诚、发自内心地为老年人着想，这种态度一般都会得到老年人的认可。

（三）借助肢体语言，营造轻松氛围

老年人内心较敏感，重视周围人对自己的态度，害怕遭到别人的嫌弃，显得自身无用。所以在与老年人的沟通中，营造轻松、舒缓的谈话氛围是非常重要的。一些细微的肢体语言，往往能起到很好的效果。比如在谈话中触碰老年人的手臂或握住老年人的手、面带微笑、目光真诚，都可以帮助双方建立一种微妙的默契。

四、拒绝的一般原则和技巧

在现代社会里，每个人都要与他人打交道。在这个过程中，人们难免会遇到他人提出的请求或要求。大家都知道，接受这些是非常容易的，而拒绝则可能需要足够的勇气。同时，拒绝别人，也要讲究方法，如果方法合适，对方不但不会怪你，反而觉得你可交；如果方法不合适，轻则导致对方不满，重则对你怀恨在心。

（一）拒绝的一般原则

1. 拒绝时态度真诚

不要在他人刚开口时就予以断然的拒绝，不要对他人的请求流露出不快的神色，更不要蔑视和忽略对方，这些都会让对方觉得你的拒绝是对他没有诚意的表现，从而对你的拒绝产生逆反心理。无论是听对方陈述要求和理由，还是拒绝并说明缘由，都要始终保持和蔼亲切的态度，让对方了解自己做出拒绝的决定实在是认真考虑后不得已而为之。

2. 拒绝时内容明确

很多人想拒绝对方的时候，会产生一种"不好意思"的心理。这种心理阻碍了人们把拒绝的话说出口。由于这种矛盾的心理，就使态度不那么明朗，说话吞吞吐吐、欲言又止。在这种心理的制约下，最终往往是依照对方的意图行事，即使拒绝了对方，态度也容易使对方产生误解，认为你故意拿架子，不够朋友，由此引起的不满和对立情绪往往更加强烈。

所以，虽然拒绝的态度应该温和、措辞应该讲究，但是对于明显不能办到的事，还是要明白直接地说"不"，以免使对方抱有幻想，引起误会。当你答应了请求又无法实现时，对方会觉得受了欺骗，要知道，"当断不断"，其结果只能是害人又害己。

3. 拒绝的措辞委婉含蓄

若要拒绝他人，你要站在他们的角度去想一想，每个人求他人时都是满怀憧憬的，直接否定对他们来讲无异于当头一棒。所以对于他人的请求，表现出无能为力，或迫于情势而不得不拒绝时，一定要记得加上"真对不起""实在抱歉""不好意思""请多包涵""请您原谅"等致歉语，这样，能够不同程度地减轻对方因遭拒绝而受到的打击，并舒缓对方的挫败感和对立情绪。

4. 拒绝的理由合情合理

不要只用一个"不"就让对方"打道回府"，而应给"不"加上合情合理的注解，让对方明白，自己的拒绝不是毫无来由的，更不是找借口搪塞，而是确有无可奈何的原因或难以诉说的苦衷，讲明自己的处境，比如具体说出理由及原委，那么在将心比心中，对方自然就能体谅你的言行了。

当然，在拒绝一方面要求的同时，如果能够尽量满足其他方面的合理要求来作为补偿，或是积极地替他出谋划策，建议他寻求更好的出路，让对方体会到你的火热心肠和殷切期待，则更易得到谅解与友谊。

（二）拒绝的一般技巧

1. 留有余地

虽然面对对方的请求没法接受，需要拒绝，但是可以主动提出在其他方面可以为其提供帮助。这种有智慧的拒绝，虽然请求者没有达到预先的目标，却也并非毫无所获，所以心里的落差也就不会太大。

2. 转移话题

对方的意愿与你相背，而你又不善于拒绝他人。如果这种情况多次出现，那你就应当选择转移话题，从而不让聊天出现尴尬的局面。巧妙运用其他与主题相关的话语，转移对方的注意点，如果对方情商比较高，就会看出你转移话题的意图，自然不会带着这个话题再次来找你。

值得注意的是，虽然你是为了彼此更好地交流，而不是对对方不尊重或者态度上的不负责任，但在转移话题过程中还是要注意度，如果多次转移话题不成功，对方还是坚持，最好的解决办法还是直接回答问题。

3. 缓兵之计

如果面对对方的请求，虽然内心不情愿，但是双方的关系或当时的场合，不适合当场拒绝时，可以采取拖延的办法。可以说"让我考虑一下，明天答复你"等拖延之词，这样既能保存对方的面子以避免尴尬，又能让你有时间思考如何答复，还可能会让对方认为你是很认真地对待他的请求的。

4. 献计献策

面对他人所求感到力不从心或不愿意相帮，想拒绝而又不好直接拒绝时，最好不要急于表示自己能否帮忙，可以为其介绍另外几种解决问题的途径，并表明这些途径比自己为其帮忙更好，这样对方就不会因为你的拒绝而耿耿于怀了，而会思考你的建议，如果建议可行，则会心存感激。

5. 借用他人的意思巧妙说"不"

人们都是处在一个大的社会背景中，互相制约的因素很多，拒绝他人时可以把责任推给第三者，给自己找个"盾牌"。比如，当老年人请求我们帮忙换个房间时，你可以说"这件事需要向院长请示，我做不了主；不过昨天有个奶奶也想换房间，后来没有换成功，因为现在老年人多，房间都住满了……"等推托之词，把矛盾引向其他地方，传达出"不是我不给你办，而是我决定不了"的意思，请托者听到这样的话，一般都会打退堂鼓。

以他人的身份表示拒绝，这种方法看似推卸责任，却有很多好处：一是容易被人理解和接受；二是让对方觉得你很诚恳，自然不会再刁难你；三是表现出一种对决策无权控制的样子，从而全身而退。

五、拒绝的注意事项

作为老年服务从业人员，在拒绝老年人时，既要把"不"字说出口，又要让老年人能心甘情愿地接受你的想法，不至于责怪、怨恨你。这并非一件易事，既要注意一些通用的技巧，还要注意一些具体事项。

（一）拒绝老年人要委婉

老年人内心敏感，在对别人提出的要求遭到拒绝后，很容易引发其内心的无用、无助以及自卑之感。所以在拒绝老年人的要求时，尽可能委婉表达。

首先，拒绝他们的时候，一定要向对方解释自己拒绝的理由，拒绝的言词最好用坚决果断的暗示，不可游移，要让对方明白你的拒绝是出于万不得已，很是抱歉。

其次，即使心里很想当场拒绝老年人，还是要耐心地听完他讲的话，因为这表示了你对他的尊重。人都是需要别人尊重的，你听完他的话后，先说一些关心、同情的话，然后再讲清实际情况，说明无法接受的理由。由于你先说了一些让人听了产生共鸣的话，对方才能相信你所说的是真实情况，相信你的拒绝是出于无奈，故而才能尊重你的选择，不责怪你。

最后，面对许多的不愿意，还可以使用缓兵之计，那就是先不马上回答，或者把时间往后拖一拖，你的拖延也会使他们迅速明白你的意思。

（二）禁止使用训斥、指责、强迫、管制等语言

训斥、指责、强迫、管制等严厉的语言，会让老年人感到更加紧张、畏缩，甚至导致本来可以做到的事也无法做到了。而且这种做法，会对老年人的自尊心造成很强的伤害，他们今后可能会拒绝老年服务从业人员的照顾。

尤其是患有认知障碍的老年人，即使听不懂老年服务从业人员在训斥自己什么，但他们也会感觉到老年服务从业人员训斥自己时的态度、表情、举止等。如果老年服务从业人员给老年人留下了让人讨厌或言语刻薄的印象，会对今后的沟通造成很大障碍。

（三）根据请求的内容区别对待

如果老年人提出的是不合理的请求，或者对老年人自身身体和安全不利的请求，如住院的老年人不配合治疗、要求提前出院等，老年服务从业人员就需要讲明利害关系，要态度明朗地拒绝；如果老年人的请求是一些无关紧要、非原则性、对老年人无害的，这时需要特别考虑老年人的感受，尽可能协调资源帮助其解决问题，不可轻易伤了老年人的心。

知识链接

拒绝中的"六要"和"六不要"

1. "六要"

（1）要婉转地拒绝：真正有不得已的苦衷时，如能委婉地说明，以婉转的态度拒绝，别人还是会感动于你的诚恳。

（2）要有笑容地拒绝：拒绝的时候，要能面带微笑，态度要庄重，让别人感受到你对他的尊重、礼貌，就算被你拒绝了，也能欣然接受。

（3）要有代替地拒绝：你跟我要求的这一点我帮不上忙，我用另外一种方法来帮助你，这样一来，他还是会很感谢你的。

（4）要有出路地拒绝：拒绝的同时，如果能提供其他的方法，帮他想出另外一条出路，实际上还是帮了他的忙。

（5）要有帮助地拒绝：你虽然拒绝了，但在其他方面给了他一些帮助，这是一种慈悲而有智慧的拒绝。

（6）要留退路地拒绝：不要把话说死，把路堵绝。你可以说："这事难度太大，办成的可能性极小，但是为了朋友的感情，我愿意尽自己最大的努力。"这样即使事情办不成，朋友也会领你的情。

2. "六不要"

（1）不要立刻就拒绝：立刻拒绝，会让人觉得你是一个冷漠无情的人，甚至觉得你对他有成见。

（2）不要轻易地拒绝：有时候轻易地拒绝别人，会失去许多帮助别人、获得友谊的机会。

（3）不要盛怒下拒绝：盛怒之下拒绝别人，容易在语言上伤害别人，让别人觉得你一点同情心都没有。

（4）不要随便拒绝：太随便地拒绝，会让别人感觉你不重视他，容易造成反感。

（5）不要无情地拒绝：无情地拒绝就是表情冷漠，语气严峻，毫无通融的余地，会令人很难堪，甚至反目成仇。

（6）不要傲慢地拒绝：一个盛气凌人、态度傲慢不恭的人，谁也不会喜欢亲近他，何况当有求于你时，你却以傲慢的态度拒绝，别人更是不能接受。

——摘自《实用社交口才》，周璇璇著，北京大学出版社，2008年

项目八 老年服务中的非语言沟通技巧

【知识目标】

◇ 了解非语言沟通的含义、重要性及作用。
◇ 理解非语言沟通的典型及表现。
◇ 掌握非语言沟通的实现途径。

【能力目标】

◇ 能利用各种非语言进行沟通。
◇ 能识别各种非语言所表示的意义。
◇ 能运用非语言沟通,更好地为老年人服务。

【素质目标】

◇ 反思与老年沟通的实际经历,有意识地学习非语言沟通中的重点知识。
◇ 与小组成员分享学习经验,以团队协作的形式巩固老年服务工作中非语言沟通的相关知识和技能。

任务一 认识非语言沟通

非语言沟通是人们经常应用并且不被注意的沟通表达方式,比语言交流更常见,也更富有表达力。关于非语言沟通在人际沟通中的重要性,有人总结过这样一个公式:交际双

方的相互理解 = 语调（38%）+ 表情（55%）+ 语言（7%）。因此，研究非语言沟通的作用是很有必要的。

一、非语言沟通的含义

非语言沟通是指通过非语言文字符号进行信息交流的一种沟通方式。人们利用身体动作、面部表情、空间距离、触摸行为、声音暗示、穿着打扮、实物标志、色彩、绘画、音乐、舞蹈、图像和装饰等来表达思想、情感、态度和意向。人们在日常交往中往往会发现，有时非语言沟通可以起到语言文字所不能替代的作用，一个人的手势、表情、眼神、笑声等都可以传情达意。所以，非语言沟通不仅是利用语言进行信息交流的一种补充，而且是一种人与人之间的心理沟通，是人们的情绪和情感、态度和兴趣的相互交流以及相互感应。

二、非语言沟通的特征

非语言沟通具有六个特征，分别为普遍性、民族性、社会性、审美性、规范性、情境性。

（一）普遍性

在沟通过程中，几乎每个人从小就自觉不自觉地学会了非语言沟通的能力。据考证，这种沟通能力的获得是人类的一种本能。人类产生以后，就开始了人与自然界及人与人之间的沟通活动，这种非语言沟通在人们语言符号产生之前就已是最重要的沟通形式了。随着实践活动的发展、社会的进步和人际交往范围的扩大，人们的非语言沟通能力也不断得到丰富和发展。这种非语言沟通能力各国人都有，不过，由于各国文化的不同，这种非语言的表达方式也有所不同，但从一般意义上来讲，与各国、各民族所用的语言比较起来，非语言沟通的信息共享更强。例如，国际音乐节和舞蹈节邀请了许多国家的歌唱家同台演出，有时并不需要大家说同样的语言，因为音乐和舞蹈可以跨越语言障碍进行人与人之间的非语言沟通。

（二）民族性

不同的民族有不同的文化和风俗习惯，这种不同的文化传统和风俗习惯决定了其特有的非语言沟通符号。例如，人们通过握手、拥抱和亲吻来表达自己对他人的欢迎和爱抚。在欧洲一些国家，亲吻、碰鼻是一种礼节，是一种友好热情的表示，尤其是对女性而言，但中国人往往不太习惯这样，更习惯以握手的方式来表达同样的感情。

（三）社会性

人与人的关系是一种社会关系。人们的年龄、性别、文化程度、伦理道德、价值取向、生活环境、宗教信仰等社会因素都对非语言沟通产生影响。社会中的不同职业角色和不同阶层都对非语言沟通有着较细微的规定，如有些年轻人喜欢相互拍肩膀以示友好，但如果用同样的方式向老年人表达友好就显得缺乏礼貌了。

（四）审美性

非语言沟通所表现的行为举止是一种美的体现。对此类行为的认同的基础是人们的审美观念。人们审美观念的形成与年龄、经历有着很大关系，如人的仪表美就是一个有争论的话题。如果沟通的参与者意见不一致，对外在美所体现的心灵美看法不同，在一定程度上会影响人际沟通。

（五）规范性

这种规范性是指一个社会群体或一个民族受着特定文化传统的影响，长期以来对非语言沟通所产生的社会认同。每种社会角色都有着被大家承认的行为举止准则，运用非语言符号时，要考虑沟通对象的文化因素、民族因素、环境因素、年龄因素、心理因素、社会道德因素等，因为一旦忽略了非语言符号所特有的规范性，便会造成误解和障碍。

（六）情境性

非语言沟通一般不能单独使用，不能脱离当时当地的条件、环境背景，以及与相应语言情境的配合。只有那些善于将非语言符号与真实环境背景联系起来的人，才能将非语言符号运用得准确、适当。

在信息传播和表达情意的过程中，语言沟通一直是不可取代的方式，然而许多生活经验和经历告诉我们，非语言沟通同样不可缺少，而且极为重要！

三、非语言沟通与语言沟通的区别

（一）方式不同

语言沟通以语词符号为载体实现沟通，主要包括口头沟通、书面沟通和电子沟通等。

非语言沟通使用语言符号以外的各种符号系统，包括形体语言、副语言、空间利用以及沟通环境等。

（二）作用不同

语言沟通在词语发出的同时开始，它利用声音一个渠道传递信息，能对词语进行控制，是结构化的，并且是被正式教授的。

非语言沟通是不用言辞表达的、为社会所共知的人的属性或行动，这些属性或行动由发出者有目的地发出，由接收者有意识地接受并可能进行反馈。

（三）特点不同

语言沟通是指借助文字进行的信息传递与交流。书面沟通的形式也很多，如通知、文

老年服务礼仪与沟通技巧

件、通信、布告、报刊、备忘录、书面总结、汇报等。

使用非语言沟通符号可以重复语言所表达的意思或起到加深印象的作用，如人们使用自己的语言沟通时，附带有相应的表情和其他非语言符号。

四、非语言沟通的作用

长期以来，非语言符号可用来传递信息、沟通思想、交流感情，这些已被人们所熟悉。据估计，人的脸部能表现出约25万种信息，教室内可以存在7 000多种课堂手势，这些非语言符号都有着丰富的含义。在特定的场合，非语言符号都可起到特殊的作用。具体有以下几种。

（一）表情达意作用

在日常工作生活中，人们普遍运用较多的非语言工具是目光语和手势语，目光语和手势语等非语言符号在许多情况下具有语言文字所不能替代的表情达意作用。

眼睛是人心灵的窗户，能明显、自然、准确地展示自身的心理活动。眼神是传递信息十分有效的途径和方式，不同的眼神可起到不同的作用。在人际沟通中，目光语可以表现多种感情，根据情境，既可表示情意绵绵，暗送秋波；也可以表示横眉冷对，寒气逼人等。目光语通常有以下几种作用：提供信息、调节互动、启发引导、告诫批评、表达关心。如老年服务从业人员在为老年人服务的过程中，对手术后的老年人投以询问的目光，对年老体弱者投以关爱的目光，对进行肢体功能锻炼的老年人投以鼓励的目光，而对神志清醒但不合作的老年人投以责备、批评的目光。此时，虽没有语言行为，但更能使老年人感到愉快，得到鼓励，或产生内疚。同样，老年人一个赞许的目光，也可使老年服务从业人员消除疲劳，感受到自身工作的价值。

手势是有声语言的延伸，是非语言中重要的表达方式，富有极强的表情达意的功能，表达的信息丰富多彩。如老年人刚入住养老机构时，老年服务从业人员手掌心朝上，引导老年人到床边，表示礼貌；老年人离开养老机构时，挥手表示辞别、再见；功能障碍老年人顺利完成锻炼任务时，竖大拇指表示好样的、棒极了；术后老年人示意要下床活动时，"OK"手势表示支持和允许；如病情不允许离床活动，则摆手表示不同意；当老年人没有按照老年服务从业人员的嘱咐进行锻炼，在其意识到错误并积极改正时，老年服务从业人员拍拍老年人的肩膀予以肯定；或者老年人在答出自己提出的问题后竖起大拇指，得到的效果胜过口头表示，但手势语因民族、国家、地区的不同而表达的含义有所不同，因此，养老机构如有外宾时应谨慎使用。

（二）表达友善与鼓励

和蔼亲切的表情向他人传递的是相互友好的关系，而一副生硬的面孔则向他人传递着冷漠和疏远的关系信号。在现实生活中，微笑是礼貌待人的基本要求，是心理健康的一个标志。微笑是一种知心会意、表示友好的面部表情，是在社交场合中最有吸引力、最有价值的面部表情，既悦己又悦人。一些心理学家做过这样一个实验：找100个人作为受试者，让他们根据陌生人的照片判断对哪些人的印象最好，哪些人的品德和能力更强。结果90%的受试者指出面带微笑的人能力、品行最好，可以给人留下最好的印象。由此可见，微笑对塑造自身的良好形象能起到重要的作用。在老年服务工作中，老年服务从业人员应把微笑贯穿于服务的全过程，以真诚的微笑向服务对象传递友善、关注、尊重、理解等信息，在老年人心中树立良好形象，进而拉近双方的关系，为后续的服务打下良好的基础。

面部表情是有效沟通的世界通用语言，不同国家或不同文化对面部表情的解释具有高度的一致性。人类的各种情感都可非常灵敏地通过面部表情反映出来，面部表情的变化是十分迅速、敏捷和细致的，能够真实、准确地反映感情，传递信息。

（三）替代语言

在非语言沟通中有一种有声沟通在日常生活学习中运用广泛，它是通过发音器官或身体的某部分所发出的非语言性声音而进行的沟通方式，主要表现在人们说话时声调高低、强弱和抑扬顿挫的掌握上或说话的停顿和沉默会产生言外之意的效果。在噪声较大的工地或停车场，人们无法听见对方讲的话，便可以用手势来指挥吊车工作，以及停车的位置和距离；在实弹射击场要求氛围紧张、严肃，老师在学生射击过程中，除在射击前和射击结束时下达正常的口令外，在射击过程中不针对单个或部分学生下达口令，只能进行简短提示，以免惊吓其他学生而引发意外事故；在老年服务工作中，当不同意老年人不合理的要求时，老年服务从业人员可以用摇头或摆手表示不同意。

在一定的场景中，即使对方没有说一句话，但老年服务从业人员从对方的表情上已经了解到对方的意思。当一个人不能听或说时，非语言符号常常代替语言来表达意思。这种替代是有条件的，即一定是在同样文化氛围或普遍被人们认同的规则下才能应用，否则便容易引起误解。

任务二 肢体语言

肢体语言又称身体语言，是指经由身体的各种动作，从而代替语言借以达到表情达意的沟通目的。广义言之，肢体语言也包括面部表情在内；狭义言之，肢体语言只包括身体与四肢所表达的意义。肢体语言主要包括头部语言、面部表情语言、手部语言、腿部语言和姿态语言。

一、头部语言

头部处于人际沟通时最上端的位置，也是沟通时对方比较关注的部位，头部语言是否得体，对沟通成功与否起着重要作用。主要的头部语言有点头、摇头、低头、仰头和侧头。

（1）点头：在对方说话的时候轻轻点头，一般表示理解、认可、赞同、肯定。和他人相遇的时候，轻轻点头则代表"打招呼"和问候。

（2）摇头：一般表示不同意、不认可、拒绝，有时候轻轻摇头，还代表对思考中的问题予以否决。

（3）低头：一般表示谦恭、臣服、顺从、害羞、承认错误，有时也表示温柔、顺从。

（4）仰头：一般代表比较激昂的情绪，比如自信、悲愤、不服气。

（5）侧头：在印度的西孟加拉邦，人们表示赞同时，不是点头，而是将头向右侧一侧。

在实际沟通中，要在不同的语境中识别和判断真实的头部语言。如果你是上级，在给下级布置任务时，下属回答时微微点头了，则表示他对你是信任的，如果他回答时有摇头的迹象，则表示他可能口是心非。

二、面部表情语言

面部表情语言是指通过眼部肌肉、颜面肌肉和口部肌肉的变化来表现各种情绪状态。

（一）眼睛

一个人眼睛的形态及变化，可以反映出其喜怒哀乐、爱恨憎恶。

首先，瞳孔的变化有丰富的意义。在相同的灯光条件下，随着态度和情绪从积极转向消极，瞳孔就会由扩张转向收缩，反之，随着态度和情绪从消极转向积极，瞳孔就会由收缩转向扩张。当人们处在兴奋的情绪中，瞳孔会比原始尺寸扩大4倍；相反，如果人们处在消极的情绪中，瞳孔就会收缩。瞳孔的变化是无法用意志来控制的，因此，瞳孔能够传达出个人的兴趣、爱好、态度、情感和情绪等信息，但是，没有接受过专门训练的人不容易分辨出瞳孔的变化。

其次，目光的角度也能传递很多信息。目光的角度有注视、斜视和眨眼。斜视的含义很丰富，它可能是表示感兴趣，也可能是表示不确定，甚至是表示敌意。人们在目光投向侧方的同时，眉毛稍稍上扬或面带笑容，那就是很兴趣的表现，恋爱中的人经常将此视为求爱的信号。如果斜视的目光伴随压低的眉毛、紧皱的眉头或下拉的嘴角，则表示猜疑、敌意或者批判的态度。

注视，也就是目光接触，可以说是人体中最为有效的非语言沟通。"眉目传情""眉开眼笑"等成语形象地说明了目光在人们情感交流中的重要作用。有经验的沟通者都很注意恰当而巧妙地运用自己的眼神，借以充分发挥口才的作用。如果沟通者说话时不善于用眼神传情，总是呈现出毫无表情的眼神，就会给听众一种呆滞麻木的感觉，无法引起听者的注意，有损语言的表达。

只有在注视对方的眼睛时，彼此的沟通才能建立，沟通中的目光接触非常重要，一些国家对目光接触的重视程度甚至远远超过语言沟通。在美国，如果你应聘时忘记看着主考官的眼睛，就别想找到一份好的工作。一般来讲，沟通者说话时眼睛要朝向对方，适度地去注视对方的眼和脸，不要斜视对方，也不要不停地眨眼。正常而放松的状态下，人们的眼睛每分钟会眨 6~8 次，每次眨眼时眼睛闭上的时间只有 1/10 秒。我们和一些人谈话时，有时会感到舒服，有时会感觉不自在，甚至觉得这个人不值得信任，这主要与对方注视我们的时间长短及注视部位有关。当一个人不诚实或企图说谎时，他的目光与你的目光接触的时间，往往不足全部谈话时间的 1/3。总的来说，若想和人建立良好的关系，在整个谈话时间里，你和对方的目光接触时间累积要能达到总时间的 50%~70%，只有这样才能获得对方的信赖和喜欢。

注视的部位，可以分为公务注视、社交注视和亲密注视。

公务注视，眼睛看着对方额头上的三角区，以双眼为底线，顶角到前额。这是洽谈业务、磋商和贸易谈判时常用的注视部位。注视这个部位，显得严肃认真，有诚意。在交谈中，如果目光总是落在这个三角区，就把握住了谈话的主动权和控制权。

社交注视，是人们在社交场所中使用的注视部位，这些社交场所包括茶话会、舞会和各种类型的友谊聚会，眼睛要看着对方脸上的倒三角区，以两眼为上限，嘴为下顶角，即在双眼和嘴之间。

亲密注视，是男女之间尤其是恋人之间使用的注视部位。眼睛看着对方双眼和胸部之间的部位。但对陌生人来说，这种注视就不太合适。

在所有的社会交往中，目光接触能传达出丰富的信息。首先，目光接触常用于调整谈话。比如，一个演讲者开始发言时转移目光，而结束时就抬起目光，转移目光似乎是为了预防反问和打扰，而抬起目光则标志着一个问题的结束，并允许其他人发言。其次，目光接触同样也表明有兴趣。影视剧里经常出现互相凝视的两个人，以表示爱情、热情和极大的关心。另外，在一次偶然的谈话中，如果其中一个谈话者总保持着目光接触，就会变成一种浪漫的表示。相反，避免或中断目光接触，通常是对一个人不感兴趣的表示。谈话时目光不接触，可以说明他对你谈话的内容不感兴趣。再次，眉和目联系在一起传递丰富的信息。眉毛的运动可以帮助眼神的传递，可以传递问候、惊讶、恐惧等信息，如果你眯起双眼眉稍向下，可能表示你陷入沉思中；如果眉毛扬起，可能是一种怀疑的表情；如果紧皱眉头就表示焦虑。眉目还可以表露出你的心情，如眉飞色舞、扬眉吐气、眉开眼笑是说明眉毛上扬的时候表示心情很好；横眉冷对则说明愤怒。最后，嘴的动作也可反映出人的内心信息。

（二）嘴

嘴的表情是通过口型变化体现的：噘嘴表示生气，抿嘴表示害羞，撇嘴表示不愿，歪嘴表示不服。微笑时，嘴角上扬，气急时嘴唇发抖，微笑和大笑通常被认为是表示幸福和开心的信号。我们都是哭着来到这个世界的，不过 5 周以后我们就学会了微笑，而 4~5 个月以后，我们就会用大笑来表示自己的情感。微笑，是一种很具有表现力的表情，它能传递友善、亲切的信息，使人际关系变得宽松；微笑也是一种各国通用的体态语言，超越了各种文化的差异，它存在于所有的文化和国家中，人们不分国别、种族地使用它，并且理解它的含义；它可以帮助你与各种关系的人交往，不论是业务伙伴还是朋友。微笑要发自内心，表现出热情、亲切、真诚、友好。你的笑容能让周围的人感到幸福，但是如何察言观色分辨出真笑、假笑呢？生活中经常会有这样的情况，明明做了令对方反感的事，对方不好意思直接说，只是"友好"地笑笑，我们还以为对方是真的高兴，结果好心办了错事。一个不开心的人，最初他的笑很勉强，如果他想让自己看起来自然一些，就会有意识地控制笑容。此外，假笑维持的时间较长，一种表情一般持续时间不会超过5秒。

三、手部语言

人们习惯在说话的同时比比划划，或者完全用手势来表达感情，原始人类曾经用全身各个部位的肢体语言进行交流，有了口头语言之后，最初的肢体语言逐渐被淘汰，除了手势。

手是人体中触觉最为敏感、肢体动作最多的地方，所以，观察一个人说话时手的姿势变化，往往能及时捕捉到他发出的各种信息，以达到沟通的目的。比如，十指交叉，是一种典型的本能型防御姿态，说明他可能受过严重的伤害，存在一定的心理阴影；双肘支撑双手交叉，则体现一种充满自信的心理状态；用手触摸耳朵，表明他对你所说的话缺乏基本的信任；有些人说话时不停地用手触碰鼻尖，表明他内心犹豫不决，这是他未能做出明确决断时常见的手部语言；你说话时对方用手挠头，提示他这时已经出现烦躁不安的情绪；用手捂嘴，表示他想掩饰自己的真实想法。

手部语言不仅种类繁多，而且没有非常固定的模式。由于沟通双方的情绪不同，手势动作也不相同，采取何种手势，都要因人、因事、因物而异。聋哑人群体中，手势被上升为手语，是他们最主要的沟通方式。常见的手势有以下几种。

双手抱头：将双手交叉抱在脑后，这是有权威、占优势地位、对某事怀有信心的人经常使用的一种表示高傲的动作，也是一种暗示拥有权力的手势，表明当事人对某地某物拥有所有权。

抱臂：双臂交叉于胸前，这是一种拒绝、戒备、敌意、防御的态度，双臂展开表示热情和友好，双手插裤袋表示冷淡或孤傲。

背手：当他人站立或走路时，双臂背在背后，并用一只手握住另一只手，表示的往往是一种优越感和自信。此时要注意，若双手背在身后，不是手握手，而是一只手握另一只手的腕、肘、臂，则表示沮丧、不安，并竭力进行自我控制的手部语言，是暗示当事人心绪不宁的被动状态，而且握的部位越高，沮丧的程度也越高。

握手：握手是世界上通用的见面礼节。它表示关心、问候、祝贺、感谢、理解、慰问、支持、鼓励。在握手时，我们要注意伸手的先后顺序，一般应遵守"遵从意愿"的原则，即握手前先根据交往双方的社会地位、年龄、性别、宾主身份确定尊卑，位尊者先伸手表示邀请，位卑者伸手予以响应，位卑者贸然抢先伸手则是失礼的。握手时，双方各自伸出右手，身体前倾约15度，彼此保持一步距离，手略向下方伸出，拇指张开，其余四指并拢微向内，掌面向左，左手自然垂于体侧，动作稳健大方，态度热情友好，时间以3秒为宜，力度应牢而不痛。握手时男士不可戴手套，不要与人交叉握手。

四、腿部语言

人的腿部和双脚是丰富的信息源，能够泄露人们内心的秘密，因为大部分人对腿部和双脚动作不大注意，根本不会考虑掩饰或伪装这部分的肢体动作。一个人或许可以假装出镇定自若的表情，但是如果他的双脚不断地轻敲地板或双腿一直微微晃动，那就说明其实在镇定自若的神情下，他的内心充满了焦躁的挫折感。

通过认真观察，我们可以发现：年轻人走路时的速度明显快于老年人，轻轻的步伐以及良好的肌肉柔韧性，使他们看起来更健康。正因为如此，军人们规范的姿态才塑造出他们年轻健壮、精力充沛的形象。

腿部语言也能揭示谎言。美国心理学家保罗·埃克曼组织了一场经理人测试，要求被试者在情境访问中撒谎，并且尽量表现得令人信服。结果表明，所有参加测试的经理，不论男女，在撒谎时脚部的下意识动作都会显著增多。大部分被试者都会伪装面部表情，甚至会控制手部语言，但是对双腿和脚步的动作几乎浑然不觉，所以只要我们能够看到沟通对象的整个身体，就能大大提高识破谎言的成功率。这同时也能解释为什么很多职场人士只有坐在整体实材的办公桌后面才能感觉到舒适，因为办公桌能够隐藏他们身体的下半部分。跟石材桌面相比，玻璃桌面会给人造成更大的压力，因为透明的玻璃让腿部一览无余，从而令人感觉无法完全掌控自己的身体。

五、姿态语言

姿态语言主要是指用身体的姿势来表达情感、传递信息的体态语言。姿态可以反映出一个人的文化修养和品位，这是因为每种姿态都是人们心理状态和生理状态的外化。优美的姿态能反映出一个人良好的思想境界和情感世界，并能成为调动他人情绪的有力手段。俗话说"坐如钟、站如松、行如风"，这就是对人的姿态的基本要求，不论写字、走路，还是就坐持物的姿势，都能显露一个人的内心。如一个充满自信、思想豁达的人，常常表现出直挺的姿势，一个颓废、缺乏信心的人，则表现出垂头、屈身。人们协调各种动作姿势，并与其他无声语言动作，如眼神、面部表情等紧密配合，只有使各种表现手段协调一致，才能达到良好的沟通效果。

（一）坐姿语言

坐姿是人们最重要的姿势之一。坐姿的基本要求：上半身挺直，两肩放松，勿弯腰驼背，也不可前贴桌边后靠椅背，上体与桌、椅均应保持一拳左右的距离，双脚自然垂地，双膝并拢，小腿与地面基本垂直，不可交叉伸腿在前，或腿一前一后伸着，甚至呈"内八字"状，双手应掌心向下相叠，或两手相握放于身体的一边或膝盖之上，脖子挺直，胸部挺起，并使背部和臀部成一直角。坐着谈话时，上体与两腿应同时转向对方，双目正视说话者。男女坐姿大致相同，只是在腿部上存在一些差别。男士就座时，双脚可平放于地面，双膝亦可略微分开，双膝间的距离以一拳为宜，双手可分别放在左右膝盖之上。女士就座时，双腿并拢，以斜放一侧为宜，双脚可稍有前后之差。这样从正面看来双脚汇成一点，可延长腿的长度，也显得颇为优雅。

（二）站姿语言

站姿的基本要求是：身体直立，挺胸抬头，下颚微收，嘴唇微闭，双目平视前方，面带微笑，两腿并拢立直，两膝并严，脚跟靠紧，脚掌分开呈"V"形，挺胸立腰，吸腹收臀，双手置于身体两侧自然下垂。

男士站姿，在基本站姿的基础上，两腿分开，两脚之间距离不得超过肩宽，两脚分开平行站立，双手握于腹前，身体重心在两脚上，身体直立，注意不要挺腹或后仰。

女士站姿，在基本站姿的基础上，两脚尖略张开，右脚（左脚）在前，将右脚跟（左脚跟）靠于左脚（右脚）内侧，呈右（左）丁字步，两手握指置于腹前，身体重心可在两脚上，也可在一只脚上，通过两脚重心的转移减轻疲劳。

（三）姿态语言解析

1. 开放式姿态与封闭式姿态

开放式姿态是受欢迎的，通常表现为：伸展一下双手，松一下领带，活动一下四肢，双手背后，以手托头等。

封闭式姿态则是不受欢迎的，通常表现为：紧缩双臂，夹紧双腿，目光下垂，捻弄手指，拉扯衣服等。

2. 喜欢的姿态与不喜欢的姿态

喜欢的姿态语言：亲切的目光、友好的眼神、微笑的面部表情、自由放松的动作等。

不喜欢的姿态语言：短暂的目光接触、白眼、不高兴的面部表情、神情冷漠、身体紧绷等。

3. 有权姿态与无权姿态

有权姿态：放松的姿势，昂首直立的身姿，果断有力的手势，相对夸张的动作，适当的瞪眼，适时的打断，适当地接近别人等。

无权姿态：身体紧张，过度微笑，不直接看他人，频繁地向下看，坐在会议桌的最后，僵硬的动作等。

六、老年服务工作中肢体语言的使用技巧

（一）注意仪表和举止

有研究表明，84%的人对另一个人的印象效应来自他的外表。随着年龄的增长，老年人的身体渐渐衰老，大都会产生焦虑、恐惧心理，在与老年人沟通时，老年服务从业人员端庄的仪表、沉着稳重的言行举止可消除老年人的疑虑。尤其是在养老机构里，老年服务从业人员在急、危、重症老年人面前采用娴熟的技术，表现出镇定、当机立断等非语言行为，无疑能取得老年人的信赖与配合。

（二）注意面部表情

老年服务从业人员在与老年人进行沟通时，应注意脸部的表情，这是肢体语言沟通技巧中最为丰富的源泉，老年服务从业人员在服务时，面带微笑，会让老年人产生愉快和安全感，进而拉近与老年人的距离。老年服务从业人员应运用自己的面部表情，与老年人的情绪体验相一致，促进与老年人的沟通。

（三）注意目光接触

对老年人讲话，老年服务从业人员在与老年人进行交谈时，应注意与老年人进行目光接触，老年服务从业人员热情的服务会给老年人带来安全感。另外，老年服务从业人员也可以从老年人的表情中判断老年人的心理状态；还可以用目光观察老年人的手部、腿部语言及其他肢体语言，发现线索，发现问题并予以解决。

（四）注意自己的姿态语言

人的情绪是很容易被感染的。老年服务从业人员的姿态语言，会潜移默化地影响老年人的情绪，因此，在老年服务工作中要运用正确的姿态语言，给老年人积极的暗示。

（五）适当适时的触摸

触摸是一种没有声音的语言，可以交流关心、理解等情感。在专业范围之内，审慎地、有选择地运用触摸对沟通交流具有促进作用。一些老年人由于长期患病，常出现焦虑、沮丧等心理，尤其是临终老年人，他们大多经历了否认、愤怒、抑郁、接受等复杂心理，精神极度脆弱，因此，对老年人的心理支持往往比生理上的诊疗更重要，此时，实施非语言行为往往比语言更有效，老年服务从业人员可握住老年人的手，细心而且耐心聆听对方的诉说，适当地给老年人拉拉被子、理理头发，利用皮肤接触来满足老年人的心理需求，用无声的交流表现出对老年人的理解和爱，使他们有安全感和亲切感。

任务三 环境语言

环境语言是非语言交际的一种重要形式，它包括空间语言和时间语言，空间语言又包括空间距离、环境布置等。这些因素既可以提供沟通交流信息，又可以展示文化特性，因此了解环境语言的相关知识，正确、得体并自然地传达和接收信息，避免在老年服务工作中行为举止失当，是老年服务从业人员提高沟通能力的一个环节。

老年服务礼仪与沟通技巧

一、空间语言

空间语言理论是美国著名人类学家霍尔最早提出的。1959年，霍尔出版了影响深远的《无声的语言》，书中以"空间会说话"（Space Speaks）为题专门用一章的篇幅对这一理论做了精辟论述。霍尔认为，空间可以交流信息。空间语言又称为界域语，通常是指在交际过程中，人们凭借交际的空间距离来沟通情感、传递信息的一种无声语言。这种语言往往不易被我们直接感知，但它存在并影响着我们的交际活动。当人们在空间中移动变化、在特定场合发生位次排列、当空间语言被不恰当地使用时，人们便会注意到这种语言的存在。

（一）空间距离

空间距离也是人际沟通的一种"语言"，对人际沟通产生影响。人们在日常的沟通中，往往通过与他人保持一定的空间距离来保护自己的领地不受侵犯。空间距离的远近与情感的倾诉成正比关系。在一个组织中，空间距离显示了个人的地位高低和权力大小，这主要表现在一个人的地位越高，其拥有的空间就越大，他和其他人的空间距离就越远。空间距离也反映了人的个性和文化，性格开朗外向的人对空间距离的敏感性较低，而性格封闭和内向的人需要的空间距离较大。

1. 空间距离的划分

霍尔提出了距离学的理论来阐述人际距离影响沟通的问题。他把人际距离划分为四个区域。

（1）亲密距离。

这是人际交往中的最小间隔或几无间隔，即我们常说的"亲密无间"，其近范围在6英寸（约15厘米）之内，彼此间可能肌肤相触、耳鬓厮磨，以至于相互能感受到对方的体温、气味和气息。其远范围是6~18英寸（15~44厘米），身体上的接触可能表现为挽臂执手，或促膝谈心，但仍能体现出亲密友好的人际关系。就交往情境而言，亲密距离属于私下情境，只限于在情感上联系高度密切的人之间使用，在社交场合，大庭广众之下，两个人（尤其是异性）如此贴近，就不太雅观。在同性别的人之间，往往只限于贴心朋友，彼此十分熟识而随和，可以不拘小节，无话不谈。在异性之间，仅限于夫妻和恋人之间。因此，在人际沟通中，一个不属于这个亲密距离圈子内的人随意闯入这一空间，不管他的用心如何，都是不礼貌的，会引起对方的反感，也会自讨没趣。

（2）个人距离。

这是人际间隔上稍有分寸感的距离，较少有直接的身体接触。个人距离的近范围为1.5~2.5英尺（46~76厘米），正好能相互亲切握手，友好交谈。这是与熟人交往的空间。陌生人进入这个距离会构成对别人的侵犯。个人距离的远范围是2.5~4英尺（76~122厘米），任何朋友和熟人都可以自由地进入这个空间。不过，在通常情况下，较为融洽的熟人之间交往时保持的距离更靠近远范围的近距离一端，而陌生人之间谈话则更靠近远范围的远距离一端。人际交往中，亲密距离与个人距离通常在非正式社交情境中使用，在正式社交场合则使用社交距离。

（3）社交距离。

这已超出了亲密或熟人的人际关系，而是体现出一种社交性或礼节上的较正式关系。其近范围为4~7英尺（1.2~2.1米），一般在工作环境和社交聚会上，人们都保持这种程度的距离。社交距离的远范围为7~12英尺（2.1~3.7米），表现为一种更加正式的交往关系。单位的领导常用一个大而宽阔的办公桌，并将来访者的座位放在离桌子一段距离的地方，这样与来访者谈话时就能保持一定的距离。如企业或国家领导人之间的谈判，工作招聘时的面谈，教授和大学生的论文答辩等，往往都要隔一张桌子或保持一定距离，这样就增加了一种庄重的气氛。在社交距离范围内，已经没有直接的身体接触，说话时，也要适当提高声音，需要更充分的目光接触。如果谈话者得不到对方目光的支持，他（或她）会有强烈的被忽视、被拒绝的感受。这时，相互间的目光接触已是交谈中不可避免的感情交流形式了。

（4）公众距离。

这是公开演说时演说者与听众所保持的距离。其近范围为12~25英尺（3.7~7.6米），远范围在25英尺（约7.6米）之外。这是一个几乎能容纳一切人的"门户开放"的空间，人们完全可以对处于空间的其他人"视而不见"、不予交往，因为相互之间未必发生一定联系。因此，这个空间的交往，大多是当众演讲等，当演讲者试图与一个特定的听众谈话时，他必须走下讲台，使两个人的距离缩短为个人距离或社交距离，才能够实现有效沟通。显然，相互交往时空间距离的远近，是交往双方是否亲近、是否喜欢、是否友好的重要标志。因此，人们在交往时，选择正确的距离是至关重要的。有这样一个小伙子，他爱上了一个姑娘，向姑娘求婚时遭到了当众拒绝。姑娘后来恼怒地说："他竟在离我8英尺（约2.44米）的地方谈这种事。"自然，这种社交距离不适用于谈婚论嫁的场合。

2. 空间距离的影响因素

人际交往的空间距离不是固定不变的，它具有一定的伸缩性，这依赖于具体情境，包括交谈双方的关系、社会地位、文化背景、性格特征、心境等。不同国家、不同民族，因文化背景不同，其交往距离也不同。这种差距是由人们对"自我"的理解不同造成的。

社会地位不同，交往的自我空间距离也有差异。一般来说，有权力有地位的人对于个人空间的需求相应会大一些。我国古代的皇帝，坐在高高的龙椅上，与大臣们拉开了较大的距离，独占较大的空间，大臣们在皇帝面前均要弯腰低头，眼睛不能直视皇帝，退朝时还要背朝外出。所有这些，都表现了皇帝至高无上的权力与地位。当人们接触到有权力有地位的人时，不敢贸然挨着他坐，而是尽量坐到远一点儿的地方，这都是为了避免因侵犯他的自我空间而将其惹怒。

人们确定空间距离不仅取决于文化背景和社会地位，还有性格和具体情境等因素。例如，性格开朗、喜欢与人交往的人更愿意接近别人，也较容易容忍别人的靠近，他们的自我空间较小。而性格内向、孤僻自守的人不愿主动接近别人，宁愿把自己孤立地封闭起来，对靠近他的人十分敏感，他们的自我空间受到侵占，最易产生不舒服感和焦虑感。

此外，人们对自我空间需要也会随具体情境的变化而变化。例如，在拥挤的公共汽车

老年服务礼仪与沟通技巧

上,人们无法考虑自我空间,因此也就容忍了别人靠得很近,这时已没有亲密距离和公众距离的界限,自我空间很小,彼此间不得不通过躲避别人的视线和呼吸来表示与别人的距离。若在较为空旷的公共场合,人们的空间距离就会扩大,如公园休息亭和较空的餐馆,别人毫无理由地挨着自己坐下,就会引起怀疑和不自然。所以,人们有时会试图通过选择适当的位置来独占一块公共领地。如在公园休息亭,如果想阻止别人和你同坐一条凳子,那么你从一开始就要坐在凳子的中间,这就会给人一种印象,似乎凳子比较短,这样你就能成功地在一段时间里独占这条凳子。

作为老年服务从业人员,了解了人际沟通中老年人所需的自我空间及适当的交往距离,就能有意识地在老年服务工作中选择与服务对象沟通交流的最佳距离,而且通过空间距离等信息,还可以很好地了解老年人的实际社会地位、性格以及老年人之间的相互关系,更好地进行人际沟通。

(二)环境布置

环境布置涉及影响人们交流的非人为因素,人们常常为了实现沟通目的而改变环境,比如选择一家大酒店召开会议,或者选择一家景区内的宾馆召开会议。人们经常简单地说,"让我们找个安静的地方谈话吧。"这其实就大到涉及建筑风格、内部装潢、光照、颜色、温度、背景音乐等因素,小到涉及放在办公桌上的杯子、烟灰缸、电脑屏幕等因素。同时,环境布置也起到传播信息的作用,中国传统的四合院的建筑布局就体现了儒家的"仁""孝""礼"等思想,长辈居于中轴线的正房,晚辈居于偏房,体现了长幼有序、尊卑有别;几辈人共同生活在一个四合院中,房间与房间之间相隔并不严密,又体现了家庭内部的仁爱和亲密。

1. 布局

一般情况下,交流空间的格局主要有三种:开放式、封闭式与混合式。

开放式交流空间是指建筑内部环境中无墙体和阻断相隔,仅以家具和设备组合形成的空间环境,是典型的现代化办公空间形式,被大量用于多种群体办公区域,如设计室、阅览室、休息室等,其空间优点是流动性强,便于群体沟通交流,布局易于变动,不足是私密性差,易受干扰。

封闭式交流空间是指局限于一个小小的房间内,其优点是私密性强,不易受干扰,其缺点是不利于群体沟通,同时也会给沟通对象造成压迫感。

混合式交流空间如今已成为空间格局的新趋势,深受创新领域中需要大量交流的小型团队喜爱,易于监督的开放空间和封闭的单人空间,形成彰显个性的交流空间。

2. 色彩

交流空间的色彩,对交流双方的心理和情绪都会产生影响。灰白的墙壁、棕色的座椅,让人感到沉闷;雪白的墙壁、清灰色的足迹,又让人感到呆板。因此可以利用色彩搭配,让人们的心情舒畅,提高沟通效率。一般而言,色调统一是基本原则,一个交流空间内不能冷暖两种色调混用,比如,用温暖的黄色刷墙,却用冰冷的蓝色铺地。在同一色调内要做到层次丰富,即使是同一种颜色,也应该有深浅变化,一个交流空间由上至下的色彩应该由浅至深,就好像大自然中最浅的颜色是天上的白云,最深的颜色是黑色的土壤。此外,交流空间的色彩要因室、因人、因功能而有所区别。

3. 位置

沟通交流双方所处的位置和角度等不同会产生不同的情感意义和交际效果。位置表示出排斥与不排斥、相对与平衡、一致与不一致等沟通信息。

另外,位置还包括空间取向,具体分为水平取向和高低取向,一般是利用空间的位置、朝向、安排布局等来体现不同的文化和价值观,通过不同的方位和先后次序来体现尊卑关系。空间取向所代表的非言语意义和不同民族的文化传统及风土人情有着密切联系。比如中国古代建筑,不论是帝王宫殿还是普通民房,都讲究"坐北朝南"。这是因为在中国古代,把南视为至尊,而北象征失败、臣服。在东西方向上,中国人一般遵守着"以东为首"的空间取向规则,即所谓"东为正,西为偏"。以西为从、为次,主位在东,宾位在西。中国古代还有尊"左"之风。尊左是以东为首习俗的延伸,皇帝面南而坐,其东就是左。

(三)空间语言的功能

1. 显示关系

人际关系往往反映在空间距离上,这种距离包含静止距离和位移距离。静止距离与关系的亲疏程度成正比;位移距离与人的态度、情感成正比,与人的社会、家庭地位成反比。在人们相互交谈时,通过交流者之间的距离便可以判断出他们关系的亲疏。如果熟人或是朋友与你交谈时靠得过近,超过你认为的恰当限度,你就会感到不自在。

2. 自我保护

在社会生活中,人的身体周围有一种虽然看不见却实际存在着的界限,这种界限所包围的身体周围的区域就是个人空间。如果不应闯入的人闯入我们的个人空间,我们就会感到紧张与窘迫。在候车厅、宾馆大堂等公共场所,如果一个陌生人在还有很多空座位的情况下,偏偏选择坐在你的旁边或对面,你会感到别扭。日常生活中,我们常常会因为别人错误使用空间语言而感到不自在甚至愤怒,所以在日常交际中存在顾客在餐厅中总是错开就座,陌生人不会选择进入包间用餐等现象。

3. 形成规范

在排队时,如果没有隔离栏杆和隔离绳索这种要求排队的信号限定和引导,场面往往会比较混乱。即使是在文明社会里,当没有限定排队时,人们自觉的相互合作行为也会迅速退步。古代的统治者通过其所占有空间的大小、空间中方位的运用、距离的运用等来显示等级,以形成制度规范。

4. 辅助表达

空间语言的辅助功能在戏剧、演说中表现尤为强烈。电影、电视可通过镜头的推拉,改变观众与演员的距离,增强艺术效果。国内外的戏剧艺术家们为了克服空间对戏剧的限制,先后做出种种尝试,来加强戏剧艺术的感染力。如把舞台或台唇延伸到观众席间,演出场所改设在中心舞台的剧场、体育馆等,以此来削弱空间距离,加强与观众的互动。古代皇帝或钦差大臣出巡时总是前呼后拥，这是通过空间的规模效应和距离效应来增加臣民百姓的敬畏感。人们还往往通过空间的变换和布置来烘托交际的气氛，如恋爱中的男女通过改变用餐的地点来表达特殊的情调、感情的升华等。

二、时间语言

霍尔认为，时间不但会说话，而且比有声语言更为直截了当，所传达的信息也更为响亮和清晰；心理学家波亚托斯也认为人们的时间观念能够传递信息，并把人们对待时间的行为分为三类：第一类，观念性，是指人们对待时间的各种基本观念；第二类，社会性，是指在一种文化中社会上不同的人对时间有着不同的理解；第三类，相互作用性，是指各种非语言手段与时间的相互关系和作用。在现在、过去、将来这三个相关的时间向度上，世界各民族的指向并不相同。作为单一性文化模式下的西方人，做任何事情都严格遵守日程安排，按时开始，按时结束，单位时间内只做一件事。如果想去拜访别人，事先一定会打电话预约，并且守信准时。迟到被看成是没有教养的表现，提前到达也会被认为是给人带来不便，甚至是侵犯了私人时间。而中国人则是多种趋向的，遵守时间，但不严格，有计划但往往服从于变化。例如，生活中人们常说"我等一会儿再来"。"一会儿"这个时间尺度是含混而模糊的，既可能是十分钟，也可能是半小时，或者相对于一天而言，两三个小时也可能是"一会儿"，伸缩性很大。只有非常熟悉这句话的语言环境，才有可能对它产生一个时间概念。但英语中相关词语的选择受到严格的限制，从"Immediately"到"A while"，从"Soon"到"A long time"，从"Too long to remember"到"For ever"，人们对于这些词所代表的时间长短一目了然。又如，一位西方的养老专家来考查中国的养老机构，在一个老年用品超市里，他发现中国的售货员经常同时招呼几位顾客，给第一位拿样品，给第二位介绍产品，给第三位开票收钱，尽管照顾不周，但顾客并不觉得有失礼之处。他觉得这种现象非常难以接受，他认为售货员应该专心致志地服务于一位顾客，而其他顾客也应该耐心地等候，所以西方人在中国买东西时常会感觉受到了冷遇，而中国人在西方国家买东西时则会奇怪他们的效率竟然如此之低，等很久都不为自己提供服务。

三、老年服务工作中环境语言的使用技巧

1. 调节空间大小

在老年服务工作中，老年服务从业人员应根据沟通对象和需求的不同调适个人所需空间。人们在各种不同的情况下，对个人空间的需求会有所不同。人体占有空间的大小与人的欲望、情感、个性和能力等成正比。在办公室内，人们往往希望自己有独立的工作空间，办公桌和座椅宽大等。为了获得良好的沟通效果，老年服务从业人员应尽量减小个人空间，肢体行为内敛，范围幅度缩小，以赢得上司和服务对象的青睐；而上司则应安排独立的办公室，配备宽大的办公桌和独立的会客区以保证其权威性；在与老年人沟通时最好在老年人的房间内，或老年人熟悉的区域，以增强其安全感。而对于客户，可以安排在会客室或会议室，相对僻静的地方可以保证沟通环境的安静。

在工作中，还可以通过不同空间的变换来改善沟通效果。例如，两个上海人在他乡相遇和在上海的电影院里相遇，结果会截然不同。在他乡相遇，会谈得十分投机，大有"老乡见老乡，两眼泪汪汪"之感。在上海的电影院里相遇，一般很少交流。因此，如果养老机构的两位老年人在活动室发生争吵，则可以将双方或其中一方叫到室外，借助空间的变化让他们冷静。对于员工，应适当安排他们到郊外、公园、海滩等空旷的地方交流，因为置身在很大的空间里，可以增进彼此之间的感情，否则总是待在狭小、比较封闭的办公环境内，狭小的工作空间、密集的办公设备，烦琐的工作内容，对老年服务从业人员的身心健康及其与服务对象之间的关系会产生不利影响。

2. 注意人际距离

老年服务从业人员在交际中应依据场合和与交际对象的关系来控制自己的人际距离，以取得良好的交际效果。比如在工作场合，同上司之间的人际距离应保持在 1.2～2.1 米，向上司汇报工作时，应该坐在上司办公桌前的接待椅上；向上司做情况介绍时可位于上司的右侧；陪同上司接待时应位于上司的左后侧等，这样有利于维护上司的权威和形象。人们常说"君子之交淡如水"，就是指人际距离要保持一个合适的度。如养老院院长与来访者之间的空间变化，可以表明他们各自的地位和关系的不同。来访者进门后，仅站在门口问候或说明来意，表明此人地位较低或与院长关系疏远。来访者进门后，如果朝养老院院长走几步，中途停下来说话，表明其地位中等，与养老院院长大体可以平起平坐或关系较近。假如来访者进门后，径直走到办公桌前，正对着养老院院长说话，那么就表明他地位较高或与院长关系密切。假如你是一位护理组长，在办公室里经常要和组员谈心，与老年人家属反馈情况，那么由于对方的身份以及与你的关系不同，对方坐的位置也有所不同。如果对方和你的关系亲近、友好、平等，那就请对方坐在你办公桌的左侧或右前方的近处。如果是有老年人的家属，那就请对方在你办公桌的正对面较近处就座，这样显得正规。如果你要倾听组员的意见，则最好安排在办公室的会客区，这样对方在交流时防范较少，气氛显得比较轻松。门口的位置是距离较远的公共位置，站在那里就表示是一种互不相关的关系。

3. 调整行为高度

人的身体从上到下分为三个区域：肩部以上称为上区，在这个区域，人们的行为一般传达出积极、肯定的含义，比如宣誓、号召时挥动拳头等；肩部至腰部称为中区，人们的行为在此区域一般传达出客观公正、自然平和的含义，比如两人见面时握手、互换名片等；腰部以下称为下区，人们的行为往往表达出消极、否定的意思，比如表示拒绝、向下挥动拳头等。老年服务从业人员在与老年人沟通时，应该很好地利用这一空间位置所传达出的不同意义，比如，拒绝老年人的不合理要求而表示无奈时，双手就应该在身体下区向外摊开，而不要在上区做此动作，否则就容易理解成故意拒绝了。老年服务从业人员与卧床老年人沟通时，不要让老年人抬起头或远距离说话，这样老年人会感觉其高高在上和难以亲近；正确的做法是近距离弯下腰与老年人交谈，这样老年人才会感受到平等和尊重。

4. 变换位移距离

位移距离是指人们为交际活动而移动的距离。身体位置的移动变换主要包含横向移动和纵向移动两个方面。横向移动主要是指前后或左右移动，纵向移动主要是指向上或向下移动。由于位移距离与人的态度、情感成正比，与人的社会、家庭地位成反比，在交际时要谨慎使用。送别客人时，由于送行距离越远越能体现主人的好客与留恋，所以主人可根据具体情况做出最大限度的身体位移距离来表示对客人的尊重和热情，比如亲自送客人到机场、港口、码头等。在中国传统文化里就有"送君千里"之说。另外，人们也常用"不远万里""千里迢迢""远道而来"等称赞客人来访的不易。在老年服务工作中，如果有客人前来拜访，相应的老年服务从业人员一定要迅速起身迎接；如果客人要握手或交换名片等，老年服务从业人员必须起身应对，这种由坐姿变为站姿的纵向位移就可以表达对客人的尊重。

总之，环境语言可以传达出各种信息，与人际关系的远近与特点密切相关，所以我们要充分认识和利用环境语言，通过环境语言识人，同时使其与自己的有声语言和体态语言相配合、相协调，这不仅是交际礼仪的需要，也是取得良好沟通效果的需要。

5. 创设良好的沟通环境

老年人有浓厚的恋旧情绪，尤其是入住养老机构后，受陌生的环境及疾病等应激源的影响，常会产生孤独、失落的心理，因此，从事老年服务工作时，要尽可能地将同一层次的老年人安排在同一房间，同时，在力所能及的情况下，尽可能地把房间布置成家庭模样，使老年人有住在家里的感觉，消除老年人紧张不安的情绪，使老年人获得足够的安全感。

6. 注意时间观念

老年服务从业人员一定要有时间观念，从事老年服务工作要严格遵守日程安排，按时开始，按时结束。按理说，随着年龄的增长，老年人不工作了，时间相对宽松了，应该不再那么计较时间了，可事实却恰恰相反，那些时间观念没有丧失的老年人对时间要求非常苛刻，会毫不留情地指责那些不遵守时间的行为。因此，从事老年服务工作时一定要有时间观念，而对那些丧失了时间观念的老年人，更要按部就班地给他们提供及时、周到、热情的服务。

任务四 副语言

副语言是一种非常重要的非语言交流方式，在人类语言交际中起着极其重要的作用。它是人们说话时伴随语言而产生但又不属于语言现象的某些发音特征。副语言行为贯穿于沟通交流的始终并且对话语意义也有着不容忽视的特殊的交际作用。

在日常生活中，人们认为交际的主要手段是语言，即具有明确意义的词句，而没有意识到真实情感信息在很大程度上是依靠副语言特征传递的。

副语言的主要表现手段为语调、轻重、停顿等，表义是其主要交际功能，最终以话语功能的形式得以呈现。老年服务从业人员了解副语言的概念、特征及交际功能后，能更好地从事老年服务工作。

一、副语言的内涵

副语言是指人们在说话时伴随语言而产生的一些发音特征和语音现象，包括个人的音域、说话速度和节奏等。这些往往是不自主的，但也有一定的辅助表达作用。

二、副语言的类型

副语言的类型主要有语调、语速、轻重、停顿、语音延长、功能性发声。

1. 语调

语调是指说话时声音音调的变化所造成的旋律模式。它的作用是帮助人们更好地表情达意，并使语言获得特定的神态。如果老年服务从业人员在与老年人交流时没有使用合适的语调，老年人听起来就会感到生硬、呆板、不自然、可笑，甚至引起误解，这样沟通就会受到很大影响。

常用的语调分为升调、降调、曲调、平调。

（1）升调。

升调是句子的语势逐渐上升。表示疑问、反问、惊异、命令、号召等语气或心情激动时，多用升调。例如：

爷爷，您分析得多么深刻。您怎么会懂物理呢？又怎么懂得这么多？

（2）降调。

降调是句子语势的逐渐下降。表示感叹、祈求、自信、肯定等语气或心情沉重时，多用降调。例如：

奶奶，别害怕，听康复师的话坚持锻炼，您一定可以正常行走的。

（3）曲调。

曲调是语势有曲折变化，或先升再降，或降后又升。表示讽刺、反语、幽默、夸张或某种特殊感情的句子，往往用曲调。例如：

爷爷，谁惹您不高兴了？您告诉我，我代您教训他，看他下次还敢惹您不高兴。（先升后降）

奶奶，您今天连续训练了半小时，表现得真棒！康复师说了，再坚持训练一个月，您到时候行动比他都灵活。咱们每天这个时候都坚持训练，好不好？（先降后升）

（4）平调。

平调是语势平稳舒缓，无明显的高低变化。表示庄严、肃穆、冷淡、迟疑的情态或一般叙述、说明的句子，多用平调。例如：

王爷爷，您吃药的时间到了。

上面简略地讲述了副语言中的语调，对语调做了概况的分类并对其用法做了说明，老年服务从业人员应该根据不同的情况学会利用不同的语调与老年人进行沟通，既可以避免语言的单一呆板，又能提高表达效果，与老年人建立良好的沟通关系，但同时也要注意，不能随意变换语调，以免适得其反。

2. 语速

语速是指说话或朗读时每个音节的长短及音节之间连接的松紧，也就是说话速度的快慢。它是沟通交流中表达情感的重要手段。

语速分为快速、中速、慢速三种。快速可表示热烈、欢快、兴奋、激动、紧张、惊慌、急迫、愤怒等情感；中速可用来叙述、说明、介绍、交代事情；慢速可表示悲伤、沉重、忧郁、宁静、思索、迟疑等情感。

语速的快慢与表达的内容和情感有关，也与交流的对象有关。对于老年服务从业人员来说，如果沟通对象是老年人，随着年岁的增长，老年人的反应变得迟钝，对信息的处理能力已大不如前，所以语速要尽量慢下来，吐字要清晰，让老年人把你说的话都听清楚。如果是与领导沟通，也应把语速降下来，因语速的快慢会影响大脑思考的广度和深度，语速过快容易导致出现断片或卡壳的现象，一方面，不利于更全面清楚地表达自己；另一方面，也会给领导留下没有深思熟虑的不良印象。与下属、同事和客户沟通时，语速要适中，不能太快也不能太慢，太快会让人觉得你性子急不够稳重，太慢会让人觉得你懒散不受重视，不利于塑造职业形象。

3. 轻重

轻重就是在念一个音节时发音器官各部分所用的力气强度。重音是话语中增加强度而发出来的音，轻音则相反。与人沟通时，需要有轻有重、轻重谐和地配合成调，才能避免语言的呆板、单调，而富有情感。

由于说话时重音较为突出，一般将重音分为两种，即语法重音和强调重音。语法重音是根据句子的语法结构特点而重读的，如断句中的谓语常常需要重读（爷爷和奶奶的感情真好、阳台上的花开了）；表示性状和程度的状语常常要重读（护理员小张激动地告诉我们，一定要限制王爷爷的摄糖量）；表示结果和程度的补语，也常常要重读（李奶奶的手巧极了，社工小李被夸得不好意思了）；名次前的定语也常常重读（李医生真是一个了不起的医生，老年服务团队是和谐的团队）；等等。强调重音也叫逻辑重音，是根据说话人表情达意的需求而将所强调之处读成重音，重音的位置是随强调之点的变动而变动的。如"老年服务从业人员要保管好林奶奶的药"（是老年服务从业人员，不是其他人）、"老年服务从业人员要保管好林奶奶的药"（不能随便放）、"老年服务从业人员要保管好林奶奶的药"（不是别人）、"老年服务从业人员要保管好林奶奶的药"（不是其他物品）。同一句话，强调之点不同所表达的意思也就有不同之处，这是强调重音在表达上发挥出的作用。句中有了强调重音，语法重音也就自然消失，语法重音服务于强调重音。作为老年服务从业人员，与服务对象沟通时要能够学会使用重音强调沟通交流的重点，也要能够从服务对象的话语中分析出其想表达的重点，这样才能取得良好的沟通效果。

4. 停顿

停顿是自然语言中普遍存在的现象，是副语言中的语音分隔符号。停顿在语流中有时间隔地出现，目的是便于人们进行呼吸，这叫作生理停顿。有时停顿是为了清楚地表达语言的结构层次，避免歧义，这叫作语法停顿。停顿在语言交际中还可以起到突出语义、强

212

调焦点信息、引起注意等不同作用。例如：

国际奥委会主席萨马兰奇在宣布第29届夏季奥林匹克运动会主办城市时便用了使亿万电视观众，尤其是13亿中国人屏息期待的副语言手段："The games of the 29th Olympiad 2008 are awarded to the city of—Beijing." 萨马兰奇在这句话的"Beijing"前停顿了一下，起到特殊的强调作用，并且可以引起听者的注意，加强了停顿后所用词语的表达效果。

停顿有时还能转变意思。例如：

有一次，周恩来总理同国民党政府谈判。在我方的义正词严面前，对方不但不接受，反而说同我方谈判是"对牛弹琴"！周恩来总理灵机一动，利用对方抛来的词语，将计就计，巧妙地回敬了对方："对！牛弹琴！"在这里，周恩来总理把对方抛来的"对牛弹琴"这个成语巧妙地进行了结构上的调整，变成了一个内涵丰富的"对！牛弹琴！"从而既摆脱了困境，又使对方陷入无地自容的窘境。

生理停顿、语法停顿、强调停顿自然地结合在一起，交际双方才能更加有效地传达信息。老年服务从业人员在沟通交流活动中，恰当地使用停顿，尤其是心理停顿，能够获得更好的说话效果。

首先，停顿可以增添说话的情趣。通过停顿可以设置悬念，该说而不说，让听者如坠五里雾中，待时机成熟，突然亮底，风趣十足。例如：

里根当选美国总统时，一天上午，全体共和党人举行会议，一位多数党领导人站出来故意说："总统阁下，开完会之后，我们大家准备共进午餐，倘若您也来和我们一起进餐的话，你必须付餐费5美元，如果实在没有，鄙人愿解囊相助，以解尊驾拮据之难。"这位多数党领导人为什么敢同里根开这个玩笑呢？因为人们知道里根口袋里平时不放钱，想借机让总统难堪。谁知里根听完他的话，笑而不答，一阵沉默。当大家步入宴会厅时，戏谑里根的那个人沉不住气了，再次提出借钱给总统，里根却出人意料地从口袋里掏出崭新的5美元，令在场者大吃一惊，迷惑不解。经里根解释，原来会前有人给他拍照做杂志封面所支付的报酬，恰好是5美元。此时大厅里响起一阵欢笑。里根开始的沉默，设置了一个悬念，人们不知他"葫芦里卖的什么药"，能否拿出5美元。谜底揭开，不仅使自己摆脱窘境，也为宴会平添了几分情趣。

其次，停顿可以增强说话的吸引力。停顿能迅速消除语言传递中的种种障碍，使听者的注意力集中。"没有一点声音，没有任何喝彩，只有那震耳欲聋的寂静。"——这便是停顿所能达到的最佳传播效果。例如：

俄国早期的马克思主义者普列汉诺夫曾在日内瓦发表题为《无产阶级和农民》的演讲，当时有人蓄意破坏，会场秩序混乱。普列汉诺夫沉着冷静，大声地说："如果我们也想用这种武器同你们斗争的话，我们来时就会——"说到这里，他故意停顿下来，然后又接着说："我们来时就会带着冷若冰霜的美女！"顿时，会场上出现了"轰动效应"，演讲也得以顺利进行。这样一次停顿，为何能取得轰动效应呢？因为它唤起了听众的注意力和好奇心。当听众听到"我们来时就会"这个句子时，都想知道到底"会"怎么样，产生了无意注意，可说话人却故意停顿下来了，这样更引起了听众的期待和好奇，于是无意注意转化为有意注意，再加上后面那句听众意想不到的话又饶有风趣，所以听众一下子就被吸引了。

最后，停顿有助于掌握说话的主动权。运用停顿，可以使说话者赢得思考时间，从而增强语言表达的逻辑性，使表达更严谨，减少话语中的失误；运用停顿，将说话的机会让给对方，可从中获取更多的信息，同时也能避免自己将不该说的讲出去；运用停顿，可以造成对方的心理压力，从而使对方做出某些让步。

5. 语音延长

一个音素在一个词或短语里读音时间的长短叫音的长度。音的长度的变化是它本身的性质决定的，但是在日常沟通中根据所用词语的本义、语境和使用场合，说话双方可运用延长语句中某个音节的语音来表达说话者不同的语用意图和话语意义。比如"是吗"这个短语，如果是正常的音长，表示的就是普通的疑问；如果把音节延长，则表示出怀疑的意味。

6. 功能性发声

副语言的功能性发声又被称为副语言的特征语言，从属于语言的修饰功能。这种声音不是分音节的语义信息，而是能够发出声音的"语言"，例如，交流时，在轻松愉快场合下的开怀大笑；在表示专心致志倾听时发出的"嗯"；在表示疼痛、难受时的吸气声；或是表示难过、伤心时的哭泣声；表示拒绝、生气时的喊叫等。它是一种不具备特定含义，却能够传达交际含义的声音。

三、副语言的交际功能

1. 确定话语意义功能

语言是一种受系统制约的表意符号，然而在符合一切规范的情况下，语言所能表达的含义往往并不是唯一的。这样，在具体的语言交流活动中，准确表达出交际者的意图，使语言传递出的信息明确且唯一，就成了交流中需要关注的问题。在解决这个问题上，副语言起着重要的作用。句子重音、语调等副语言手段的运用使交际的信息量增大，话语意义得以确立。

2. 伴随辅助功能

在话语中，副语言与其他非语言声音一起，伴随语言交际，使语言表达更生动、形象、准确、完美。它可以加大语义信息量，加强语势，深化表达内容，对于交际起着辅助作用。如，"走开，王奶奶正难过呢"，伴随王奶奶的抽泣声，表示王奶奶的难过。

3. 替代功能

因沟通交流目的和场合的不同，交际双方常用副语言代替自然语言进行交际，这给话语交际增加了特殊的表现力。例如，当双方意见不同、兴趣不一致时，用言语直接反驳或打断对方显然有失礼貌。这时发出一种无词汇意义的声音停顿符号"嗯"或"呃"来代替言语的作用，可以达到更好的沟通效果。

4. 表示情态的功能

重音的移动，也就是话语中不同词语音高的变化和音调的改变，能区分、确定话语意义，这体现的是交际信息的一部分。音高、音调及其他副语言特征的运用，能准确地传达出交际者的情感、心态、立场等。例如，"谢谢"用高音域说出可表示漫不经心的态度；

用特快的语速说出可表示言不由衷；用特强音说出可表示生气或发怒。

四、副语言在老年服务工作中的应用

在老年服务工作中，老年服务从业人员要熟练掌握副语言体系不是一朝一夕的事。只有把握副语言的表达规律，了解副语言使用的基本知识和原则，才能提高沟通的能力。

1. 把握发声韵律特征，选择合适的非语言形式

副语言是有声但没有固定语义的语言，是通过语句的语调、语速、重音、停顿和延长语音等表达说话者的意图，表达不同的意思。老年服务从业人员在与服务对象沟通交流的过程中要能够把握汉语发声韵律的特征，利用不同的副语言形式在表情达意上的不同效果，根据不同的对象和不同的沟通目的，使用合理的非语言形式。需要注意的是，非语言形式的使用不是单一的，是可以组合使用的。

2. 正确使用功能性发声，避开语意模糊

功能性发声运用是否得当，主要取决于说话者在一定语境中的态度，伴随言语的笑声、哭声、低语声等的副语言，对话语起到辅助修饰的作用，使语言表达更加生动、形象、丰富，语意更加明确，有利于信息的准确表达。例如，老年服务从业人员小张对赵奶奶说："赵奶奶，我可以看看你新买的鞋吗？"赵奶奶（微笑着）："你随便。"赵奶奶的微笑赋予了"你随便"更为直接的态度——答应、允许。如果赵奶奶采用了"喊叫"的态度，则表明了不愿意、不耐烦，那么小张可能就会打消看鞋的念头。可见，功能性发声的正确表达，强化了话语的作用，避开了语意的模糊。

3. 恰当地运用"话轮转接"，避开沉默不语

"话轮"是指给予说话人的权利与义务及实际所说的话语。20世纪70年代，社会学家萨克斯、杰弗逊等提出了"话轮转接"理论，来说明话语中说话者的变换理由。邓肯将"话轮转接"分为三类：话轮放弃提示，说话者示意自己已讲完，听话者可以说话了，常见的技巧是说话者语速放慢，然后用缓冲语，听话者就知道自己可以讲话了；话轮回归提示，是听话者收到话轮放弃信号以后示意自己不想说话，希望继续听下去，常见的形式是"嗯"或用升调"哦"，鼓励说话者继续讲下去；话轮维持提示，是采用加强音量变化和加快讲话速度的策略来抑制听话者的发言要求。如用"啊"之类的声音填补讲话过程中的停顿，不给对方插话的机会。在老年服务工作中，老年服务从业人员要始终坚持给予对方有声的反应，不可沉默不语，更不可毫无反应，交谈时要注意话轮的自然转接，这样才有利于提高交流效果。

总之，副语言作为人类交际中不可缺少的一个重要环节，是言语交际的必要补充。它具有特殊的交际功能，对话语作用起着明确、辅助修饰、替代、表达情感等作用。因此，在老年服务工作中，只有充分重视语言沟通和非语言沟通的作用，适当地使用副语言，才能使沟通更加和谐顺畅。

项目九　老年人照护沟通

【知识目标】

◇ 了解老年人的生理、心理特征与常见疾病。
◇ 理解老年人照护沟通的基本要求和常用技巧。
◇ 掌握老年人照护沟通的目的及过程。

【能力目标】

◇ 能够与老年人建立良好沟通，使其配合照护工作。
◇ 能够为老年人提供最佳护理，建立良好护患关系。
◇ 能够给予老年人安全感，顺利开展老年人健康教育。

【素质目标】

◇ 反思与老年人沟通的实际经历，掌握老年人照护沟通的常识。
◇ 具有沟通的意识和谦虚柔和的态度，保持积极心态应对突发事件。
◇ 有意识地学习重点知识，学会自我反思并改进。

项目九　老年人照护沟通

任务一 老年人的治疗性沟通

一、老年人治疗性沟通的基本概述

（一）老年人的治疗性沟通概念

治疗性沟通是一般人际沟通原则在实践中的具体应用，由医护人员和患者组成，前者为信号的发送者，后者为信号的接收者。治疗性沟通是心理学中的一种治疗工具，是一种沟通技巧，目的是帮助患者应对与适应改变的环境和现状，克服心理上的障碍，学会如何有效与人相处。老年人的治疗性沟通与一般人际沟通不同，老年人的治疗性沟通是为了给老年人提供便捷的健康服务，从而满足患者的需求；是护士与患者之间、护士之间、护士与医生及其他医务人员之间，围绕患者的治疗问题并能对治疗起积极作用而进行的信息传递和理解，是一般性沟通在护理实践中的应用。

在与老年人沟通的过程中，医护人员的语言既可以起到帮助患者治疗疾病，促进患者康复的作用，也可能导致老年人因为情绪的困扰而加重病情。因此，医护人员在与老年人沟通的过程中，应该慎重选择沟通方式和语言形式，避免使用任何刺激性语言伤害老年人。

因此，老年人治疗性沟通可以定义为：以医护人员为主导，以老年人及其家属为主体，围绕着疾病诊疗与护理过程中存在的心理、社会与环境适应等问题，以沟通为主要手段，帮助他们寻求自助或他助资源，建立良好的社会支持系统，以积极应对疾病、减轻痛苦、恢复健康为目的的沟通过程。

> **知识拓展**
>
> **治疗性沟通系统**
>
> 目前，为了提供更专业、更个性、更系统、更科学化的医疗性沟通体系，要求对重大医疗救治患者建立治疗性沟通系统（Therapeutic Communication System，TCS）。这是目前医疗界提出的新理念，也是一种比较全面、有效的沟通工作模式。TCS是指在临床治疗与护理中，建立以医护人员为主导，以患者及其家属为主体，开展以关系性沟通（Relationship Communication，RC）（一般性沟通，以此建立彼此信任的治疗性关系）为基础，以评估性沟通（Assessment Communication，AC）（医护人

员应用专业及专业相关知识评估和检测患者的生理、心理、社会、环境适应问题以及患者对想要疾病诊疗与护理的态度、认知和行为问题,探索其产生的原因,寻求解决问题所需的资源)为核心,以治疗性沟通(Therapentic Communication,TC)(根据轻重缓急及患者的需求,筛选出相关问题并应用可利用资源给予解决)为实质的双向沟通,最终实现帮助患者及其家属寻求自助或他助,建立良好的社会支持系统、积极应对疾病、减轻痛苦、恢复健康的目的。当然,对于简单的治疗,可以简化其中的一些沟通。关系性沟通、评估性沟通和治疗性沟通的比较如表5所示。

表5 关系性沟通、评估性沟通和治疗性沟通的比较

项目内容	关系性沟通	评估性沟通	治疗性沟通
目的与目标	实现知人、知事、知因等,并建立彼此信任的治疗关系	发现并确认患者现存或潜在的系列问题及其原因与需求,确定治疗性沟通的主题	围绕主题,针对患者存在的问题,以及产生的原因与需求,解决患者在诊疗与护理中存在的态度、认知与行为问题
主要内容	主要是人口学信息、社会文化背景与爱好、人格特征等	内容同关系性沟通,但主要是发现存在的原因、需求与社会资源,并确立1~2个主要问题	围绕主题或问题,帮助患者克服或缓解疾病治疗与护理中存在的问题
时间与地点	不做具体限制	需要预约并做选择,要求患者有较好的思想准备与精神状况	需要预约并做选择,要求患者有较好的思想准备和精神状况
基本原则	平等、以人为本、诚信、整体、保密、反馈、共同参与原则	伦理性、保护性、目的性、整体性、个体性、循证性	伦理性、保护性、目的性、整体性、个体性、循证性
方法或形式	非专题的随意面对面地交流	有针对性地沟通	做到因人、因事,采取不同的策略与方法

(二)治疗性沟通的目的和意义

医护人员与老年人之间进行良好的治疗性沟通,能为老年人提供最佳护理,从而建立良好的护患关系,促进老年人的身心健康。

1. 建立互相信任、开放、良好的护患关系

老年人的治疗性沟通是通过医护人员与老年人的沟通来实现的。现代护理是通过以患者为中心,也就是以人为本的个性化护理为主要方式,倡导人文护理。在护理过程中给予老年人生理和心理方面的关心和关爱。医护人员需要注意个人形象,尤其言谈举止要符

合医护人员的形象标准，要让老年人感受到医护人员的专业性，给予他们足够的安全感，包括强烈的责任心、较高的素质和专业化的用语。

有效的治疗性沟通，对医护人员来说，体现了以人为本的护理原则；对老年患者来说，体现了尊重与被尊重，其权利和义务的行使也得到了保障；医院和老年服务机构的经济效益和社会效益也相应得到了提高，将以往"治病救人"的宗旨提升为"以人为本"的理念，建立起互相信任、开放、良好的护患关系。

2. 收集整理患者资料，做好与患者沟通的准备

医护人员应通过询问病史症状、健康教育、咨询答疑等护理领域的信息传递方式，充分运用各种语言沟通和非语言沟通技巧，收集老年人的相关情况。例如，若要进行一次护理诊断，必须先倾听患者主诉（口头沟通），检查体征（非语言沟通），核对资料（文字形式的语言沟通），把沟通的结果反馈给患者（避免无效沟通），然后才能进行护理诊断。同时，护理中的各项操作和治疗，必须通过沟通才能得到配合和执行，治疗的效果也才能通过患者的体态语言和生命体征得到评价。

3. 加强互动与沟通，共同努力积极合作

医护人员应通过治疗中的信息传播和行为干预，鼓励老年人说出真实的感觉。很多老年人对疾病感到焦虑，很害怕检查，对医院感到不安，并否认自己有焦虑感，通过运用治疗性的沟通技巧，医护人员往往能够帮助患者讲出自己的感觉，从而减少焦虑，使患者能掌握卫生保健知识，树立健康观念，自愿采纳有利于健康的行为和生活方式，增强自我照顾能力，从而促进身心康复。近年来，医疗纠纷呈上升趋势，医护人员压力加大。据调查，80%的医患纠纷和投诉是由于沟通不良引起的。因此，对医护人员而言，坚持无菌操作，一切按操作规程执行固然重要，但是在某种程度上，良好的治疗性沟通将能更好地满足老年人的各种需要，更能得到老年人的理解，从而有效地预防和化解护患纠纷。

作为老年服务从业人员，理解治疗性沟通，开展辅助护理的治疗性沟通，也非常重要。

（三）老年人治疗性沟通的原则

1. 伦理性原则

伦理性原则要求我们尊重老年人的生命、宗教信仰、隐私、人格与自主权等，这是法律与伦理道德赋予老年人的权利。如在治疗性沟通开始时应该询问老年人"您现在是否愿意跟我谈谈您的治疗情况呢？""您还有什么顾虑吗？""您是否有一些问题需要我与您的家属谈谈？"

2. 保护性原则

保护性原则要求老年服务从业人员在沟通性治疗中必须以老年人不受侵害为前提，做到因人、因事、因地而异。要特别注意每个老年人有着不同的生理、心理特点及行为特点、生活习惯等。

3. 目的性原则

目的性原则要求老年服务从业人员紧紧围绕老年人在诊疗和护理过程中存在的主要的、迫切需要面对的问题，采取多种方式帮助老年人克服、缓解或解决。例如，若要提高老年人对诊疗与护理的依从性，可以通过改善老年人的情绪状态与提高对疾病与健康的认知来实现等。

4. 整体性原则

整体性原则不仅体现在要将治疗性沟通贯穿于整个医疗活动中，更要求老年服务从业人员既要成为老年人照护的实施者、健康的指导者和促进者，又要成为他们面对困难时的陪伴者和支持者；而且也体现在要以老年人及其家属为帮助与引导的对象，所有医务人员共同参与，群策群力，形成整体合力，把工作做得更好。

5. 个体性原则

老年人存在的或潜在的健康问题，以及对问题的认知程度与解决办法会因其年龄、性别、职业、个性特征、价值观、知识文化水平及社会支持资源等因素的不同而存在很大差异。因此，治疗性沟通必须充分体现个性化。

6. 循证性原则

循证性原则是指为了确保我们与老年人沟通的论点更加明确，逻辑更加清晰，证据更加可靠，说服力更强，要求在沟通前，必须采用查阅病历资料、集体讨论病情与方案、查阅新文献等循证手段来做好相应的准备。

治疗性沟通之所以重要，是因为无论对于老年人、老年服务从业人员还是专业医护人员，有效的沟通都是做好各项工作的基础。如果我们无法与老年人及其家属就他们关心或顾虑的问题进行良好的沟通，就很难被他们理解，更不用说很好地配合老年服务从业人员的诊疗与护理了，甚至可能引发其他问题。

（四）影响老年人治疗性沟通的因素

1. 医疗人力资源因素

目前，中国卫生系统的人力资源分布仍不均匀，专业人员的岗位编制比较紧缺，养老机构中医护人员的配备也存在很大的缺口。因此，医护人员普遍存在工作负荷与压力很大的问题，在这种背景下，要求他们进行细致的、协同的、专业的治疗性沟通有时显得力不从心。

2. 信任因素

医护人员与老年人之间视角的不同、利益分配原则的不同，以及信息的不对称，加上人们法律意识的不断增强、社会信任危机的加剧，使彼此之间的信任仍存在一定的问题，这些问题也同样存在于养老机构中。尽管沟通可以增进彼此的信任，但在这种大背景下，确实会给治疗性沟通带来一定的障碍。

3. 沟通技能与认知因素

由于治疗性沟通涉及面很广，需要具备较扎实的沟通理论知识与技能。近年来，尽管中国的教育体系已逐渐重视医学生、老年服务与管理专业学生沟通技能等方面的培养，但仍存在力度不足、推行不力、效果不佳等情况，出现了医护人员（特别是年轻医护人员）、老年服务从业人员对沟通的认识不足、沟通相关知识与技能薄弱等问题，导致他们不是没看到老年人存在的心理、社会问题，也不是不想与老年人沟通，而是看到也想到了，但没有去做或不知怎么做。

4. 老年人生理、心理及疾病因素

老年人自身具有的生理、心理特点及疾病都会给沟通途径、信息理解与反馈、提问等带来一定的障碍。不同的老年人有不同的特点，特别是患有心理疾病的老年人，如抑郁症、自闭症等，以及其他一些因素，如耳聋等，这些都属于影响老年人治疗性沟通的其他因素。

5. 老年人家属因素

如上所述，治疗性沟通的主体是老年人及其家属。但在现实中，要实现老年人及其家属意见相对统一存在一定困难。除双方存在的文化差异外，还有时间问题，多数老年人家属都有工作，一般很难抽身到养老机构，更别说进行较长时间的、细致的沟通了。同时，在老龄化迅速增长的未来30年中，社会群体构成将会发生很大变化，一对夫妻赡养四个老年人的家庭结构比较常见。在这种背景下，家属因素的影响会更加突出。

二、老年人治疗性沟通的工作流程与技能要点

治疗性沟通的特点是老年人与医护人员围绕与健康有关的内容进行有目的的沟通，沟通中要以老年人为中心，体现诚实、关怀、理解、同情和同感。

老年人治疗性沟通包括语言性沟通和非语言性沟通，以语言性沟通为主。语言性沟通应牢牢把握三个原则。

（1）应有目的和有特定的专业内容，即为了收集老年人的资料以了解老年人的问题和解决其所存在的问题。

（2）应注意运用心理、社会原则，即应根据老年人不同的年龄、职业、文化程度、社会角色等来组织不同交谈内容和运用不同沟通方式。

（3）在交谈过程中应注意建立和不断加强老年人与医护人员的良好关系。

美国学者伊根（Egan）对医护人员如何做一个巧妙的帮助者总结了几种基本的沟通技巧。这些基本的沟通技巧包括注意、主动倾听、移情和探究。沟通技巧服务于治疗性沟通的整个过程。

下面是老年人治疗性沟通的几个常用阶段，对于在养老机构、康复医院或到老年人家中进行护理等都适用。

（一）老年人治疗性沟通的工作流程

1. 沟通准备阶段

在进行语言沟通前，要把握交谈的原则，对沟通的目的、内容、形式、时间和环境进

行认真的准备。重点注意以下几点。

（1）了解老年人的基本情况，包括一般情况、健康史、身体评估、辅助检查等内容。

（2）明确交谈的目的和特定的专业内容。

（3）列出谈话提纲，合理设计问题，以便集中话题，达到交谈的目的。

（4）做好环境准备，如关上房门、拉好隔帘，请旁人暂时离开以保护隐私，关上广播或电视以避免分散注意力，选择合适的时间以避免检查或干扰治疗等，满足老年人舒适和隐私安全的要求。

2. 沟通开始阶段

为了给老年人留下良好的第一印象，医护人员在做好以上准备的基础上，应创造出亲切、温馨的气氛并表现出接受的态度，使老年人愿意敞开心扉说出自己的想法。医护人员与老年人开始接触时，要做到以下几点。

（1）注意外在形象。

仪表举止等外在形象对形成良好的第一印象至关重要。医护人员应做到仪表端庄、举止大方、服饰整洁、步履轻盈、面带微笑、语言和气。因为良好的第一印象能使医护人员在短时间内赢得老年人及其家属的好感乃至信任，对建立良好的护患关系非常重要。

（2）礼貌称呼对方。

有礼貌的称呼可使老年人感觉双方平等和相互尊重，留下良好的第一印象。许多老年人对医护人员用床号称呼自己比较反感，因为那样会给人带来不被尊重的感觉。

（3）主动介绍自己。

告诉老年人你的姓名和职责，以便老年人对你产生信任感。

（4）说明交谈目的和所需时间。

初次就医的老年人往往会因为不清楚将要发生的事情而紧张，提前了解交谈的目的和时间可以使老年人在思想上有所准备，缓解紧张和焦虑情绪。

（5）体位。

帮助老年人采取舒适的体位，以减少不利于交谈的因素。

3. 沟通进行阶段

在进行沟通的过程中，医护人员应牢记"以患者为中心"的原则，鼓励老年人交流。除采用一般性沟通技巧（如倾听、核实、反应和提问）外，还可以采用以下方式。

（1）指导性交谈。

指导性交谈由医护人员针对老年人存在的问题，提出解决问题的方法，让老年人执行。此种交谈中，老年人向医护人员寻求专业性指导和帮助，医护人员给老年人以特定的知识、经验和帮助，其特点是交谈进程较快、效率较高，但患者主动参与少。例如，颈椎病患者寻求如何进行日常生活保健的帮助，医护人员从控制疾病的角度对其进行坐立、睡眠姿势指导。

（2）非指导性交谈。

非指导性交谈指由老年人引导谈话，医护人员促进并支持交谈进行。要密切注意老年人的自我表露，或应用沟通技巧（如提问、诱导等）让老年人自我表露，这样才能让我们知晓老年人的所思所想，并采取相应策略来为老年人排忧解难。采用这种方法可以使老年人有机会运用自身的资源来识别、面对和解决问题。例如，当老年人感到莫名其妙的焦虑时，护士可以为其创造一种支持性的气氛，使其愿意说出自己的感觉，在诉说的过程中发现问题，并努力找出解决方法。

（3）合理提出问题。

采用这种方法，要注意多使用开放性的问题以便启发老年人思考和交谈。提问时要注意以下几点。

①问题要有针对性。提问前要先考虑"我要达到什么样的目的？我这样问好不好？会不会引起老年人的抵触情绪？遇到敏感问题时如何才能减轻老年人的反感？"等，以便谈话能顺利进行。

②一次只提一个问题。如果一次提的问题过多，老年人不便于集中思考。

③开门见山，问话自然，使老年人感到亲切和关爱。

④避免"哪壶不开提哪壶"。要善于察言观色，发现老年人有隐私或忌讳，要灵活转变话题。

（4）非语言沟通配合。

非语言性沟通是通过面部表情、眼神、姿态、手势、触摸、类语言等非语言形式进行的信息交流，它常伴随语言沟通而发生。有学者指出交谈过程非语言沟通占90%，语言沟通仅占10%，非语言沟通更能反映一个人的真实感受，同样一句话可以由于非语言行为的不同而有不同的含义和效果。医护人员应特别注意自己的非语言性表达，同时要善于观察患者的非语言信息，提高护患双方的沟通效率。

4. 沟通结束阶段

良好的结束和开端一样重要。要善始善终，顺利、愉快地结束交谈，以培养良好的护患关系，并为今后的沟通打下基础。结束时要注意以下几点。

（1）把握结束时机。

结束时间的控制既要根据计划，也要考虑现场的情况。在准备结束时，不要再提新问题；如对方提出新的问题，可另约时间给予解答。

（2）总结交谈要点。

简明扼要地总结所交谈的重点内容，核实记录的准确性。

（3）约定下次沟通。

初步约定下次交谈的时间和内容，以便双方及早准备。

（4）表示衷心谢意。

对老年人的合作表示满意和感谢。

（5）做好出院指导。

临近老年人出院时，照护工作即将结束。出院时要做好出院指导工作，向老年人讲解有关疾病的预防、康复知识，影响疾病的心理卫生知识及生活作息、注意事项、复查的条件，同时征求老年人的意见，以便更好地改进工作。

总之，医护人员要本着"以人为本，一切以患者为中心"的服务理念，加强自身素质建设，充分运用语言沟通和非语言沟通技巧于治疗的整个过程，使治疗性沟通不仅是临床护理的一种服务手段、服务内容，而且是一种工作方式、专业技能，以更有效地满足患者需求，缩短护患之间的距离，逐步建立起相互尊重、理解、信任、支持、平等、合作的护患关系。

（二）特殊场景下的照护治疗性沟通要点

除了上面提及的影响与老年人进行治疗性沟通的因素，还存在着来自老年人自身因素所带来的特殊场景的影响，这些特殊场景包括老年人愤怒、不合作、哭泣、抑郁、感知觉有缺陷等。这需要老年服务从业人员应用有针对性的沟通技能来妥善处理，缓解或消除影响，巧化阻力为助力。

1. 当老年人愤怒时

首先，自己要冷静下来，避免自己做出防御、退缩或过激的行为；再通过语言和非语言沟通（特别是聆听、共情等）找出老年人愤怒的原因。在这点上，要求充分地表达出对老年人的关爱、尊重与理解，并在聆听过程中对老年人重要的话语进行求证。其次，要认可老年人信息中的情感因素，引导老年人通过合适的方式宣泄情感，在不违反原则的前提下，尽可能满足老年人的需要。最后，用清晰、自信的实际行动与老年人一起解决存在的问题。当然，如果老年人还不能控制好自己的情绪，或可能威胁到老年人身体健康时，应立即停止沟通，并寻求可能的帮助。事情过后，还需慎重审视老年人愤怒的原因，如果是因为工作做得不到位或出现纰漏，要向老年人道歉。

2. 当老年人哭泣时

这是老年人自我表露的一种形式。因此，最好的办法是静静地陪伴他（除非他要求独自待着），同时可以应用我们学到的抚摸等技巧进行安抚。等老年人停止哭泣后，再用沟通技巧鼓励老年人说出哭泣的原因。

3. 当老年人不合作时

由于老年人的特殊性，有时会比较固执，出现执意不合作的情况。当老年人不合作时，切忌不可一味指责老年人或表示不满，要动之以情，晓之以理，鼓励老年人讲出不合作的原因，并进行有效的劝导或解释。

4. 当老年人抑郁时

这时候老年人出现的抑郁有别于老年人抑郁症，极可能是老年人面对一些较难解决的问题（包括对自身的疾病及对预后的顾虑等）而表现出来的情绪反应。对这类老年人，需要我们用心去观察，他们一般表现为一反常态，如说话不自然或不说话了，或突然间对任何问题持无所谓的态度等。如果是沟通前发现老年人出现抑郁，我们应该主动与他们交流，用热情、爱心与耐心来表达我们对他们的关心与尊重，在肯定老年人自身能力的同时，尽可能让老年人说出忧虑与困难；再用专业知识来排解他们存在的顾虑，增强他们的真实感，让他们对未来重获信心。当然，与其家属形成合力，共同关注与鼓励老年人会收到更好的效果。如果是在沟通中发现老年人突然抑郁了，则应立刻停止沟通，再用上述技巧发现并排解老年人存在的问题。

5. 当老年人病情严重时

这里分两种情况，一是要进行的治疗性沟通与目前的病情无关，这种情况必须马上中止沟通；二是要进行的治疗性沟通是为了进一步改善病情，这种情况要求我们必须以不加重老年人病情、确保老年人生命安全为基准，沟通时要尽量言简意赅，严格控制好时间（一般不要超过 15 分钟）。要用轻松愉悦、关心鼓励的语言与老年人沟通，可以辅之以非语言沟通（如抚摸等）。同时，最好要求老年人的家属在场，因为家属将成为治疗性沟通的主要对象与见证者。

6. 对感知觉有缺陷的老年人

这类老年人常有自卑感，同时伴有忧虑与多疑。当然，其感知觉上的问题也是客观存在的。在沟通中，我们的热情、关注与尊重、爱心与耐心，以及个性化策略至关重要。在个性化方面，如对听力障碍的老年人，在沟通时可以让老年人看到我们的脸部与口型，并辅以手势与脸部表情来加强信息的传递（当然还可以借助助听器）。对视力不佳的老年人，应尽可能靠近老年人，但要注意在靠近老年人时，要告知老年人，让老年人感知到你的存在；及时有效地回应老年人的问题，对老年人所听到的声音要及时做出解释（以免老年人胡乱猜疑）；同时尽可能避免或减少非语言信息。对语言障碍的老年人，应尽量使用一些简短的、闭合性的句子进行沟通，让老年人可以用"点头"或"摇头"的方式来应答，而且态度要缓和，不可操之过急，要给老年人留有充分的思考时间。当然，也可以辅以文字等非语言沟通方式进行沟通。

知识链接

护理操作用语

老年服务从业人员为老年患者进行护理技术操作时，要向老年患者进行有关的解释和指导。老年患者有权利知道老年服务从业人员为他进行什么样的操作，为什么要进行这项操作，怎样进行操作。当老年患者表示愿意接受时，老年服务从业人员才能进行操作。因此，进行护理技术操作时的沟通技巧需要符合专业特点，这样才能提高老年患者的满意度，确保护理操作顺利进行。

根据老年患者及病情的具体情况，应解释本次操作的目的、老年患者应做的准备，简要介绍操作方法和操作过程中老年患者可能产生的感觉。

老年服务礼仪与沟通技巧

任务二 与失智老年人的沟通

一、与失智老年人沟通的基础常识

（一）失智老年人的概念界定

失智老年人即患有失智症的老年人。失智症的名称来自拉丁文"Dementia"，原意为"遗忘"，是一种以记忆障碍为主，合并进行性认知损伤，影响个体日常正常生活的大脑功能状态异常的疾病。在医学领域，失智症是指那些因脑部伤害或疾病所导致的大脑认知功能退化的各种症状。所以失智症是一种症候群，其中又以阿尔茨海默病为主，其患者约占失智症患者的半数以上。失智症俗称痴呆症，但是失智症并不完全等于痴呆，而且痴呆含有"呆、笨、傻"的意味，对于老年人也有不尊重的意味；因而现在一般以失智症代称，代表当事人失去智慧，代表大脑认知功能退化。通过研究，医学界把失智症定义为病因未明的原发性退行性脑变性疾病。多发病于老年时期，目前尚未发现治愈性。其中智能损害为主要临床表现。社会学界则更重视其社会功能的消退，正是由于智力损害，才逐渐导致患者记忆力降低、日常生活和自我照顾能力减弱的情况发生，甚至明显损害了患者的精神生活以及社交能力。智能丧失包括记忆力、辨识力、计算能力、思考逻辑等精神行为的改变，以60岁以上最为多见。

传统意义上，失智症的病程是从诊断失智症以后开始的，分为轻、中、重度三级（早、中、晚期）。随着现代医学的进步，临床学者为了更早地预防和诊断失智症，提出了失智症的发展进程是从无症状期、轻度认知障碍期到失智症期的连续发展阶段。因此，越早识别相关症状，越有利于失智症的治疗和预防。根据最新的研究成果，失智症的病程可以分为无症状期、主观记忆下降期、轻度认知障碍期和失智症期。

（二）理解失智老年人

我们要努力去理解失智老年人所表达的各种需求，明白他们是精神正常的人，而不是精神错乱的人。当你面对他时，仍然要把他当成一个有价值的人，一个需要你帮助的人，一个需要倾听的人。我们要用耐心、亲切、关心、同情心去关爱失智老年人。你需要做的只是用关怀、亲切的方式与他们相处，同时，也要知道怎样与他们重新建立起沟通。

失智老年人会出现一种渐变而又显著的退化，这种退化在从事工作和与他人进行适当的轻松交流时会表现出来，受此折磨的老年人在做一些事情的过程中会忘记接下来要做什么，而且无法完成起初所做的事情，无法回忆起发生在几个月前、几天前、几个小时前甚至是几分钟前的事情，但有可能回忆起很久以前的事情。

这种现象已经使各种日常生活出现了问题。失智老年人可能会忘记今天是什么日子，甚至连自己在哪都记不起来。他可能记不起我们认为是想当然的那些事情，对新鲜事物的学习也比较吃力。困惑、疲劳以及尴尬等，再加上记忆力的丧失，使其对之前感兴趣的事情逐渐失去了兴趣，甚至可能爆发出不同寻常的愤怒。渐渐地，经过几个月或若干年后，记忆力和心理困扰等问题逐步扩大，步态、平衡或协调问题最终产生。

（三）失智症各阶段的沟通障碍

失智症对大脑皮层的影响广泛而且复杂，失智老年人呈现的症状或缺陷会因大脑皮层区不同的破坏而出现差异。失智老年人在疾病初期可能表现正常，但随着疾病进展，老年人会因此出现不同程度、不同性质、不同表现的沟通障碍。即使是同一期的失智症，表现出来的沟通能力也各不相同。失智老年人呈现的沟通障碍，由最初的找字困难开始。比如，用非特定的名词替代或选择模糊，句子空洞，重复选用相同的词语，如"这个花形状漂亮，开得漂亮，很漂亮"。后来逐渐发展成阅读减退、喃喃自语、沉默、回音症，甚至出现奇怪的说话方式和内容，严重困扰老年人在生活中与人正常沟通。

1. 失智症初期

在失智症初期，失智老年人的社交会谈能力仍保持较好，但对信息的接收、思考时间延长，交谈时常自主更换谈论的话题，对地名、人名的记忆出现困难。失智老年人在见到熟悉的人时，不能说出该人的名字；向外人介绍孙辈时，不能说出他们之间的伦理关系，只能说出"这是我女儿的儿子""我女儿的儿子很孝顺她妈妈的爸爸"，看到厕所时，只能说出"这是解便的地方"。此期的失智老年人为应对短暂的记忆缺失，会很聪明地使用技巧应对，试图不让他人发现他们记忆出现了问题。

（1）标准的应对反应与社交技巧。

失智老年人在一些社交场合会用"真有意思""真好""真的吗？没有人告诉过我"等无主要内容和特定对象的语言场景和情感来掩饰自己的情绪。

（2）闲谈。

失智老年人有时会对事情做合理化甚至虚构的解释，以降低自己的不安并期望不被对方察觉。例如，一位高血压老年人近期血压升高，但探究血压升高的原因时，她会以家里吵闹、睡眠不好等替换饮食过咸的原因。

（3）奉承、恭维。

失智老年人常常试图赞美对方来掩饰自己的记忆缺失，以免被他人发现。例如，女儿去问爸爸昨天交水电气费的事情，爸爸却主动拉着女儿的手说"你看我来了""怎么皮肤变好了呢""我发觉我女儿越来越漂亮了""我现在记忆力还不错，你给我交代需要我做的事情吧"。通过上述话语来表现"不要担心我，你把我照顾得很好"，试图让女儿离开自己的房间。然而，真实情况是老年人不愿女儿知道自己记忆力不好，且没记住女儿所交代的事情。

（4）幽默。

失智老年人会聪明地运用幽默来掩盖自己在抽象思考上的障碍，如采用同音字取代忘记的字符。

作为家人，尤其是儿女，应该充分评估老年人的性格特点，有技巧、耐心地给予纠正并补充规范化表达，避免激怒老年人或不顾老年人的面子，以免老年人因受到心灵的伤害而不与他人进行互动或沟通，影响相处的氛围。这些都不利于失智老年人的康复。

2. 失智症中期

在失智症中期，失智老年人的沟通能力更加减退，主要表现在以下方面。

（1）从命名困难发展到命名能力退化，如把所有红色系物品均归为红色，而无法使用"大红"或"猪肝红"等字词。

（2）以代名词或一般的词汇取代名词，如无法说出实物的名称而以"它""那物品""这东西"来代替。

（3）要求旁人重复问题或提示的频率提高。

（4）遵从口头指示有很大困难，常须配合肢体语言来讲解或直接以动作来引导。

（5）言语表达中，字词句结构的出现与想要表达的内容毫无关联。

（6）增加社交性问候语的使用，以应付困窘的情景，如"你好，我们以后再见哈！你真是一个让人难忘的人""你是让我印象深刻的美丽的女士""这位小伙子很聪明，将来一定前途无量"。

（7）无法理解对方的说话内容，茫然地看着对方或转移自己的视线，甚至直接不应对，转身离开。

（8）阅读能力和认知出现困难，如阅读熟悉的报纸逐渐变得有困难，而且对内容的理解越来越困难，无法理解报纸表达的内容，经常看很久，以后逐渐发展到不愿意看报纸。

（9）无法集中注意力。谈话中失智老年人的思维转移到别的事情上，不再听对方说话，而去做自己现在思维中的事情。比如，家人在教失智老年人包饺子时，他会突然放下饺子，去数饺子的个数或看家人包得好不好，或者在家人讲话时离开，完全不理会家人。

（10）引起或主导谈话越发困难。失智老年人不再主动发言，家人问他事情时，他可能回答，也可能不回答；当其他人都发言完毕，要求他发言时，他会无话可说，然后表现出无可奈何或无动于衷的状态。

（11）遗忘社交会谈中应遵循的礼节。如他会很近地观察他人，然后说出"你脸上好多痣哦，可以去点了"等让人难堪的话。这是因为失智老年人缺乏应景性的场合沟通交流能力。

3. 失智症重度期

此期失智老年人无法用语言和他人沟通，只能说简单的字，或说话含混不清，他人甚至完全无法理解他们说话的内容，甚至完全失语。对此期的失智老年人，要更注重对他们的生活照顾，维护他们的尊严，且要善于观察他们，以及时满足他们的需求。

那么，如何判断一位老年人是属于正常老年人的记忆力下降，还是失智症早期的记忆力下降呢？

一般情况下，正常老年人的记忆力下降不会影响以下两个方面。

（1）不会影响正常社会活动与生活。如一个老年人可能有时会出现丢三落四的情况，忘记厨房正烧着水，或突然记不起东西放哪里了，但对重要的事情不会忘，例如，接送孙子上下学。反过来，如果老年人经常忘记接送孙子上下学这件事，那就不正常了。

（2）会学习一些新的知识和技能。正常老年人对新事物是感兴趣的，能自觉学习与运用，如平时在家练习跳舞动作、学习新动作等，但如果老年人表现出既不感兴趣又学不会就不正常了。

也就是说，正常的老年人，就算不经意地出现丢三落四的情况，事情发生后，经人提醒就会立刻回忆起来，而失智症老年人即使提醒也不能回忆起来，甚至不承认自己记忆力下降了。

二、与失智老年人的沟通

（一）与失智老年人沟通的技巧

沟通是一门艺术，也是增进护患关系的金钥匙，有效的沟通是保证照顾质量的关键。由于失智老年人的智能全部受损，理解力差，概括和表达能力受损，易产生急躁、焦虑、沮丧和易生气等心理反应，并且易受忧郁、悲伤、愤怒等不良情绪的影响。因此，做好与失智老年人的沟通十分重要，同时护理失智老年人必须掌握一些特殊的沟通技巧。

失智老年人是有想法的，只是他们把过去和现在混在了一起。他们说出的语句是由一些风马牛不相及的思维碎片拼凑起来的，而这些碎片就是事情片段，虽然会不合逻辑地搭配在一起，表面上看是没有什么意义的，但实际上这些片段很可能是他渴望表达的一些抽象概念、观点和情感。当你把他所有说到的只语片言联系起来时，你会发现一切都不是那么难以理解。治疗失智症的心理学家朱迪（Judith London）博士在同失智老年人及其家属一起工作的16年中，总结了一些基本沟通技巧。

1. 态度

（1）微笑！

（2）经常进行自我介绍，并且每次问候失智老年人的时候都叫他的名字。

（3）你要让自己保持可以面对面交流，让彼此处于一个物理平面上，以便进行眼神交流。

（4）用吸引人的语调。

（5）要友好。

（6）要细心周到。

（7）讲话语速要慢。

（8）当你讲话时，要使用手势。

（9）问简单的、开放式的问题。

（10）要耐心，给他充分的时间反应。

（11）要坚信你的努力会有回报的。

2. 共情

（1）把你自己放在他的位置上，去领悟他可能的想法和感受。

（2）用直觉去思考他在说什么或感觉怎样。把那些只言片语联系起来理解，看他是否同意你的理解。

（3）记住，你爱的人只是患了失智症，而不是精神错乱了。

（4）倾听。

3. 利用你对他的了解去理解他

（1）利用你对他的了解去理解他在说什么。

（2）通过重复他所说的来看到他，同时展开他的话题。

（3）通过倾听他说话来理解他的意思。

（4）谈谈很久以前发生的事情，因为那些记忆是最后才消失的。

（5）不要期望他记住你们刚刚的谈话。

（6）记住，他是活在当下的。

（7）把你们每次的见面都当作一个全新的见面来对待。

4. 赞同

（1）不要表达反对意见或争辩。

（2）让对方知道你明白信息背后所传达的思想和情感。

（3）确认你所听到的。

5. 抱有希望，表达爱意

（1）经常向他表达你的爱，他会给予你回应的。

（2）把注意力集中在他还能做什么，而不是他已经不能做什么了。

（3）接受他现在的样子。

6. 保证你可以被听到和看到

（1）即使他一直拒绝戴助听器，你也要随身携带它。助听器在一般的电子产品商店就能买到。

（2）每次当你想要沟通的时候，都重新提议让他戴助听器。

（3）你要为重复自己的话做好准备，如果还有其他人，你也要重复别人说过的话。

（4）让自己处在一个可以进行眼神交流的位置，这样才能让他看到你。

7. 不要太计较他对你不留情面的评价

（1）保持幽默感，即使是面对不留情面的言论，这些言论甚至可能是真实的评价。

（2）试着不要把任何言论都当成针对个人的，即使那些言论真的很伤害你。如果你感到很受伤，你可以说"噢，那很伤人"，用这样简单的话告诉他。

8. 利用他重复的话进行沟通

（1）不断重复是进行沟通的一个契机。

（2）探究隐含在重复的语句背后的含义。

（3）针对他自己提出的话题，询问其观点。

（4）把他说过的那些只言片语联系起来，帮助他表达自己的意思。

9. 利用食物去唤醒记忆

（1）为他提供他最喜欢的食物或饮料（不含酒精）。

（2）把食物当作一个跳板，用它唤醒记忆和愉快的情感。

10. 面对失去

（1）承认并且讨论各种形式的失去。

（2）谈论他的父母亲是他很爱的家庭成员，以此来推进谈话并促进他康复。多问一些问题，例如"你的母亲是个什么样的人呢？"

（3）无论他能否意识到亲人已经逝去，你都要确认并探究他的情感，即使是忧伤的。

11. 使用有意义的照片进行沟通

（1）对照片做一些解释，以建立联系并勾起回忆。

（2）谈论照片。

（3）仔细观察他的回应。

12. 用唱歌和音乐来与他交流

（1）音乐具有一种神奇的力量，它能够打破隔离的堡垒。

（2）音乐可以成为超越语言的交流。

（3）勇敢地唱下去吧，这真的很有趣！

13. 设置相同的情境以唤起记忆

（1）确定安排座位的规则，确保他每次都坐在相同的位置并与周围的人交流。

（2）使用相同的环境布局，或许可以帮助他记起一些人和地名。

14. 让他做力所能及的事情

（1）咨询完专家后，你要允许他去做他还能够完成的事情，即使在一旁观看会让你更伤脑筋。

（2）在一旁看他完成任务。

（3）给他足够的时间去完成任务，要有耐心。

（4）充分认识自己的感觉，三思而后行。

15. 坚持努力并保持尊重

（1）让他认识到你是友善的，这需要花一定的时间。

（2）尊重他的反应，随后再找机会邀请他。

（3）一起沉默，将沉默作为一种沟通方式。

16. 避免正面冲突

（1）避免正面冲突，不要去争论。

（2）与他共情，即使他意识不到自己身上的问题。

（3）告诉他你明白他的感觉，并对他说："我知道你很难相信，但每个人都在设法帮助你。"当他说不需要帮助的时候，只需简单点头回应："我知道，我理解。"

17. 利用妄想

（1）与你的亲人交流他妄想出来的事物。

（2）将妄想视为他思想和愿望的表达。

（3）根据你能得到的所有细节去探究妄想。

（4）接受妄想作为他自身的一部分。

18. 充分利用他还拥有的社交能力

（1）基本的社会礼节如"你好"和"谢谢"是你们彼此进行交流的桥梁。

（2）即使他觉得没有多大意义，也要保持交流。

19. 做好他不认识你的准备

（1）做好准备，他可能忘记你的名字或你是谁。

（2）你要理解，记忆的丧失不是他能控制的。

（3）他可能会记住对他来讲很重要的人。

20. 不要低估离别的感受

（1）他是会感觉到你要离开的，你也一样。

（2）提前让他知道你要离开。如提前10分钟告知你要离开，然后临走前5分钟再说一次。

（3）他会感受到你的善良，并且很感激。

（4）你要接受他的情绪。

在运用语言沟通技巧的同时，也要运用非语言沟通技巧，对于有孤独感表现的失智老年人还可以通过触摸表示关怀，如触摸其双手、轻轻抚摸背脊。询问他们对住院能否适应，在生活方面还需要怎样的帮助和关怀，对护理工作还有什么要求等，使他们感受到自己是被关怀、被重视的。

（二）与失智老年人的沟通要求

1. 早期失智老年人的基本沟通要求

（1）保持同理心。

应用同理心感受早期失智老年人的困境与痛苦，尝试用他们的眼光与心态看世界，理解他们有时候表现出来的奇怪言语与行为的含义。

（2）给予表达的机会。

早期失智老年人有强烈的表达欲望，渴望得到他人的关注与理解。我们应充分给予他们表达自我的机会，认真而耐心地倾听，最大限度地维持他们的自尊。

（3）接受而不是改变。

对于失智老年人，我们唯一能做的就是希望通过医学来延缓其疾病的进程。要对失智老年人持开放、接纳的态度，这样才能减少工作中的摩擦。

（4）不要随意哄骗失智老年人。

失智老年人可以活在多个直觉层面上，他们时而清醒，时而糊涂。切不可轻易对他们说谎或哄骗他们，那样会伤害失智老年人。

2. 晚期失智老年人的沟通要求

（1）正视现实问题。

清楚认识晚期失智老年人的症状不可避免地会随着时间的流逝而逐渐加重与恶化，这是不可改变的事实，我们必须接纳它。

（2）多陪伴与照顾。

这个时期的失智老年人最需要的是陪伴与照护，希望陪伴与照护可以让他们保持一定的生活自理能力并延缓疾病的进程。

（3）合适的环境。

交谈时避免受到噪声干扰，沟通时保持自然，无须刻意改变，尽可能靠近失智老年人身旁，保持眼神交流。

（4）用温暖平和的语调、短而精简的句子。

用对待长辈的方式进行交谈，避免用叠字，如"喝水水，睡觉觉"等，当听不懂失智老年人的话语时，可以礼貌地直接告知，让老年人知道你没有嫌弃他，而是在认真地与其交流。

（5）协助寻找适合的字句。

当失智老年人找不到适当的字句来表达时，不要急着为他们提供答案，用正确的方式去引导他们，揣测他们的意思，提供一两个字给他们选择或者协助他们去表达。

（6）注意提问与应答的技巧。

不要对失智老年人提出太多选择性的问题，可以采取明确答案的提问方法，例如，"今天天气还不错吧？""今晚就穿这件睡衣，好吗？"有时，失智老年人会重复问同一个问题，我们应耐心地重复回答。

（7）更多地使用非语言沟通技能。

可以适当采取身体接触（如抚摸）、注重讲话语气及身体语言（如边说边做一些动作）等非语言沟通技能来辅助失智老年人理解，也可以利用图像的方式帮助失智老年人记忆或进行对话。

（8）有足够的耐心。

与失智老年人沟通时，必须保持足够的耐心，让失智老年人慢慢体会和理解你所表达的意思。对于失智老年人对一些问题的误解，甚至是执着的异常行为，不要与他们发生冲突，采用方式转移话题。

(三)与失智老年人的合作方法

(1)保持平静,尤其是在面对危机时。

(2)避免使用负面词汇"不要"。

(3)如果失智老年人的行为在一天中的特定时间爆发,以一种温柔的方式来应对困难时期,尤其是在该时段前后。

(4)询问失智老年人,如果把你的手放在他的手臂或肩膀上是否合适,动作务必柔和。

(5)使失智老年人参与个人护理。例如,给他一块毛巾,就像你常用毛巾给他清洗那样,让他清洗自己,或者把你的手放在他的手上温和地指导他,安慰并鼓励他,并尽可能向他解释你正在做的一切。

(6)在一天中失智老年人可能变得很焦躁不安的那个时间段之前,通过说"请你和我一起……"(而不是说"你想要和我一起吗?",后者更可能遭到拒绝),温和地指导他参与一个活动。

(7)参与一些简单的运动,如外出散步或投篮。

(8)尝试一项行为,如随着轻音乐起舞,参与园艺、棋牌或任何你知道的他通常喜欢的活动。

(9)计划在潜在的不安的感觉产生之前一起唱歌,或者只是在一起开心地玩乐,加强沟通,促使失智老年人的情绪放松。

(10)如果失智老年人觉得一只肥嘟嘟的小动物或松软的地毯能够使自己安心,那么你可以尽量为他提供,因为触感能够使人得到安慰。

知识链接

人到了一定年龄,就会发现自己体力大不如前,思维活动也不如以前敏捷,开始出现衰老现象。衰老到底是怎么发生的呢?脑内任何血管发生硬化都会导致衰老。这是因为血管是运送葡萄糖和氧等营养物质到大脑的通道,一旦流通不畅或受阻,就会影响营养物质的输送,人就会患失智症等疾病。为了防止这些疾病发生,人们要合理饮食,保证大脑的营养均衡。

任务三 与临终老年人的沟通

一、认识死亡

（一）死亡观

死亡观是人类对自身死亡的本质、价值和意义的根本观点和根本看法，是世界观、人生观的有机构成部分。

理解死亡的本质如此困难，是因为没有任何人能够直接感受到死亡。人在活着时，不能体验死亡；人死了之后，又无法体验，更无法言说。既然死亡的状态人们无法感知，无法用精确的语言来描述，故而人们对死亡的认识也就难以上升为建立在客观观察的基础上，且能在实验室里重复展现的科学认知的水平。这样，"死亡"的真正性质对人们而言将永远是个谜。"死"的确切性质无法把握，是人们对"死"不能给出科学的定义。因为死不可定义，难以上升为精确的科学，所以它成为宗教和哲学共同探讨的永恒课题。

从总体上来讲，一般人的死亡观可分为两种。一方面，死亡是人类最大的敌人。这一点具体表现在死亡使我们没有真正的自由，失去一切。由于死亡是痛苦、陌生和孤单的，但又无法预测，它会令人感到恐惧和愤恨不平。同时，死亡还会使人丧失信仰，成为生命的阻力。另一方面，死亡却是人类的朋友。因为死亡是公平的，每个人都必须经历。

现今人们对"死亡"的观念主要包括以下几种。

（1）死亡是一种自然的归宿。认为死和生是一种很自然的现象，有生就有死，这是不可抗拒的自然法则。

（2）死是一种令人恐惧的事情。

（3）死亡是一种理想的追求，具体分为两种情况，一种是把死亡当作追求理想的手段，另一种就是有意无意地美化死亡。

（4）死亡是一种威慑的力量。生命的宝贵在于它的唯一性和不可逆性，人生就一次，死亡就意味着生命的终结，是与现实存在的彻底断裂。

（5）死亡是一种痛苦的解脱。死亡只是人生的一个阶段，甚至并非重要的阶段。

（二）老年人对待死亡的心理类型

老年人对待死亡的态度受到许多因素的影响，如文化程度、社会地位、宗教信仰、心理成熟程度、年龄、性格、身体状况、经济情况和身边重要人物的态度等。老年人对待死亡的心理类型主要有以下几种。

1. 理智型

当意识到死亡即将来临时，一些老年人能从容地面对死亡，并在临终前安排好自己的工作、家庭事务及后事。这类老年人一般文化程度比较高，心理成熟程度也比较高。他们能比较镇定地对待死亡，能意识到死亡对配偶、孩子和朋友是最大的生活事件，因而尽量避免自己的死亡给亲友带来太多的痛苦和影响。往往在精神还好时，就已经认真写好了遗嘱，交代自己死后的遗产分配、遗体的处理或器官（如角膜）的捐赠等事宜。

2. 积极应对型

一些老年人有强烈的生存意识，能从人的自然属性认识死亡取决于生物学因素，但也能意识到意志对死亡的作用。因此能用顽强的意志与病魔做斗争（如忍受病痛的折磨和诊治带来的痛苦），寻找各种治疗方法以赢得生机。这类老年人大多属于低龄老年人，拥有很强的斗志和毅力。

3. 接受型

这种类型的老年人对死亡的看法是正面的，认为人的生老病死是自然规律，没有人可以抵抗，只有在活着的时候正确对待自己的生活、工作和家庭，以积极的心态过好每一天，才是新时代老年人的最佳状态。

4. 恐惧型

这类老年人极端害怕死亡，十分留恋人生。这类老年人一般都有较高的社会地位、良好的经济条件和家庭关系。他们希望能在老年享受天伦之乐，看到儿女成家立业、兴旺发达。他们往往会不惜代价，寻找起死回生的药方，全神贯注于自己身体的功能上，如喜欢服用一些滋补、保健药品。

5. 解脱型

这类老年人大多有着极大的生理、心理问题。可能是家境穷困，或者受尽子女虐待，或者由于身患绝症而极度痛苦。他们对生活已毫无兴趣，觉得活着是一种痛苦，因而希望早些了结此生。

6. 无所谓型

此类老年人不理会死亡，对死亡持无所谓的态度。

（三）死亡教育

死亡教育是指有关死亡知识的社会化、大众化教育。死亡教育可以帮助人们正确地面对自我之死和他人之死，理解生与死是人类自然生命历程的必然组成部分，从而树立科学、合理、健康的死亡观；可以消除人们对死亡的恐惧、焦虑等心理现象，教育人们坦然面对死亡；可以使人们思索各种死亡问题，学习和探讨死亡的心理过程以及死亡对人们的心理影响，为处理自我之死、亲人之死做好心理上的准备；可以使人们勇敢地正视生老病死的问题，加深对死亡的认识，并将这种认识转化为珍惜生命、珍爱健康的强大动力，进而提高自己的生命和生活质量；可以使更多人认识到人生包括优生、优活、优死三大阶段，从而使人们客观面对死亡，有意识地提高生命质量。因此，死亡教育是实施临终关怀的先决条件。

老年人及其家属是死亡教育中比较特殊的对象，亦是最需要立见效果的对象。老年人应用尽各种生命力量来抵抗衰老，延缓衰老，调整好心态，与死亡做斗争。对老年人进行死亡教育的内容主要有以下几项。

1. 克服怯懦思想

目前，在老年人中，自杀是一个值得重视的问题。可以说，自杀是一种怯懦的表现，从一定意义上讲，生比死更有意义。

2. 正确对待疾病

疾病是人类的敌人，它危及人的健康和生存。和疾病做斗争，从某种意义上讲等于是和死亡做斗争。积极的心理活动有利于提高人的免疫功能，良好的情绪、乐观的态度和充足的信心是战胜疾病的良药。

3. 树立正确的生命观

任何人都不是为了等待死亡而来到这个世界上的，因此，正确的人生观、价值观，是每个人心理活动的关键。生活、学习、工作、娱乐组成了人生。唯物主义的观点认为，提出生命有尽，可以使人们认识个人的局限性，从而思考怎样去追求自己的理想，怎样去度过自己的岁月。从这个意义上说，对"死亡"的思考，实际上是对"整个人生观"的思考。

4. 心理上对死亡做好充分准备

当人们步入老年期以后，面临的是走向人生的终极——死亡。人们追求优生、优活，也希望善终、优死，即使濒死也不逊色。怎样才能尽量使自己剩余的时间过得有意义？认识和尊重临终的生命价值，这对于临终老年人是非常重要的，也是死亡教育的真谛所在。

虽然人们都明白"人生自古谁无死"的道理，但是要做到从容地面对死亡，从心理上接受死亡、战胜死亡，并不是一件容易的事。对老年人亦是如此。对老年人进行死亡教育并不是让他们掌握生死学的艰深理论，亦不必将有关死亡的所有问题全部讲清，重点在于了解他们的文化素养和宗教背景，以及其原先对死亡有什么看法，现在面对死亡或在即将丧亲的情况下，最恐惧、担心、忧虑的究竟是什么。根据相关情况，运用生死学知识，帮助老年人减轻对死亡的焦虑、恐惧和各种思想负担，使其能坦然面对可能来临的死亡，同时使老年人家属有准备地接受丧亲之痛。

总之，要根据老年人的年龄、性格、职业、家庭背景等因人而异地开展死亡教育，培养老年人成熟、健康的心理品质。

二、了解临终老年人

（一）临终老年人的敏感话题及其心理反应阶段

临终老年人的敏感话题有"死亡""人生意义""未了心愿"等，其中最为关注的是

"死亡"话题。"死亡"是人类不可避免的话题,更是临终老年人的敏感话题。作为临终老年人,他们往往遭受了较长时间疾病的折磨,存在着对生命的依恋、对死亡的恐惧以及对亲人的牵挂等,他们在面对"死亡"时往往要经历拒绝、愤怒、挣扎、沮丧、接受五个阶段。

1. 拒绝阶段

该阶段临终老年人往往会表达"不可能是我,你们弄错了!"等类似话语。他们还没有做好自己患有严重疾病的心理准备,对即将来临的死亡感到恐惧和震惊,到各大医院重复检查,但又无法听进医生关于疾病的任何解释,不能理智地处理与疾病相关的问题。总体表现为:否认病情,要求重新做检查、换医生,甚至换医院,对诊断结果总是抱有侥幸心理。

2. 愤怒阶段

该阶段临终老年人往往会表达"为什么是我"等类似话语。由于病情加重,随之而来的心理反应是愤怒、暴躁,遇到不顺心的事会大发脾气,或迁怒医护人员和亲属,有些临终老年人固执己见,不能很好地配合治疗,有的甚至拒绝治疗。总体表现为:认知上仍不承认自己即将面临死亡,情绪上愤怒暴躁,行为上拒绝配合治疗。

3. 挣扎阶段

该阶段临终老年人往往会表达"不错,是我,但是……"等类似话语。临终老年人处于否认与承认即将面临死亡的矛盾状态,虽然不愿意面对即将死亡的事实,但也不得不接受事实,求生的欲望使他们愿意配合治疗,以求延长生命。总体表现为:认知上的矛盾纠结,情绪上愤怒的降低,行为上渐渐开始配合。

4. 沮丧阶段

该阶段临终老年人往往会表达"是的,就是我"等类似话语。由于病情逐渐加重,身体功能不断减弱、频繁治疗,经济负担和家属身心负担的加重,使临终老年人情绪极为低落,产生强烈的失落感,出现退缩、沉默、哭泣等反应。总体表现为:认知上承认即将面临死亡的事实,情绪上无奈而抑郁,行为上退缩。

5. 接受阶段

该阶段临终老年人往往会表达"好吧,既然轮到我,那就去面对吧"等类似话语。他们在经历了一段时间的挣扎和沮丧之后,精神、体力极为疲乏,此时他们恐惧、焦虑和痛苦的情绪逐渐消失,情绪变得平和、镇定,接受即将面临死亡的事实,此时的他们喜欢独处,常处于昏睡状态,对外界反应淡漠,情感减退。总体表现为:认知上承认并接受即将面临死亡的事实,情绪上比较平静坦然,行为上已无任何激烈反应,能顺其自然,静待死亡的到来。

(二)临终老年人的语言和非语言行为

1. 临终老年人的语言特点

临终老年人由于处在人生中的最后一个阶段,往往身体虚弱、体力衰竭,他们的语言不同于一般老年人，不能像正常老年人一样顺畅地表达自己的想法，往往表现为声音低沉、语速缓慢，或经常重复或时断时续，甚至语无伦次。

2. 临终老年人的非语言行为

在临终前，老年人更多是需要身体的舒适及心理的平静和安宁，有的临终老年人在临终时已经无法用语言来表达自己的想法和需要，这时老年服务从业人员可以通过观察非语言行为（如眼神、表情、体态、姿势等）来了解他们的想法和需求，维护临终老年人的尊严，减轻其生理和心理上的痛苦以及家属的悲痛情绪。

三、与临终老年人的沟通要素

（一）与临终老年人的沟通策略

老年服务从业人员与临终老年人的主要沟通策略包括以下五个方面。

1. 充分理解并耐心、平静地对待临终老年人

面对临终阶段的老年人提出的任何问题、意见或想法，老年服务从业人员都应该充分理解，并耐心、平静、认真地对待，对临终老年人保持尊重。此外，老年服务从业人员应该设法了解临终老年人对待死亡的态度和心理类型，以便积极主动地沟通。

2. 根据临终老年人所处的心理阶段采取不同的沟通策略

若老年人处于拒绝期，不宜急于告知病情真相，而应该耐心倾听老年人的言语，避免讨论死亡问题；对处于愤怒期的临终老年人应鼓励其发泄，并耐心倾听和疏导，给予最充分的关心；对处于挣扎期的临终老年人应满足其乞求心理，并鼓励倾诉；对处于沮丧期的临终老年人应多加安慰，给予鼓励与支持；对处于接受期的临终老年人应该给予充分的尊重，并设法了解他们的需求，帮助他们了却心愿。

老年服务从业人员在工作中应该多倾听，判断临终老年人的心理状态，适度使用肢体语言，有针对性地进行护理。突发病和重度创伤老年人大多充满恐惧甚至愤怒，对病情一无所知，有很强的求生欲。老年服务从业人员应该对其进行宣教，帮助其了解疾病，缓解老年人的恐惧情绪，理解、宽容、善待老年人，坦诚地与老年人沟通，减轻其心理压力，满足老年人的心理需要，促使其配合治疗。

3. 尊重临终老年人的人格

现代护理伦理学不仅强调对生命的尊重，而且十分强调对人格的尊重。老年服务从业人员在护理临终老年人时要尊重他们，保护他们的隐私，减轻他们的失落感和自卑心理。不仅要尊重临终老年人的人格，还要尊重临终老年人的生活方式和生活习惯。听力是人体最后消失的一个感觉。临终老年人在意识丧失、昏迷的状态下，听觉是依然存在的。无论其神志是否清醒，切忌在他们面前谈论影响他们自尊的话题。在执行各项操作时，要及时与他们解释、沟通，即使他们不能回应。在尸体料理中，应态度严肃、动作轻柔，遵照合理的民风民俗，体现深层的人文关怀。

4. 尊重临终老年人的权利

老年服务从业人员作为实施临终关怀的主要成员,担负着使临终老年人舒适而无痛苦、安详而有尊严地离开人世的责任。

5. 抚慰家属

急症老年人过快死亡,会使家属措手不及,完全无任何心理准备,难以接受失去亲人的现实,陷入极度悲伤。老年服务从业人员对待临终老年人家属要严肃认真、态度真诚、说话得体、感同身受。正如掌握与老年人的沟通技巧一样,老年服务从业人员应学习掌握对死者家属的抚慰知识和技巧。非语言性沟通此时很适用,如拍拍肩膀以示安慰。老年服务从业人员应主动帮助老年人家属处理老年人身后事宜,从而尽量减轻家属的负担和痛苦,帮助他们早日从失去亲人的悲痛中解脱出来。对悲伤过度或现场晕厥的家属,一定要不计成本地救治和照护,以体现人道主义。

(二)与临终老年人沟通的基本原则

1. 倾听原则

面对临终老年人,作为倾听者要做到以下几点。

(1)位置。

老年服务从业人员与临终老年人沟通时要选择合适的位置,身体应该微微前倾或弯下腰去倾听,让其感觉到你对他的尊重。

(2)非语言信息传递。

老年服务从业人员适宜的面部表情、目光、手势以及身体的接触,都可以起到安抚临终老年人的作用。

2. 尊重原则

(1)尊重的态度。

热情、理解、无条件接纳临终老年人,不强求他们做任何自己不愿意做的事情。

(2)尊重的内容。

尊重临终老年人的性格、风俗习惯、宗教信仰、未完成的心愿或遗言等。

3. 同理心原则

(1)提问时多问开放式的问题。

老年服务从业人员可以多问开放式的问题,比如"您今天的心情怎样?""您能谈谈这两天的感受吗?""您有什么想法可以随意地和我聊聊"等。

(2)放慢脚步。

沟通时应做到"慢",让临终老年人有足够的时间表达自己的想法,当他们停顿时也不要急着抢过话题,给他们留时间整理思绪。

(3)不要太快做判断。

当临终老年人表达自己的想法时,老年服务从业人员要做到"跟",即跟随老年人的思路去感受他们所讲述的内容,不要对他们的话语太快做判断,等听完所有的话语再委婉地表达自己的想法。

（4）全面把握情况。

老年服务从业人员倾听临终老年人谈话时要全面把握老年人的情况，包括老年人的过去经历，这样才能真正进入老年人的内心，才能真正理解他们。

4. 积极关注原则

老年服务从业人员对临终老年人要进行积极的关注，用积极的态度看待临终老年人，发现他们身上的优点并告诉他们，这样会引起他们更多的积极转变。

（三）与临终老年人沟通的技能要点

在学习沟通要点之前，必须牢记与临终老年人沟通中最重要的原则：爱与陪伴。老年服务从业人员要用爱去接纳临终老年人所有的情绪状态，不分析、不评判、不下定义，坚定地用爱陪伴他们。

1. 告知实情

在现实生活中，"我们是否应该如实告知临终老年人他正在接近死亡？"是一个比较难以面对与处理的问题。其实，大部分临终老年人自己虽然已经意识到时日不多，但仍然希望别人（医护人员或亲人）能够确切地告知其实情；同时，为了实现临终关怀，告知老年人真相才是正确的做法。因此，要把握合适的时机告知老年人实情，这样既可以使大家（包括老年人及其家属等）坦诚相对，形成合力，做好下一步工作，又能尊重老年人的权利并听取老年人的意见，让老年人能合理有序地安排好后事及完成未了的心愿。当然，对于特别的个体（如仍不相信事实，或告知后极可能会危及生命的老年人）要慎之又慎。

2. 爱与接纳

对临终老年人而言，他们最需要的应该是真正地被别人接受、被爱。要做到这些，可以说既复杂又简单。复杂的是人心——人们需要对死亡有正确的认识和理解，要葆有悲天悯人的情怀与宽容的心，这就需要我们不断学习与提高。最简单的做法就是付出爱与陪伴。临终关怀不需要拥有过人的知识与技能，以及做很多的事情（专业的事情由专业的医护人员来完成），只需要成为老年人真正的朋友，保持好自然、平和的姿态，单纯而平等地陪伴并接纳他们，为他们做自己力所能及的事情。只需要静静地陪伴在他们身边，用接纳、怜爱的目光注视他们，适时给予抚摸或轻轻拥抱，这些就足以让老年人体会到人间的温情。当然，最好能全力协助老年人完成未了的心愿，让老年人更加安心地离去。

3. 坦诚地正视恐惧与慌张

告知临终老年人实情后，尽管大家都能理解并接受现实，但要真正地面对确实还有些困难，毕竟是一个鲜活的生命要离去，特别是疼痛等不适还一直在困扰着老年人，这些都会给大家带来一定的恐惧与慌张。这时，同样需要形成合力，各相关人员要一起面对，一起进行心理调适，一起解决困扰。只有这样，才能真正实现临终关怀的目的，让老年人无痛苦、无遗憾、安详、有尊严地走完人生的最后旅程。

老年服务礼仪与沟通技巧

4. 协助完成心愿

要真正地让临终老年人无遗憾、安详、有尊严地离去，为老年人解决未了事、未了情，满足老年人的心愿十分重要。无论曾经是怎样的人，过着怎样的人生，在即将离世时，总会有种种感慨，总会想起一些人生的遗憾，总会有牵挂，总会对过去的一些事情不能释怀，总会想着去解释或补救。因此，要全力以赴地协助老年人去完成，可以通过静静地听老年人述说或忏悔；可以与专业人士一起商议方案，完成老年人未了的心愿，尽可能去完成那些可以实现的事情。例如，对帮助过老年人的人表达感激，对被老年人伤害过的人表示歉意以求得对方的宽恕等，让老年人能放下一切，安详地离去。

（四）与临终老年人沟通的基本步骤

1. 建立良好的沟通关系

要掌握临终老年人的基本情况，从临终老年人的基本资料、家属叙述、医生诊断等各方面充分了解和掌握其基本情况，包括生理方面，如疾病进展、睡眠、饮食等；心理方面，如性格特点、对疾病的态度、情绪、行为表现等，掌握以上信息可以对临终老年人有一定了解，为良好的沟通打好基础。

2. 倾听临终老年人的心理需求

作为老年服务从业人员，应该认真、仔细、耐心地听临终老年人诉说，使其感到被支持和被理解。对虚弱而无力进行语言交流的临终老年人，可以通过表情、眼神、手势表达理解和爱，比如，经常对临终老年人示以微笑并进行恰当的抚摸，可以轻轻抚摸临终老年人的手、胳膊、额头及胸、腹、背部，减轻其孤独和恐惧感，使他们有安全感和亲切感，以熟练的护理技术操作取得临终老年人的信赖和配合。倾听的目的是更客观全面地了解临终老年人，同时，也是让他们的情绪得以合理宣泄，并从中了解他们临终前的心愿，倾听他们的心事，尽量让他们的心愿得以满足。

3. 合理表达对临终老年人的劝告和慰藉

当与临终老年人建立了良好的沟通关系，通过倾听了解了老年人的心事之后，老年服务从业人员接着要做的就是对老年人进行贴合其心理的劝告和慰藉。

（五）对临终老年人进行心理疏导

1. 对处于拒绝阶段的临终老年人进行心理疏导

老年服务从业人员应具有真诚、忠实的态度，不要破解临终老年人的防御机制，也不要欺骗他们，应坦诚温和地回答他们对病情的询问，而且要注意老年服务从业人员对临终老年人的病情描述应保持一致。

经常陪伴在临终老年人身旁，进行非语言交流，仔细地倾听，富有同情心。协助临终老年人满足心理方面的需要，让临终老年人知道老年服务从业人员愿意和他一起讨论他所关心的问题，更重要的是让他感到自己并没有被抛弃，可以时刻受到老年服务从业人员的关心。

在与临终老年人沟通时，老年服务从业人员要注意自己的言行，要真诚、主动地表示愿意和临终老年人一起讨论死亡，在交谈中循循善诱，使其逐渐坦然面对现实。

2. 对处于愤怒阶段的临终老年人进行心理疏导

老年服务从业人员应尽量将临终老年人的发怒看成是一种有益健康的正常行为，应认真倾听临终老年人的心理感受，适当适时地允许临终老年人通过发怒、抱怨、不合作行为来宣泄内心的不快，但应注意预防意外事件的发生。适当维护临终老年人的知情权，尊重他们的自主权，以便帮助他们及时进行恰当的治疗。做好老年人家属的工作，给予宽容、关爱和理解等心理支持，同时，引导家属多倾听、陪伴临终老年人。老年服务从业人员要把握恰当的时机，逐渐对临终老年人渗透有关生命历程（生老病死）的教育。

3. 对处于挣扎阶段的临终老年人进行心理疏导

当临终老年人发脾气时，老年服务从业人员应表示理解和宽容。在临终老年人情绪稍稳定后，老年服务从业人员要主动关心他们。加强护理，尽量满足他们的要求，使他们更好地配合治疗，以减轻痛苦，控制病情。努力避免临终老年人拒绝治疗、逃避生命历程的做法。在交谈中，应鼓励临终老年人说出内心的感受，尊重他们的信仰，积极引导，减轻他们的心理压力。

4. 对处于沮丧阶段的临终老年人进行心理疏导

老年服务从业人员应多给予同情和照顾，经常陪伴临终老年人，允许其用不同方式宣泄情感，如忧伤、哭泣等。给予精神支持，尽量满足他们的合理需求，安排亲朋好友见面、相聚，并尽量让家属陪伴在其身旁。注意安全，及时观察临终老年人的不良心理反应，预防临终老年人产生自杀倾向。若临终老年人因心情忧郁而忽略个人清洁卫生，老年服务从业人员应协助和鼓励他们保持身体的清洁。

5. 对处于接受阶段的临终老年人进行心理疏导

引导家属尊重临终老年人，不要强迫与其交谈，给予临终老年人一个安静、明亮、单独的环境，使其能够安详、平静地离开。

知识链接

> 你是重要的，
> 因为你是你，
> 即使活到最后一刻，
> 你仍然是那么重要，
> 我们会尽一切努力，
> 帮助你安然逝去，
> 但也会尽一切努力，
> 让你活到最后一刻。
>
> ——临终关怀之母桑德斯博士

任务四 与老年人家属的沟通

老年人身体状况的变化、角色地位的变化、家庭代际关系、子女之间的关系等都会影响老年人与其家庭成员之间的关系。沟通是一种日常生活中不可缺少的技能，而在医疗服务行业中更为重要，长期以来，医护人员在重视与老年人沟通的同时，也应重视老年人家属的心理需求，做好与老年人家属的沟通也很重要。

医护人员在与老年人沟通的过程中，与其家属的沟通是极其重要的一部分，医护人员应采取"全方位照护"的原则，在照护老年人的同时，也应及时关注其家属的心理变化，及时沟通，排解家属的不良情绪，避免悲剧的发生。医护人员应时刻关注老年人家属的心理变化，表达对他们的理解和安慰，帮助老年人及其家属建立良好的心态，克服老年人疾病带来的负面情绪。

一、与老年人家属沟通的基本原则

医护人员与老年人家属积极地进行有效沟通，既能使家属有受尊重感，又能使家属更好地照顾老年人，支持医护人员的工作。老年人家属对老年人体贴、安慰可帮助老年人在最佳的生理和心理状态下接受照护。老年人家属作为老年人的主要支持者，对老年人心理及生理的康复起着重要作用。医护人员与老年人家属沟通时，应掌握以下原则。

（一）提问

沟通中，医护人员主要通过提问的方式来了解老年人及其家属的感受与需求。如果沟通对象表现出沉默状态，此时需要交替采用开放式提问和封闭式提问。开放式提问是引导其说出自己的想法与感受，封闭式提问是以事实为基础，直接获得特定的信息，了解其对医疗服务的需求等。

（二）倾听

耐心地倾听是接受老年人及其家属所表达的信息，协助其解析潜在的担心与焦虑。一方面，给予足够的时间让其充分表达和倾诉自己的感受；另一方面，在倾听过程中要反馈性地给予回应，适时地对其观点进行重申，以表明正在仔细聆听并能够理解，使其感受到医护人员的尊重。

（三）反应

在沟通中，要适时地向老年人及其家属提出意见和建议。对于重症老年人，医护人员在与其家属的沟通中要注意：不要一味地以"没事""好好休息"等托辞来否认病情的严重性；切忌给予绝望的回答，如"这病现在是没得救了"；也不需要刻意制造幽默或轻松的氛围，以不恰当的方式减轻老年人的悲痛。可以通过接受、移情和关心，回应老年人的感受和困境。

（四）抚慰

老年人因患急症而死亡会使家属措手不及，完全无任何心理准备，难以接受失去亲人的现实。医护人员在对待这类家属时，要严肃认真、态度真诚、说话得体、感同身受。非语言沟通此时很适用，如拍拍肩以示安慰。

二、与老年人家属的应用情境和沟通方法

（一）与老年人家属沟通的应用情境

1. 咨询接待

（1）咨询前。

每位家属在正式咨询老年服务从业人员前，都会先到养老机构实地查看，看硬件设施：院区绿化环境、居住楼房设施、安全防护设施、医疗保障设施；看老年服务从业人员精神风貌：服装是否整洁、有无挂牌服务、仪容仪表、微笑服务；看已入住的老年人：老年人的面容、仪表、饮食；询问已入住的老年人及其家属，从侧面来了解养老机构的服务水平。

（2）咨询时。

家属前来咨询时，首先，老年服务从业人员要热情接待，给家属一杯水，并让家属坐下休息。接待时，和家属面对面，先让家属将需要入住老年人的基本状况和需要提供哪些基本服务简单介绍一下，使老年服务从业人员对老年人的情况有一个粗浅的了解。老年服务从业人员针对家属的需求，详尽地介绍本机构的基本情况，包括护理区域的划分、老年人护理的内容、护理流程、老年服务从业人员的技能情况、后勤保障和医疗配置情况。使家属知道：养老机构在对失能、失智老年人的护理方面有一支具备爱心、有一定护理知识和经验、懂得老年人心理的护理队伍，同时有护理工作标准和流程，有护理质量控制的手段。其次，主动带家属实地参观，参观院区绿化带、回廊、室外健身器材、无障碍设施的马路。参观老年人居住的房间和楼层公共设施，老年人居室分单居室、双居室和多居室。居室中配有电视、冰箱、空调、电话、床、床头柜、圈椅、写字台和呼叫系统等，卫生间配有水池、热水器、衣架、便池、扶手。楼层公用设施配有微波炉、洗衣机、电梯、扶手、图书、报纸、麻将、扑克、纸笔等。安全措施有轮椅、扶手、床栏、防护栏、防滑垫等。医疗措施有医护、医技人员，他们均有执业资格，大多到三级医院进行过临床进修，有多年的老年医疗工作经验，懂得如何与老年人沟通，这里不仅是指语言和肢体语言的沟通，还包括察言观色，能为老年人提供舒适的医疗服务。

2. 入院沟通

（1）提供老年人的基本信息。

提供老年人的基本信息：老年人身份证和担保人身份证复印件、老年人近期1寸照片、填写入住申请，内容包括老年人的教育、工作、性格、爱好、疾病治疗和服药情况，入住时带一些生活日用品和换洗衣服，签订入住协议书。

（2）体检。

入住养老机构是过一种集体生活，在这个群体中防病治病工作极为重要，尤其要防止如肺结核、肝炎等传染性疾病。因此，要让家属知道：每位新入住的老年人必须进行健康体检，一方面，可以防止有传染性疾病的老年人入住引起传染；另一方面，可以让临床医生对老年人目前的身体状况有些了解，从而指导临床护理工作。如血糖高，既往有糖尿病正在治疗中的，需控制饮食、加强运动或服用药物；血糖低，增加进食次数和进食量，或输液治疗加以纠正；心电图异常的，临床有症状的必须治疗，无症状的要注意休息和观察，随时有情况随时就诊。

（3）评定护理等级。

老年人入住生活护理区前，必须留观2~4周，由医生、护士、护理员共同做好老年人的医疗、护理工作，仔细观察老年人有哪些能力是存在的，哪些能力是丧失的，老年人的脾气、性格特点，爱好，饮食禁忌，日常生活中吃饭、穿衣、行走、上厕所等生活能力，以此来评定老年人的生活护理等级。护理等级分为自理、介助、介护，在按照评定的护理等级提供护理服务时也应按照护理等级服务收取护理费。

3. 方案沟通

入住养老机构中的老年人大多年龄大，本身抵抗力差，罹患一种或几种慢性疾病，长期服药以维持病情稳定。季节转换时，不能适应季节的变化，常常会生病。养老机构要及时电话通知家属，告知老年人目前的身体状况以及采取的医疗措施，并要求家属及时来院。一方面，家属来看望老年人，可使其感受到家人的关心；另一方面，医生向家属当面交代病情，并把治疗方案告知家属，征求家属对治疗的意见，是继续留在机构中治疗，还是转上一级医疗机构诊治。机构应充分尊重家属的意见，做好老年人的医疗护理工作。

老年人由于本身器官功能的衰退，行走不稳、视力差，骨质疏松，甚至不能配合护理，有可能出现一些意外事件，尤以跌倒骨折多见。在这种情况下，养老机构或老年服务从业人员除了和家属联系，首先要带老年人积极就医，按照骨科医生的治疗意见给予其治疗，由于跌倒骨折的多为高龄老年人，大多采取非手术治疗，卧床护理至关重要。在和家属的沟通中，先不要谈论是机构的责任还是老年人本身的责任，应该引导家属一起把精力放到老年人身上，共同做好老年人发生意外事件后的护理工作，待老年人病情稳定后，再和家属谈论事情发生的原因和责任。事实上，如果在老年人意外事件发生后，采取积极的措施，即便有养老机构的责任，此时家属也能够理解护理工作的难度和不易。

4. 日常探视

老年人家属来院时，老年服务从业人员要热情接待，向老年人家属如实地介绍老年人情况，但在介绍时一定要有技巧，先将老年人点滴的进步告知家属，例如，老年人吃饭比以前吃得多了，睡眠比以前好了一点，白天愿意参加活动了，而不是将老年人说得一无是处，如晚上不睡，白天打瞌睡，喊叫不止等。即便有上述情况，也要委婉地告诉家属，而不要在老年人家属刚到时，就把老年人的问题罗列出来，这样做会让家属很反感。试想一下，如果老年人吃饭、穿衣、大小便、睡眠都很好，护理难度不大，而且脾气好，谁愿意花钱将老年人送到养老机构里来？当然，也不能为了讨好家属，而一味地大包大揽，拣好话讲，而忽略了入住养老机构的老年人大多年龄偏大，有多种慢性疾病且器官功能处于衰退状态这样一个事实，今天没有什么身体不适，或许明天就有慢性疾病复发或有其他不适。因此，我们在家属探视时，既要告诉家属老年人的点滴进步，也要告诉家属老年人的身体状况随时都在变化，谁也不能保证老年人的身体状况一直是健健康康的。

5. 出院沟通

老年人由于种种原因被家属接出院时，不能因为老年人出院了，就对家属态度冷漠。老年人出院时，要主动询问其家属是护理工作不能满足老年人的需求，还是护理质量、服务态度有问题，或者员工违背了民政部的各项规定，给老年人带来了伤害，抑或是家属对老年人在院的情况没有异议只是家属自身和老年人的要求。了解了老年人出院的原因，针对出院原因进行分析，对于因护理质量、服务态度等导致的出院，要认真查找原因，落实到人，积极纠正和改进，以便在日后的工作中加以监督和落实；对于服务设施不能满足老年人要求而导致的出院，养老机构应对设施进行改造或添置新设施。

在照护老年人的过程中，服务的群体不仅是老年人，还有其家属，在咨询接待、家属探视、老年人患病、意外事件发生、老年人出院等环节中做好沟通，积极争取老年人家属的理解和支持，对老年服务工作具有重要的意义。当然，最好、最有效的沟通是做好老年人的护理工作，这是良好沟通的前提，也是良好沟通的目标。

（二）与老年人家属的沟通方法

要理解老年人家属的心理活动，帮助他们理解老年人，促使他们支持老年人护理工作。要动员老年人家属与社会成员多关心老年人，促进老年人家属与老年人的沟通及了解，使他们能够彼此支持、互相谅解，让老年人生活在温暖的氛围中。

沟通时老年服务从业人员应站在老年人家属的角度，体察他们的需要，并运用敏锐的洞察力，适当地将老年人内心的情感反映出来，使老年人家属感受到被了解及接纳。

1. 尊重家属的知情权

患有危重病的老年人病情复杂，变化快，入住养老机构后，医护人员要高度重视，不仅要尽快明确诊断，积极采取各种治疗护理措施，还要及时与家属沟通，详细介绍病情，目前采取的治疗方法和护理措施，可能出现的病情变化以及疾病的转归。让家属对老年人的疾病有正确的认识，对随时可能出现的生命危险有心理准备。对于临终老年人，要让家属对死亡有预期心理准备，平静面对死亡。如果死亡太突然，家属的心理也会遭受重大的打击。

2. 及时了解老年人家属的想法

医护人员要耐心了解家属的想法，体察并接受他们的关心与担忧，及时沟通尽快解决。要建立良好的护患关系，给出最佳照护方案，提高老年服务效果。

3. 及时向老年人家属提供支持

对于遇到困难的老年人家属，例如，听到老年人患重病的消息后，家属都会产生非常无助的感觉，医护人员的支持性言行能够尽快帮助老年人家属恢复被这一消息破坏的动力系统，重新找回理智。作为医护人员，可以诚恳地向老年人家属表达："现在需要我们一起来面对这个困难，我们会尽最大的努力帮助你们！"

4. 与老年人家属多沟通，建立与老年人家属联系机制

调查显示，大部分老年人家属希望院方与其多沟通，及时告知老年人身体状况。老年人由于自身状况和所患疾病，存在着极大的危险隐患，很可能在一些诱因下，突然出现重要脏器功能衰竭的严重后果，甚至猝死。对此一部分家属不理解，认为老年人住院时病情并不严重，是由于治疗不当引起的，从而产生医疗纠纷。还有一部分家属对医学存在着认识上的偏差，对医疗技术有过高的期望，不了解老年人的特点，对医疗行为的高风险性认识不足，这也容易产生纠纷，及时有效地进行沟通，让家属对老年人的现状有一个正确的认识，对老年人的治疗方案有一定的了解，从而有充分的思想准备，积极接受现实，这样能够提高家属满意度，降低投诉率，减少纠纷。

> **知识链接**
>
> 临终老年人家属的心理变化一般包括震惊期、愧疚期、失落期和接受期。家属突然得到亲人即将死亡的消息，会感到震惊与不知所措，此时临终老年人家属很难针对相关问题做出决定，需要医护人员与之耐心沟通；在恢复理性思维后，会反省自己对待老年人的态度行为，陷入深深的自责中；当家属确信亲人即将逝去，心情开始转为失落和孤独；最终，家属经过逐步恢复，理智地接受现实，以社会能接受的方式表达内心的悲哀。

项目十　老年服务工作团队的沟通

【知识目标】

◇ 了解团队的概念和团队沟通的概念。
◇ 理解老年服务工作中团队沟通的重要性,理解跨专业团队中成员的差异性。
◇ 掌握老年服务从业人员之间的沟通技巧,不同专业团队之间的沟通技巧。

【能力目标】

◇ 运用老年服务从业人员间的沟通策略,初步解决与上级、下属、同事的相处问题。
◇ 运用跨专业团队的沟通技巧,顺利与各种专业人员进行沟通。
◇ 运用跨专业团队的会议沟通技巧,召开不同专业人员的沟通会议。

【素质目标】

◇ 反思职场中人际关系的实际经历,有意识地学习职场沟通的理论知识。
◇ 与小组分享学习经验,并进行案例研讨,以团队协作的形式巩固跨专业团队的沟通知识和技能。

　　什么是团队？它和群体有什么区别？在开启本项目的学习前,我们先来回答这两个问题。
　　在现实生活中,人们很容易将"团队"和"群体"两个词混为一谈。虽然"群体"可以向"团队"过渡,但"团队"和"群体"有着根本性的区别。在英文中,"团队"叫作"Team","群体"叫作"Group";在中文中,"团队"是"为了实现某一目标而由相互协作的个体所组成的正式组织",而"群体"则是"有着共同目的,但缺乏协作性、没有凝聚力的人群"。所以,不管是英文还是中文,这两个概念的内涵都相差甚远。即使不从抽象的意义上来讲,也可以清晰地分辨出两者的差异。提到哪些人、哪个公司是一个团队时,一定是从内心认可它是有着高度的合作精神和集体战斗力的;而提到哪些人、哪个公司只是一个群体时,一定是没有把它想象成一个有核心、有凝聚力、有完全协作精神的组织。

上下齐心协力的团队精神、高度的合作能力，并不是在组织诞生之日起就自然而然存在的，而是需要通过不断沟通凝练而成的。

团队中的沟通是在特定情境或环境中，两个或两个以上的人利用语言或非语言的手段进行协商谈判以达到一致意见的过程。这个过程就意味着成员之间通过互动，不断交换意见，这是一个对话的过程。

有效的团队沟通能高效地实现团队目标。在老年服务工作中，护理员、医生、营养师、理疗师、行政人员等都是老年服务工作团队的成员。

任务一 老年服务从业人员间的沟通

在一个组织中，上级有苦衷，下属有诉求，同事有竞争，这些现象都是正常的，关键是如何正确有效地和他们沟通。

一、上行沟通——与上级有效沟通

（一）和上级有效沟通的重要性

在团队中和上级沟通的目的是什么呢？是让上级了解你的工作意愿，是不是在积极工作；能做什么，擅长做什么；除了现在做的，还想和还能做什么。在这个基础上，使上司愿意提供更多的资源和精力，成为你非常重要的一个内部支持者。

"和上级搞好关系"恐怕是很多职场人熟记的生存守则。与上级沟通成功与否，不仅影响上级对你的印象，而且影响你的工作和前途。

（二）和上级沟通的策略

1. 尊重上级，认真倾听

在请示或汇报时，应注意首先要仔细聆听上级的指示，把握领导意图。不要就一个问题纠缠不清，也不要啰啰唆唆，更不要反复探讨已经确认了的事项，耽误上级的时间。和上级沟通的时候，不要急于发表个人意见，要有足够的耐心去聆听和领悟。若只顾自己滔滔不绝，上级可能会感觉你有些妄自尊大，这样会给上级留下一个不好的印象。善于聆听，人们才能从上级说的话中找出有用的信息。

那么怎么在和上级沟通的时候，做到善于聆听呢？

（1）要做到专注。在跟上级沟通的时候，注意力不集中是大忌，千万不要分心。上级一直在说，而你心不在焉、东张西望。这对上级来说是很不尊重的行为，他又怎么可能赏识你呢？去上级办公室最好准备笔和本子，在上级布置工作时，记下工作要点，而不是"嗯，哦，好的，我记住了"，因为好记性不如烂笔头。

（2）要适当停顿。听完上级说的话，不要马上接话，比较高明的做法是停顿一下。一方面是在暗示对方你是经过思考才回答的，另一方面是怕对方还没有说完，马上接话会打断他。

（3）要及时反馈。人和人沟通，最怕冷场，对方说了老半天，你一声不吭，这是不合适的做法。上级布置了工作任务后，如有必要，可以适当地简单复述一遍，和上级再次确认，以防上级的输出和你的输入存在理解上的误差。

2. 了解上级，把握时机

人们会在生活中发现这样的情况：和很好的朋友沟通，几乎不存在沟通不佳的情况，每次都能准确地理解对方想要的东西。之所以能做到这样，是因为我们已经很了解对方了。同理，如果对上级也能做到比较了解，那么上级布置的工作任务，也能很快很准地完成。了解上级，是和上级沟通的第一步，要了解上级的利益关注点、喜好、性格、脾气、做事风格等，然后站在上级的角度去考虑问题，这样就更容易在沟通时领悟上级的意图了。

此外，在和上级沟通的时候，选择对的时机也是非常重要的。

心理学家做过这样一个实验：实验共分成两个阶段，在相同的一个电话亭内进行。第一阶段，心理学家命助手在电话亭内放入一枚10美分的硬币，第二阶段没有放入硬币。电话亭内的人并不知道有实验存在，当他们打完电话出来以后，心理学家抱着一堆书从他们面前经过，并且故意让书掉到了地上。结果，在电话亭内捡到钱的实验者有将近90%的人帮忙捡书，而没有捡到钱的实验者只有5%的人会主动帮忙。

这就是心理学上所说的"好心情效应"，说明人在心情好的时候，往往会比心情不好的时候更愿意帮助他人。

生活中，我们在与人沟通的时候经常会发生这样的情况：有时候自己从来没说过激怒他的话，对方却莫名其妙发火，使沟通变得困难；跟上级、同事沟通的时候，明明自己没有犯什么大错，但一直都被揪着这个小错不放。其实这都可以归结为一个原因，那就是沟通的时机不对。比如，一位员工有了加薪的意向，因为他已经在这家公司工作了很长时间，并且取得了一些成绩。但是，如果在上级心情不大好的时候去谈，胜算就不大了；相反，如果在上级心情大好的时候谈，成功率可能会更高。在职场上，你想要和上级沟通得好，那就必须要找准时机再去沟通，不能太冲动、太盲目。

（1）主动沟通，及时汇报。

接到上级交代的任务，不是着急说"好，我马上去做！"而要搞清楚，上级安排的任务目的是什么，这个目的就是上级的预期。目标明确之后，还要知道标准是什么，上级希望做到什么程度。产出结果是什么，有没有特别需要强调的，还要了解这个任务的成果，会在什么地方使用，谁会使用这些东西，这样就可以更有针对性地调整内容，让最终产出更适用。所有信息都需要你通过主动沟通从上级那里获得。

然后，还要考虑这个任务是不是自己一个人就可以完成，还是需要团队和其他资源配合才能完成。如果是后者，还要立即向上级争取资源。

如果任务完成需要比较长的时间，一定要在约定的重要环节主动向上级汇报任务完成进度，哪怕上级并没有问你任务的进度。这样能让上级掌握你的工作进度，哪怕出了问题，也能及时寻求上级的协调和帮助。已经完成的工作更需要向上级汇报，汇报时要遵循以结果为主、以过程为辅的原则。

（2）定位准确，防止越位，避免擅权。

《韩非子》中记载了这样一个故事：昔者韩昭侯醉而寝，典冠者见君之寒也，故加衣于君之上。觉寝而说，问左右曰："谁加衣者？"左右对曰："典冠。"君因兼罪典衣与典冠。其罪典衣，以为失其事也；其罪典冠，以为越其职也。

这个故事讲的是，韩昭侯因饮酒过量醉卧在床上。他手下典冠（掌管帽子的官员）担心他着凉，便找典衣（掌管衣服的官员）要了一件衣服，盖在韩昭侯身上。韩昭侯睡得很舒服，醒来后，问侍从："是谁替我盖的衣服？"侍从回答说："是典冠。"韩昭侯一听，脸立即沉了下来。他把典冠找来，问道："是你给我盖的衣服吗？"典冠说："是的。"韩昭侯又问："衣服是从哪儿拿来的？"典冠回答说："从典衣那里取来的。"韩昭侯责罚了典冠和典衣，原因是典衣失职，没有尽到掌管衣服的职责，还将衣服随意交给他人；典冠越权，做了自己不该做的事。

典冠为韩昭侯盖衣服的故事给了我们这样一个启示：做工作要定位自己的角色，不要越权越位。

老郑在××大型养老集团从事行政工作，是集团里的一支笔，董事长的发言稿、集团的年度工作报告，基本上都由他执笔。勤勤恳恳工作了十多年，老郑自觉表现不错，以为自己能升职，却不料被调到一个分公司的后勤部当副主任，表面上是升了职，实际上是降了职。

对此，老郑很不理解。他认为是有人嫉妒他，看他不顺眼，故意把他整走的。

不过，老郑的上级却有着不同的看法。他认为单从业务的角度看，老郑的确不错，有经验而且有能力，但他没有摆正自己的位置。原来，老郑的职责范围只是协助领导做好文字工作，但到了基层，他常常把自己当成领导。比如，他对他人的工作指手画脚，令基层单位误以为是领导的意思，影响工作的正常进行。此外，因为经常与领导接触，很多消息他都比别人先知道，比如人事安排、评优评先等。这些消息在公布之前往往是需要保密的，可他似乎没有这种意识，只要别人在他面前美言几句，他就一股脑全说出去了。

老郑犯的错就是越权。什么是越权？就是不该说的说了，不该管的管了，不该做的做了，实际权力大于职位权力。

在实际工作中，越权很容易招致他人的反感，哪怕是好心。用一句通俗的话来讲，越权是"种别人的地，割别人的庄稼"。越权侵犯了他人的权力，无形中显示自己的优越性，是对对方不够尊重的表现。有的下属自以为与上级的关系密切，先斩后奏，把本不该由自己定的事定了，然后汇报，迫使上级就范，甚至斩也不奏，封锁消息，自己说了算。诸如此类的行为，严重降低了上级的威严，自然会引起上级的不满。

（三）和上级沟通的技巧

1. 若意见不一致，先表达认同

首先要明白一点：下属是来帮助上级分担工作压力和职责的，目标和上级应是一致的，但是，下属和上级因为站的角度和高度不一样，可能会有不同的理解和思考，这就需要经过沟通来达成一致。在上级所站的高度，经常会看到下属没法看到的事情，所以，意见不一致时，先认同上级的意见后，再向其请教自己没能理解的事宜，挖掘出自己还没能了解的事实，补充自己的认知。

2. 让上级做"选择题"，而非"问答题"

站在上级的角度了解问题后，就要对这些问题提出相应的对策。对策应不止一个，每个对策都应分析利弊，然后再带着问题和多个解决方案去找上级，让上级做决定。这里要有足够的自信，不要担心自己的想法被否决。每次沟通都是一次进步，多进行几次"了解问题—分析对策—上级决策"的沟通后，就能提高自己解决问题的能力。

在请示上级时，要记住让上级做"选择题"，而非"问答题"。如果一个下属在职场上经常只是提出问题，不给出解决方案，或者只给上级一种解决方案，他也很容易成为需要被解决的问题。带着多种选择方案去请示上级，一方面是给上级选择权，另一方面也能体现出你的主动思考。

3. 有技巧地汇报工作

汇报工作非常重要，因为它是一个很好地进行自我表扬和呈现能力的机会。要做好汇报工作，需要把握以下三个方面。

（1）做足功课，准备充分。

"凡事预则立，不预则废。"要做好汇报工作，事先就要对所汇报的工作进行准备，提前做好功课。首先，了解领导意图。结合工作实际，以及平时与领导的沟通情况，了解清楚上级听取工作汇报的意图，并紧紧围绕上级意图去准备相关材料，避免无的放矢。其次，整理好材料。对汇报的工作，要根据汇报的要求和重点，把要汇报的内容列成提纲或形成文字材料，条分缕析地进行认真准备，以便在汇报时能充分利用有效时间，把汇报重点呈现给上级。最后，提出解决方案。对所汇报的工作认真研究，提出合理、科学的解决办法，以"选择题"的方式呈现给上级，供上级决策时参考。

设想这样一个简单的场景，你是某养老地产公司的经理助理，接到任务，要接待一些大客户，关于订酒店的问题，你来征求直接上级张总的意见。请看如下几组对话方式。

对话一：

你："张总，我们给客户预订什么酒店呢？"

张总："你问我，我问谁？"（张总眼皮都不抬一下）

对话二：

（你兴致冲冲跑到张总办公室）

你："张总，我们预订希尔顿、喜来登还是万豪？"

张总："都行。"

（你一脸蒙，这不等于什么都没说吗？）

正确的对话方式：

你："张总，我初步计划为客户预订五星级酒店，同样面积的场地和使用时间，希尔顿报价每晚3 000元，喜来登3 200元，万豪2 900元，其中希尔顿包括茶歇，另外两家不包括。万豪的房间有点紧张，也许不能容纳所有客户入住。"

张总："你觉得哪个更合适？"

你："我认为希尔顿更合适，理由有一、……二、……"

张总："好，听你的，就定希尔顿！"（张总终于抬起了头，露出一丝微笑）

当然，实际工作中还会有更多细节需要罗列，做综合对比，上级很有可能针对某些细节继续追问，但是只要你能够将调研工作提前做好，将每个方案的优、劣势罗列出来，并提出自己的建议，上级综合评估后，最优方案就会脱颖而出。

（2）主题突出，把握重点。

平时工作汇报中，经常出现这类情况，本来上级只是想了解一个方面的工作，汇报者却汇报了诸多方面的情况，显得很"散""乱"，汇报者言之凿凿，却让人不知所云。究其原因，主要是汇报者汇报工作目的不明确，主题不突出。因此，汇报工作要抓住重点。汇报工作要根据汇报目的和上级的要求，选择重点内容，并找准切入点。有的下属汇报工作时，总想抓住机会把所有工作汇报出来，唯恐上级对所汇报的工作了解得少。汇报时不分主次，面面俱到，往往既抓不住要领，又吸引不了上级，效果极不理想。另外，汇报工作要客观准确。要把汇报工作建立在事实清楚的基础上，不能凭空捏造，更不能主观臆测，要用事实说话，不能用模棱两可的话来应付上级。

（3）区别对象，讲求方法。

向上级汇报工作的目的，就是要争取上级的理解和支持，进而解决问题，进行下一步工作。每个上级在长期的工作实践中，都形成了自己独特的工作风格。因此，汇报工作时要因人而异，针对不同汇报对象，采取不同的方法。一是要了解清楚上级的个性特点。对做事沉稳的上级，汇报工作时就要做到条理清晰，让上级对所汇报工作有一个全面的了解；对做事干净利落的上级，汇报工作时就要简明扼要、突出重点，让上级能抓住问题要害，为解决问题提供准确信息。二是对不同层次的上级汇报工作时要各有侧重，讲求一定的方法，切忌不假思索，搞统一模式。基层领导主要负责落实具体工作，所以，对于基层领导，汇报工作越具体越好；对高层的上级，汇报工作时要相对宏观一些。三是选择合适时机汇报工作。要选择上级工作不忙且方便时，向其汇报工作，这样对方愿意听取，沟通就会产生良好效果。反之，效果就会不佳。总之，选择不同的时机向上级汇报工作，往往会产生不同的效果。切忌在路上、餐桌上汇报工作，更不宜在公共场合与上级耳语汇报工作。

二、下行沟通——与下属高效沟通

（一）和下属高效沟通的重要性

上级与下属是管理与被管理的关系，也是同呼吸、共命运的关系。如果不懂得主动与下属沟通，就无法及时知道下属的想法，无法发现下属的潜能或不足，也不能掌握下属的工作和情绪状态。不主动与下属沟通，下属的思想和对工作的认识就会受到限制，不能及时改进工作方法从而提高工作效率；下属也会认为上级不关心、不体恤、不理解自己，难免降低工作热情。上级若不主动与下属沟通，就不容易与下属建立良好、愉快的工作关系。

（二）和下属的高效沟通之道

1. 尊重下属，让其感觉到自己在组织里很重要

著名的马斯洛需求层次理论，把人类的需求分成生理需求、安全需求、社交需求、尊重需求和自我实现需求五类。中国人受尊重的心理需求历来比较旺盛。每个人都希望被关注，虽然不同的人看重的具体方面不同，但都十分憎恶被忽视，特别是被自己的上级忽视。所以，成功的管理者，都会采用不同的沟通方式，让自己的员工感受到自己在组织中的重要性，特别会花较多的时间和明星员工进行沟通，更好地激发其潜力为组织做出贡献。

对下属的尊重，有三条关键技巧。一是记住下属名字。对中高层管理人员而言，没有直接工作关系的隔级下属可能很多，但要特别记住那些明星员工的名字，见面的时候直呼其名，这是最让员工感觉到受重视的事情。二是学会倾听。高效率的管理者能够避免对下属做出武断的评价，不会受过激言语的影响，不急于做出判断，而是对下属的情感感同身受，带着理解和尊重倾听下属的心声。三是关怀下属生活。嘘寒问暖，拉拉家常，都可以体现对员工的重视。对下属生活中的困难，给予及时的关注，甚至可以动用组织的力量帮助下属克服重大的生活困难。但一定要避免给其他员工造成自己和某位下属私人关系很好的印象。

2. 了解下属，不抱过高期望

与下属沟通首先要了解下属。下属和上级所站的高度不同，看问题的角度不同，工作责任心和工作能力也不同。在现实中，有很多这样的上级，他们自己本身很优秀，认为下属都和自己一样，具有很强的工作能力，下属之所以还没有取得令人满意的工作成绩，是因为工作还不够努力，还不够投入。因此，只要平日对下属施以高标准、严要求式管理，假以时日，他们也能像自己一样出色。

但聪明的上级应该知道，每个下属都有不同的生活和家庭背景，各自拥有不同的才能。对下属有所期待是应该的，但在为下属分配工作时，也应注意：任务是切实可行的，并且是通过下属的努力可以实现的。上级若对下属期望过高，往往会为他们安排一些难度系数高的工作，但实际上根本就无法完成。这样一来，不仅浪费时间、降低工作效率，同时在很大程度上打击了下属的工作积极性。

3. 不与下属争功，不向下属推过

不与下属争功，要求上级在团队取得成绩时，把功劳归到团队成员的身上，尽量避免有意无意凸显自己领导有方、决策得当，更不能把具体成绩占为己有。不与下属争功，还表现在当下属向上级汇报一件取得成绩的事情时，不要有意无意显示自己的因素，比如上级说："你看，当初是我让你这么干的，没错吧？"事实上，也许是上级的指导有方，但上级这一句话就可能让下属寒心。

作为上级,一定要牢牢记住,自己团队所犯的任何错误,上级都逃不了干系。有时候,某些上级当被追责时口头上表示要负主要责任,实际上在言语中还在为自己找借口。常见的向下属推过,典型的让下属担责的话:"我当初就提醒过你,你看出问题了吧""我都布置下去了,还是出了这样的问题"。另外,还要避免的是,在会上表示自己要承担责任,在背后却把责任全部推给下属。

(三) 和下属沟通的技巧

1. 了解下属所想,变指令为对方需要

上级下达任务之前,要想清楚:应该采取什么措施才能让下属主动去做这件事?什么是他们真正想要的?他们若按照你的意思去做,会有什么好处?

上级在与下属沟通时,不要简单地认为其与自己的认识、看法是一致的,关键在于促使下属按照自己的意愿去做事情的第一步,是找出促使他们能够这样做的原因,即他们想要什么。当上级知道什么能够打动他们时,就知道应该怎样去打动他们。

2. 给下属适当自主权

放权的目的是让下属在摸爬滚打中慢慢摸索出处理事情的方向,锻炼下属的思维,这样学到的东西才是他们自己的。当下属有了自己独立的思维方式时,上级也会轻松。

放权锻炼下属的思维至少有两个实际意义:一是让下属自己做主,给他们发展的成就感、存在感和归属感。这样才能发挥他们自己的能动性,他们也才会更加愿意去工作,愿意去思考。上级越强,下属依附性越强,越不愿意思考。二是规定和制度不能囊括所有可能发生的事情,所以当遇到规定上没有发生的事情时,下属独立思考分析的能力会第一时间解决问题或抑制事情往更坏的方向发展。同样,上级也不可能在所有事情发生的时候都在现场,于是下属就成为解决问题的第一人。

3. 批评下属的技巧

若要带好一个团队,批评是少不了的。如果我们没有原则,眼见错误还要搞一团和气、不敢批评,这个团队迟早会人心涣散、毫无战斗力。不敢批评下属的上级,一定不是个好上级。但批评要得法,否则会适得其反。

批评要对事不对人,不要伤及他人自尊。护理员小周这个月上班第二次迟到了,刚才到岗后又忘记及时将活动室的门打开,一群老年人吃过饭想去活动室娱乐却发现门是锁着的,他们正好遇到路过的护理部张经理,就跟张经理抱怨。如果你是张经理,不能一找到小周就说"怎么每次你当班总出这样那样的问题,经常迟到不说,工作状态还这么差,整个护理部就你在拖后腿!"而是要帮她分析状态不好的原因,是有什么难处还是粗心大意。如果是粗心大意,如何避免因为粗心而犯错误,同时严肃要求她在今后的工作中要注意力更集中。

批评之前,要适当表扬。还是上面护理员小周的问题:你可以从她这段时间的工作强度说起,或者关心一下她的家庭情况,表扬她护理技能操作的熟练。接着,要提出迟到和忘记开活动室门的事,如果提前出门上班,早一点到岗,就有足够的时间做岗前准备工作了，老年人的这次抱怨也就避免了。

要在适当的场合下开展批评。下属犯错了，并不是什么场合都适合批评，如果并非必要，不要在公众面前批评下属。批评，一定要当着当事者的面，切忌在他不在场的时候。批评要适可而止，不要无休无止。如果试图把一个人的一次错误当作制服这个人的武器，那也就彻底失去了这个人的心。

批评别人前要先进行自我批评，但不能把这个当成一个套路，在批评别人前虚情假意地批评一下自己。要获得他人的认同，只有真正认识到这个人的错误与你有关，才能做出真诚的自我批评。你的下属犯错了，是不是你没把任务交代清楚？是不是你没有给他必要的资源？是不是没有要求他遵守必要的规范？是不是你没有给予必要的培训？如此种种，是不是都与你这个上级有关呢？

三、平行沟通——与同事和睦相处

（一）与同事和睦相处的重要性

与同事和睦相处，建立良好的工作关系，有利于提高工作效率。如果同事关系相处不好，沟通不畅，工作就不会顺心。沟通技巧较差者常常会被同事误解，留下不好的印象，甚至会在无意中对同事造成伤害。这样，就难以提高组织的凝聚力，难以发挥团队协作效应。而同事关系良好，沟通顺畅，工作氛围融洽，心情也愉悦，工作便能事半功倍。

（二）与同事和睦相处之道

1. 谦和待人，避免炫耀

在工作中充分发挥自己的能力，充分表现自己的才干和优势是没错的，但表现自己必须分场合、形式，如果过于表现，使人看上去矫揉造作，会引起其他同事的反感。同样，取得好的成绩固然是值得高兴的事，但需要注意的是，千万不要在同事面前炫耀卖弄。如果在同事面前过多地谈论自己的成绩和功劳，会让同事觉得你是在有意抬高自己，甚至会让他们觉得你是在轻视或贬低他，这样难免引起他们的反感，造成沟通障碍。

每个人都有优点，每个人也都有缺点。人和人的能力是不一样的，你在某个方面也许很突出，你的同事在其他方面可能比你好。所以没有必要拿一时的成绩过多炫耀自己，谦虚低调，适当展示。

2. 真诚合作，克制嫉妒

人们在工作中既有合作又有竞争。作为团队中的一员，促成团队目标的实现义不容辞，目标的实现需要团队成员的协作。

为了激发团队成员的斗志和积极性，可能会设置一些有竞争性的任务。竞争也是进步的动力之一，但竞争不等于嫉妒。毫不克制的嫉妒心理既不利于智能发展，也不为职业道德所容。比如，有些人见不得别人晋升，甚至背后使绊子，嫉妒心强，导致言行举止失范,时间一长,会使其他同事对自己唯恐避之不及。嫉妒心强的人,身边也很少有对他真诚的同事,因为他见不得别人比他好。看到别人晋升而自己却得不到提拔,正确的态度是自我反省,积极的做法是向别人学习,在互帮互学中共同成长和进步。与其过分嫉妒别人的成就,不如正视自己的不足,脚踏实地去努力争取。有时候嫉妒代表的是你很羡慕他,把嫉妒转化为动力,他所拥有的成就可以成为你的奋斗目标。在你实现这个目标的过程中,嫉妒消除了,你也成长了。

3. 关心他人,提供帮助

和同事在一起工作,要学会关心和帮助。如果你时常帮助同事,说不定在你需要帮助的时候,也会有同事伸出援助之手帮助你。主动关心,热情帮助同事的人,会给大家留下一种友好的"合作伙伴"印象,同事们愿意与之共事,工作效率也会提升不少。帮助别人的同时,被帮助对象向自己表示感谢,自己也会感到温暖,获得成就感。良好的同事关系也就顺应而生了。

(三)与同事和睦相处的说话技巧

1. 三思而后言,不说揭短的话

工作中同事之间难免会存在不同意见,当有不同的看法时,不要立即反驳对方,最好以商量的口气提出自己的意见和建议。即使别人提出的意见很幼稚、很不成熟,也不要立即嘲笑或反驳。嘲笑会使人感到含有恶意,是很伤人的,真诚坦白地说明自己的想法和要求,让人觉得你是希望与他合作而不是在挑他毛病。

与同事说话之前先想想这句话说出去会产生什么后果,要避免用"你从来都是……""你总是弄不好""你根本不懂"等绝对否定别人观点的消极措辞。尤其不要在工作中争吵,因为一旦发生了争吵,无论怎么妥善处理,总会在心理、感情上蒙上一层阴影,也会影响到别人对自己的评价,会被认为不能妥善处理同事关系。

2. 学会表达感谢

在工作中不要把同事的好,视为理所当然,要知道感恩,并向帮助者表达感谢。工作中养成对同事说"谢谢"和"谢谢你"的习惯,但要注意的是,表达感谢一定要真诚,千万不要虚情假意。除了口头感谢,还可以送一些适宜的礼物,比如,出差时特意给帮助过自己的同事带一份有当地特色的工艺品;也可以这样说:"很感激你帮了我这么大的忙,要不是你,我还真处理不好这位爷爷的问题。以后只要有用得着我的地方,尽管开口。"

3. 学会适当赞美

大部分人都是喜欢被赞美的。卡耐基说:"人性的弱点之一就是喜欢别人的赞美。"赞美对于每个人来说,始终都不是一件被人拒绝的坏事,在工作中受到真诚夸赞的人,可能会因为一句溢美之词变得更加奋发上进,更加积极。

任务二 跨专业团队的沟通

一、什么是跨专业团队

跨专业团队是跨部门沟通与协作的一种重要表现形式，团队的成员来自不同的部门和岗位，有着不同的专业背景和工作经历，但他们相互协作，代表各自的功能领域履行职责，进行决策。他们既是团队任务的执行者，又是决策参与者，把各自功能部门的需求传递到团队工作中，并把团队的要求反馈到功能部门。他们有共同的目标和愿景，可以凝聚团队的力量，形成强大的战斗力。

老年服务从业人员团队就是这样一个跨专业的团队。提供老年服务需要多学科团队协作，如医生、护理员、营养师、理疗师、行政人员等，他们都是老年服务从业人员团队的成员。

二、跨专业团队中存在成员差异

跨专业团队的成员，由于学习不同的专业知识，处于不同的岗位，具有不同的文化背景，以及性别和年龄不同，在价值观、信仰等方面也会存在诸多差异。这些差异使大家在兴趣爱好、语言表达及思考问题的方式等方面有所不同，在团队沟通时需要注意这些差异的存在。

（一）岗位差异

处于不同岗位的人所产生的认知会有很大的差异。不同岗位的人，思考的问题、想解决的困难、想达成的结果都有所不同。比如，某老年服务产品公司的人力资源经理在绩效面谈时告诉销售员小李，我们来谈谈心：虽然现在给的工资少了点，但是你要往长远看，将来公司上市后可以给大家分股份的；小李心里想：我能不能熬到公司上市都不知道，给我画了个大饼，我不能拿着它养家糊口吧。养老产品研发部向公司董事会申请一笔大额预算，用于某新型轮椅研发：目前国内市场上尚无此类功能的轮椅，我们要是研发成功申请专利，将可以垄断市场；财务部向董事会建议：研发成本过高，影响公司现金流，预期收益不确定性因素太多，风险过大，不应该研发此功能的轮椅。这些例子体现了人们在不同工作岗位上对同一事情的认知不同。与处于不同岗位的个体进行沟通时，应当认识到对方与自己的差异，对沟通内容进行细化，明确自身立场与对方立场的不同，并做好沟通闭环，确保信息有效传达。

（二）年龄差异

随着科技的迅速发展和社会环境的极大变化，不同年龄阶段的人网络运用能力和思维方式存在很大不同，因此不同年龄阶段的团队成员在沟通中容易产生障碍。

不同年龄阶段的人看待问题的方式、解决问题的手段、对问题的关注点都是有区别的。以语言沟通为例，年轻的员工喜欢快速、明确的沟通方式，对于权威的态度与年长的员工不同，他们可能不会因为职务级别而特别尊重上级，因而希望上级表达时不要绕弯子，特别是不要"打官腔"，抵触"开大会"。如果在和他们的沟通过程中过多地强调自身的权威性，可能会产生反效果。所以，以平等的地位简明、及时地传达信息，令他们明白意图可以很好地提高沟通效率。

（三）专业差异

读大学时，我们学习不同的专业知识，用不同的方法探索这个世界。有人学习文学，熟读各国经典，成为"感时花溅泪"的文人骚客；有人学习理学，对自己领域的公式、理论信手拈来，成为严谨治学的理论学家；有人学习艺术，琴棋书画样样精通。这个世界上从来不缺某一领域的精英，却没有多少全能人才。对大多数人而言，专业的学习，不仅打开了通往本专业的大门，也关闭了学习其他专业知识的大门。学习不同专业知识的人相聚之时，如何避免因专业差异带来的沟通障碍，成为跨专业团队沟通需要考虑的问题。

（四）性别差异

性别的不同给团队沟通带来的影响往往是两方面的，既有相斥的一面，也有相吸的一面。

在沟通目的、沟通习惯与沟通结果等方面，男性与女性有很大不同。在沟通目的上，男性说话、做事大多是为了解决问题，目的性较强；而女性说话、做事大多是为了沟通感情，期望建立良好的关系。在沟通习惯上，男性喜欢先讲结果，快速抓住重点马上解决；而女性则强调过程，将事情从头到尾说一遍，最后归纳事情的结果及原因。在沟通结果上，男性注重宏观层面，只要目的达成，很少注意细节；而女性则关注微观细节，要求细节全部完善。

在与异性沟通时，应当理解对方的差异，并自我调适。由于先天生理结构的差异，男性和女性在沟通方式上有差别，这种差别不仅造成了不少不良沟通，甚至矛盾与误会也随之产生。

但同时，我们也要意识到团队沟通中存在的"异性相吸"。性别的差异除了会造成沟通冲突，还可以在团队沟通中形成互补。两个思维迥异的人在沟通中碰撞出新的火花。你有一个想法，我有一个想法，交换后每个人都有了两个想法。尤其是在工作场所，人们在心理上对异性的好感，能够有效提高团队沟通效率。

三、跨专业团队的沟通技巧

（一）换位思考

和团队内部沟通不同，跨团队沟通的时候更要注意换位思考。如果是找对方合作，在准备的时候就要考虑到对方。例如，做这些事情对方需要付出什么，会给对方带来什么收益，对方又会损失什么。不能因为考虑到对方不愿意做而一开始就选择让步，也不能完全忽视对方的利益只考虑自己的利益。如果一件事情收益很大、值得强力去推，准备的时候要更多考虑给对方带来什么，可以稍微回避对方的付出和损失，重点强调对方的收益，让对方觉得这件事意义重大。

对于一个老年服务从业人员来说，换位思考就要多了解其他部门的业务运作情况，多从其他部门的角度考虑问题，要理解其他部门的难处。这样才能沟通无极限。当其他部门不配合你的工作时，你应该检讨自己，站在对方的角度去看问题，而不能一味地埋怨、指责。

（二）注意表达和倾听

其实不管什么沟通，都应注意这个问题。简单来说，在表达上要有目的性、有条理性，内容具体。因为是不同团队，这里要注意使用对方能听得懂的语言。同时，在表达完毕后，如有必要还应确认对方是不是理解到位。相应的，如果对方找你合作，你一定要听懂对方表达的意思，注意确认细节。在听对方表达的时候，表现出尊重，把对方表达出来的内容考虑进方案，做到综合考虑。沟通过程中时刻明确自己的目的，尤其是在寻求合作的时候，不要被对方先入为主乱了阵脚。

（三）有耐心，会变通

沟通中出现分歧、达不成一致意见是很正常的，不要惧怕分歧和冲突。如果很难达成一致，那么沟通过程可能会比较长，首先一定要有耐心，因为控制不好情绪很可能导致合作失败，甚至留下不好的印象影响后面的合作。理性地分析自己或对方要推进的事情，知道事情的目的，学会变通，思考一下这件事对方哪里不能接受，能不能换一种方式。遇到态度强硬的人，可以尝试获取第三方的支持，让客观的人、更权威的人来分析这个问题。还有，让数据和事实说话，避免给人一种蛮横不讲道理的印象。如果事情合理但又实在推不动，可以找上级（自己上级和对方上级），切记对事不对人。

当沟通无法持续下去时，幽默可以作为沟通时的缓冲剂，也可视为一种防御机制。当你必须呈现可能会触犯他人的事实，或是要沟通棘手讯息时，以轻松或幽默的方式来传达，比较能保留对方的面子，也有助于正面的沟通。但幽默的方式使用时有四条禁忌：一是不谈论对方家庭；二是不能人身攻击；三是不涉及组织敏感话题；四是幽默有度，点到即止。

四、跨专业团队的会议沟通

会议是跨专业团队沟通最常用也是最重要的形式，通过会议可以比较直接地沟通团队的状况、存在的问题，并及时加以解决。

（一）会前沟通——会议准备工作

一次高效率的会议其实在宣布会议正式开始前就已经开始了。会前，应事无巨细地进行准备参会，这样做不仅给召集并主持会议的领导者带来自信感，而且提高了参会者的满意度，从而轻而易举地达成团队的目标。

列一个会议清单会很有用。就像飞行员在登机前会列一份清单一样，会议组织者也要仔细想想，会议清单上应有哪些必不可少的条目。参会的各岗位的人选恰当吗？大家的经验是否平衡得当？有没有列出以积极正面的方式提出反对意见的角色？

下面是会前需要做好的几件事。

1. 确定会议的类型

会议可以按照人数、开会方式和开会目的进行分类，不同作用的会议对人数、方式和场地有不同要求。

2. 确定与会人员、时间、地点

确定参加会议人选要看会议属于哪种类型。对于难以分辨是否应该邀请的人士，最好采取"宁可邀请而不排斥"的原则，以免遗漏。还有，在会议中，参加人数越多，发言和讨论时间就越长，因此可以根据人数预判会议时长，确定开会时间和地点。

会议室内桌椅摆放也能影响会议效果，如果会议目的是创造合作互助的气氛，那么圆桌式的桌型更有利；如果希望团队成员为自己的行动负责任，那么正方形或长方形的桌型会更好。通常，参会者大都会同岗位或同部门的坐在一起，如果需要分散小团体，更好地进行跨专业团队的讨论，那么事先在桌上摆放席卡或在座椅上贴上参会者的姓名，将会是很好的办法。

3. 编制会议议程

议程就是会议的程序表，是需要提出并讨论的问题或项目的清单。编制原则一般来说要使议程尽可能简短，每个议题所需的时间最好标注清楚，先从重要的开始，还应事先通知参会者。

4. 发送会议通知及相关资料

会议通知和相关资料应提前送达参会者，大规模、较为重要的会议应以书面形式通知。更值得一提的是如果需要参会者做大量的准备工作（如发言等），发出正式通知之前，还可以发会议预备性通知。

5. 做好会议记录

会议记录是团队的航海日志，看似简单的会议记录，需要分析问题、解决问题、时间管理、会议管理、统筹规划等多项技能。

在做会议记录的时候要写成笔记形式，简短且观点明确，其示例如下：

会议记录（模板）

会议时间：2019年12月10日14：00　　　　会议地点：2号会议室

会议主持：副院长　　　　　　　　　　　　会议记录：小赵

参会人员：办公室王陈　护理部张杨　康复部李莉莉……

请假人员：

会议主题：

会议内容：

……

6. 会后跟踪反馈

只有会后切实跟进和落实，团队沟通才会推进。会议记录会清楚地指出每项工作应完成的最后期限，以及由谁负责执行。

上述会议环节是每次会议都应该考虑的，下次会议也会根据上次会议召开，如此循环。对整个会议的考虑周到全面，若可以做到整体规划，有头有尾，环环相扣，就能对会议的掌控游刃有余。相反，如果对系统把握不好，缺乏相应的思考就会虎头蛇尾，使会议的沟通效率大打折扣。

（二）会中沟通——参会者发言技巧

1. 时间要趁早

成年人能集中精力的平均时间是45～60分钟，而且会议效果是递减的。根据研究，在会议开始后的5分钟内发言，影响力最为显著；在会议开始后的15～20分钟发言，效果减半；再之后的发言，效果会更差。因此，发言最好在讨论的开始进行。

2. 提高效率

提高影响力还有一个方式，即提高发言的频率。虽然发言频率和发言质量不一定直接相关，但是一定数量的发言也能留下印象。当然，如果发言质量较高，那么发言人给人留下的印象将更加深刻。

3. 时长适度

参与讨论或发言时，一定要控制个人发言时间，不要滔滔不绝、长篇大论，这样不仅影响了别人的发言，还容易让整个讨论陷入"一言堂"，导致会议效果不佳。不要故意扮演会议的焦点，更不要哗众取宠、争夺眼球。牢记"一个创新的火花胜过无数平庸的闲聊"。

4. 不要打断他人

参会者不等发言人把话说完，就随意打断对方的话，不停地提问或质疑，会招致发言人的反感，这样做不仅没礼貌，还会打击对方说话的积极性。在会议过程中的发言要注意"度"，过于消极或积极都是阻碍会议进行的绊脚石。

5. 内容吸引人

发言除了要言语流利、时长适度，还要保证发言逻辑清晰，内容应对他人有启发。如果只是说些"不错""挺好"或"我不清楚，问问别人吧"这样的话基本上没什么用，这样说也很容易让自己变得没有存在感。一定要注意自己的话要言之有物，自己对某个问题的确有独到的见解。而不是为了发言而发言，否则容易引起他人的反感，给人留下"腹中空空"的印象。最优秀的发言总是结构完整、主旨明确的。

6. 正确对待他人的评判

当发言完毕后，通常会有参会者进行提问或评价。在这一互动环节中，发言人要正确对待他人的提问或评价。学会认真倾听，从对方的角度看待问题；承认别人对自己的客观评价，不做无谓的争论；平等交流，不要对他人的提问或评价抱有防卫心理或优越感。

发言可以遵循以下顺序：委婉地陈述意见，点出所要陈述意见的重要性，以论据支持论点，整合所陈述的意见并引导参会者响应。如果可以，在会议开始前进行演练并录音，找出发言中的不足之处。

（三）会后沟通——跟踪反馈

从上学起，老师就教导我们不但要做好课前预习，而且要做好课后复习巩固，这种做法不仅适用于学习科学文化知识，也适用于会议沟通。学会一些会议沟通技能，不仅能使自己得到提升，也会使团队工作破浪前行。

养老服务的跨专业团队会议结束后，参会者必须做好会后沟通工作，包括总结会议、主动反馈和跟进方案、及时联系等。

1. 总结会议，主动反馈

做好会议总结，不仅使会议内容可以更好地运用到实际当中，还可以提炼工作亮点，形成学习经验。那么，如何做会议总结呢？一是善于运用会议记录，根据记录做分析总结。二是撰写总结报告。

使会议取得成功是所有参会者共同的任务，而会议成功与否取决于会议的结果。要想知道会议议题的结果和进程唯有跟踪反馈，其中主动反馈进程和结果，与被动反馈进程和结果是截然不同的。试想作为参会者，对于会议议题的完成情况是自己主动汇报好还是等别人问起好？答案可想而知。而对于会议议题完成时间间隔比较长的反馈，可以每隔一段时间就主动反馈一次，反馈会议任务完成的进度，并据此及时修订工作计划或加快工作进度等。

2. 跟进方案，及时联系

通过会议可以比较直接地沟通跨专业团队的情况、存在的问题并及时解决问题。会议结束后，要互相联系，以确保会议议题参会者都了解并且把团队工作同步向前推进。例如，主持人和记录员及时联系才能确保会议及时地总结、归纳、存档；记录员和参会者及时联系才能确保会议记录及时地送到参会者手里；参会者之间及时联系才能确保整个会议工作的完整推进。例如：

项目十　老年服务工作团队的沟通

　　重阳节将至，为了丰富辖区老年人的精神文化生活，霞光社区计划开展一期"关爱老年人"活动，准备和辖区内的夕阳美养老院联合筹办"老年人棋牌活动比赛"，希望通过老年人喜爱的棋牌比赛，加强老年人与社区工作人员的交流。夕阳美养老院十分愿意共同筹办此活动，毕竟这也是对养老院非常有针对性的一次宣传，并且能深入了解社区内的老年人对养老院的需求量。霞光社区和夕阳美养老院一起开了一个沟通协调会，会上确定下来：夕阳美养老院的办公室文员A和B，霞光社区的社工C共同完成策划方案，三人各负责一部分工作，此时，A、B、C就需要在会后及时相互联系、沟通想法，否则策划书一定不符合双方上级的要求。

　　会后的及时联系有时候也会体现在对会议议题的不理解方面。有时候在会上没有听明白或听明白了不理解，这时候一定要在会后及时联系参会的其他人以请求协助，不要搁置不管，这样会错失解决问题的良机。

　　调查表明，若要把技巧形成习惯，需要重复21次。管理学中有个名词叫"飞轮效应"，为了使静止的飞轮转动起来，一开始必须使出很大的力气，一圈一圈反复地推，每转一圈都很费力，但是每一圈的努力都不会白费，飞轮会转动得越来越快。达到某一临界点后，飞轮的重力和冲力会成为推动力的一部分。这时，不需要再费更大的力气，飞轮依旧会快速转动，而且不停转动。所以，任何沟通技巧只有在不断实践、反复练习，成为习惯性行为后才能产生应有的效果。

知识链接

科学安排会议时间

　　加拿大心理学家莫斯考维茨曾画出一幅一周工作节律图。根据她的研究，人们在一周之内从事不同任务，其效率会有很大不同。

　　星期一"非诚勿扰"。星期一适合布置、分派本周的任务和规划，设定目标，不适合处理矛盾。因此星期一可以安排例会，但不适合安排重要办公会议。

　　星期二"牛仔很忙"。星期二效率最高，可安排专题研讨会，解决工作中难啃的骨头。

　　星期三"超人总动员"。星期三思维活跃，心情较好，适合制定战略决策，是高层召开重要会议的最佳时机。

　　星期四"黎明前的黑暗"。星期四人变得最通融，可交流思想、解决争议，适合召开座谈会、总结会。

　　星期五"胜利大逃亡"。星期五人易冒险和过激，一般应少开会。

参考文献

[1] 徐静. 秘书实训[M]. 北京：高等教育出版社，2014.
[2] 刘平青. 会议沟通巧技能[M]. 北京：电子工业出版社，2017.
[3] 余世维. 打造高绩效团队[M]. 北京：北京大学出版社，2009.
[4] 袁锦贵. 沟通与礼仪[M]. 北京：电子工业出版社，2014.
[5] 张楠楠. 商务礼仪[M]. 长春：东北师范大学出版社，2014.
[6] 斯静亚，吴国予. 职场礼仪与沟通[M]. 北京：高等教育出版社，2012.
[7] 周淑英，化长河. 老年服务伦理与礼仪[M]. 北京：北京师范大学出版社，2015.
[8] 张雄. 个案社会工作[M]. 上海：华东理工大学出版社，1999.
[9] 许莉娅. 个案工作[M]. 北京：高等教育出版社，2004.
[10] 陶慧芬，李坚评，雷五明. 心理咨询的理论与方法[M]. 武汉：华中科技大学出版社，2006.
[11] 董云芳. 个案工作[M]. 济南：山东人民出版社，2012.
[12] 郑轶. 个案工作实务[M]. 北京：中国轻工业出版社，2018.
[13] 王会勇. 沟通技巧[M]. 长春：吉林出版社，2016.
[14] 赵京立. 演讲与沟通实训[M]. 北京：高等教育出版社，2010.
[15] 侯玉波. 社会心理学[M]. 北京：北京大学出版社，2013.
[16] 余运英. 老年人心理与行为[M]. 北京：北京师范大学出版社，2015.
[17] 王建民，谈玲芳. 老年服务沟通实务[M]. 北京：中国人民大学出版社，2015.